漫话马王堆

喻燕姣 ○ 主编

重新发现
马王堆汉墓服饰

左丘萌——著
立 青——绘

岳麓書社·长沙

谨以本书向王㐨、王亚蓉等
中国纺织考古学者致敬！

罗纨绮缋盛文章,
极服妙采照万方。

——宋玉《神女赋》

目 录

小 引 　　　001

考古背景　　　003
轪侯家的故事　　　005
本书涉及文物内容　　　008
本书所涉文本内容　　　010

第一章 织造 　　　001

丰富的平纹织物　布帛　　　002
纤丽的暗纹织物　绮罗　　　006
精巧的彩丝织物　锦缋　　　012
布幅长宽存律令　幅宽　　　021

第二章 染色 　　　029

采得花草染衣色　植物染　　　033
借来金石天然色　矿物染　　　036
齐紫祛服最矜贵　生物染　　　039

第三章 添花 041

分色套印呈纹饰　印花　042
妙笔点缀花叶生　敷彩　047
追寻古绣纹之名　刺绣　054
汉家花样天下传　规制　078

第四章 制衣 083

遣策详列衣物名　定名　084
连接群幅成下裙　裙装　096
上襦下裙合为衣　长衣　103
短制上衣别有名　短衣　134
袴裤搭配掩合密　裤装　153

第五章 时尚 159

上古深衣有定制　周代　161
奢华时装逾规矩　战国　165
汉家俭约再定制　汉初之一　178
民间奢侈创新样　汉初之二　184

第六章 穿着 189

衣物的穿着层次　190
素纱在内或在外　196

第七章 礼 制 　　　　　　　　　　205

夫人礼服承旧制　　　　　　　　206
轪侯礼服应新制　　　　　　　　230
非衣之名新解释　　　　　　　　242

第八章 佩 饰　　　　　　　　　253

轪侯夫人的首饰　　　　　　　　254
轪侯之子的发冠　　　　　　　　268
腰间约束带与钩　　　　　　　　296
丝麻织为足下履　　　　　　　　303

第九章 梳 妆　　　　　　　　　309

男女皆有爱美心　妆具　　　　　310
学得汉家新妆束　梳妆　　　　　321

后 记　　　　　　　　　　　　337

主要参考书目　　　　　　　　　348

一

小引

考古背景

1972年，湖南省博物馆对位于长沙市东郊马王堆的3座古代墓冢展开发掘，首先发掘了1号墓，经考古工作者判定，这是一座西汉初年墓葬。次年，又先后发掘了3号墓、2号墓，发掘工作于1974年年初结束。在这3座墓葬中，1号墓与3号墓规制颇高，保存完好，墓中出土大量保存完整的漆器、织物与简牍帛书。根据漆器上有大量"轪（dài）侯家"铭文，竹笥等器物上缄封"轪侯家丞"封泥，得以推知这是汉初轪侯家族的墓葬。

年代稍早的2号墓因曾被盗而损毁，留存下来的器物不多。幸而墓中印章仍存，包括一枚"长沙丞相"铜印、一枚"轪侯之印"铜印及一枚"利苍"玉印，据此可以明确知晓，2号墓墓主为西汉初年曾任长沙国丞相、爵位为轪侯的利苍。与之相邻的1号墓，应当是轪侯夫人之墓。墓中出土一方可能为泥质或蜡质、用作丧葬替代品的印章，其上文字经研究者释读，存在"妾辛追"或"妾避"两种推测。[1] 对照秦汉简帛文字来看，"避"字当时的

马王堆汉墓漆器上的"轪侯家"铭文

---

[1] 魏宜辉等：《马王堆一号汉墓所谓"妾辛追"印辨正》，《文史》2019年第4期。朱棒：《马王堆一号汉墓出土"妾辛追"印再辨》，《湖南省博物馆馆刊》，2020年，第35—37页。

写法在"吕"下都有一个独立的"口",与印文不符,"追"字与印文相合,仍应释作"妾辛追"为宜。

而被1号墓打破的3号墓,墓主应是轪侯夫妇二人之子。墓中出土的一方残损的封泥经研究者复原,可以读出其上是"利豨(xī)"二字,这一姓名可对应史书记载的第二代轪侯,因此可推测3号墓墓主应为轪侯利苍与夫人的长子利豨。①

① 孙慰祖:《马王堆三号墓墓主之争与利豨封泥的复原》,《上海文博论丛》2002年第2期。关于三号墓墓主,因史籍记载第二代轪侯卒年与该墓出土纪年木牍存在时间差,因此学者观点并不统一,有推测其为轪侯利豨,有推测其为利豨兄弟。本处采用墓主为利豨的说法。

"长沙丞相"龟纽铜印　　　　"轪侯之印"龟纽铜印　　　　"利苍"玉印

軑侯家的故事

结合马王堆几座墓葬的规格与出土文物的具体情形，可以大致稽考出西汉初年軑侯夫妇一家的经历。①

① 刘晓路：《马王堆汉墓若干史实钩沉》，《中华文史论丛》1992 年第 50 辑。程少轩：《马王堆兵占书与軑侯利苍》，《中华读书报》2014 年 11 月 19 日。

2 号墓墓主名为利苍。他很可能是从前楚国贵族的后裔。在秦灭楚国之后，其家族已逐渐衰微没落，但剩余的家产仍可倾注于培养下一代，以待来时机运。利苍自小仍接受了良好教育，能文能书，在学习兵法的同时，也熟悉了家中父祖所讲述的秦灭楚的战争史，他在成年后积极参与了灭秦的战争，甚至可能一度加入了项羽麾下。但在随后的楚汉争霸战争中，利苍又归顺刘邦，并跟随刘邦参与了多次战役，获得了刘邦的信任。

汉朝建立后，成为皇帝的刘邦大肆分封功臣为异姓诸侯、列侯，后为巩固政权，又多将有叛乱谋之嫌的功臣剿灭。此刻的利苍仍在刘邦军中，也曾随军讨伐叛臣，以获取侯爵高位、封妻荫子为目标，不断积累军功。汉高祖十一年（前 196 年），利苍参与了讨伐叛将陈豨的战役。同年，又有淮南王英布叛乱。当时的长沙国为吴氏异姓诸侯国，虽忠心于汉，但刘邦仍担心长沙国参与叛乱，于是次年（前 195 年）他向长沙国派遣了曾跟随自己征战的心腹利苍担任长沙国丞相、统率长沙国军队，用以牵制、监视长沙王。这时的利苍，可以说是刘邦在长沙国的代言人与当地的实际统治者。

汉惠帝二年（前 193 年），利苍终于凭借"长

"軑侯家丞"封泥
马王堆 1 号汉墓出土

"避"
睡虎地 11 号秦墓竹简
《语书》6 号简

"追"
里耶秦简第八层
第 1442 号简背

"追"
里耶秦简第八层
第 759 号简

"妾辛追"印及秦简"避""追"两字 　　　　　"利豨"封泥与印文复原

沙国相"的身份，得以被汉朝封为轪侯。这是一个享有 700 户食邑的小诸侯。吕后二年（前 186 年），汉朝官方曾以列侯的身份高低、功劳大小为他们排定前后位次，轪侯利苍位列"百二十"。可惜不幸，这时正处在吕后专权时期，刘氏一派的亲信多被打压，利苍也被免去长沙国丞相之位，并在盛年突然去世，以简率朴素的规制下葬。

关于利苍的夫人，除却 1 号墓中出土一方印章可以推知其名之外，其余全无记载。根据墓中文物展现的偏好来看，她可能与利苍一样是楚国旧贵族出身。两人结为夫妇时，利苍可能还并未建立功业。然而丈夫很快就要与她分别，参与到战争中去。直到汉朝建立后，利苍跟随刘邦建立功业，才得以与妻子团聚。汉高祖初年，夫妇二人有了长子，并为其取名"豨"。但利苍仍旧出任军职，时常出征在外。终于，刘邦对利苍予以长沙国丞相的重任，于是她跟随丈夫来到了长沙国。利苍得封轪侯，她也被尊为轪侯夫人。利苍去世时，她可能才只有三十余岁，却已从原本的轪侯夫人升为太夫人。继承轪侯爵位的长子利豨尚未成年，太夫人只能独力撑起自家府邸。在她的辛苦操持之下，轪侯家不仅未见衰落，反而愈见富足兴盛。利苍留下的典籍文书，多是以天下未统一前的楚地古字所写，而利豨在阅读学习时，已被人用通行的汉隶重新抄录。或可以此推知辛追夫人对其子教育的用心。利豨少年时得到了很好的教养，成年后仍在长沙国出任官职。

利豨可能即是3号汉墓墓主。根据墓中出土的文书来看，大量与兵法相关的书籍及长沙国南部《地形图》和长沙国南部边境《驻军图》等帛书、帛画，

第一代轪侯夫人辛追青年时期形象

第二代轪侯利豨青年时期形象

显示他继承了父亲利苍的遗志,在长沙国是一位带兵的将领。与此同时,他也雅好古籍,甚至可能与当时担任长沙太傅、以博学闻名的贾谊是同僚好友。

有这样的杰出之子,轪侯太夫人本以为自己能够度过安乐的晚年。然而事与愿违,汉文帝十二年(前168年),利豨或许是在一次面对南越国的军事行动中意外受伤,英年早逝。在悲恸之中,太夫人还要强打精神为爱子安排好丧礼与墓地营建。在她的安排下,自己未来的墓室将位于亡夫侧畔,而爱子的墓室将紧紧依偎在自己墓室南端。利豨生前读过的书籍与用过的兵器、种种织造精巧的丝绸、饰绘华美的漆器、象征仆婢的大量木俑都被葬入了墓中。

丈夫与儿子都已离世,再即位的轪侯已经是自己的孙子了,这位轪侯家辈分最长的贵妇人似乎唯有将兴趣寄于美食、乐舞。约直到三年后的汉文帝十五年(前165年),她因夏日贪吃香瓜引发的病症离世。随着这位初代轪侯夫人葬入墓中的,是重重精巧瑰丽的葬具与大量至今保存完好的丝绸、漆器等精美物品。

兵器架
马王堆 3 号汉墓出土

🌺 本书涉及文物内容

长沙马王堆 1、3 号汉墓出土了大量与服饰相关的文物,这正是本书涉及的核心内容。以下先大致讲讲这些文物的构成。

首先,两位墓主棺中都有层叠裹系的衣衾包裹,虽织物均已经严重糟朽,保存情况并不算好,未能

着衣歌俑
马王堆 1 号汉墓出土

雕衣女侍俑
马王堆 3 号汉墓出土

完整揭取，但已能大致厘清墓主身上所穿及在外包覆的各类织物叠压的层次。其中 1 号汉墓墓主尸身保存完好，其头上的发式首饰、身穿的衣物、足踏的鞋履也都比较分明。

其次，1 号汉墓边厢中堆放有多个盛装随葬品的竹笥（sì），其中的丝织品基本保存完好。两个竹笥盛装的是各类完整的衣物，还有竹笥中是卷起象征整匹卷帛的多卷单幅织物。此外，北边厢还有盛装化妆用具、手套等物的漆奁和单独叠放的衣物鞋履等。各类器用也包覆有丝织品裁制的巾袱等物。3 号汉墓边厢的放置情况与 1 号汉墓类似，墓中漆奁中所装墓主生前佩戴的冠饰保存较为完好。虽然 3 号汉墓的丝织品文物保存情况不好，大多残破，但近年也已有了一些纺织考古新发现。

再次,两座墓中出土专为丧葬所制作的冥器,也有不少与服饰相关。一种是随葬的木俑,可将它们大致分为两类:一类较为精细,是先雕刻出人体,再为其裁制衣物穿上,这些衣物大多是真人衣物按比例缩小而成;一类是直接雕刻出穿着衣物的人形,再用彩绘表现其衣物细节。

两座墓中还随葬有各类帛画,其中多处绘制了墓主和侍从生前的穿着与生活情景,也可以看到具体的服饰形态。

最后,为了与马王堆汉墓的出土物进行对照分析,书中将会涉及一些楚汉时期其他墓葬出土的文物。

本书所涉文本内容

为了更好地解读文物,本书将会利用大量战国秦汉时代的传世古籍与出土文书等文献。

一、在传世古籍文献方面,以下几类文本比较重要:

1.《续汉书》

《续汉书》为西晋史学家司马彪所著,记载了自东汉光武帝至孝献帝间约二百年的历史。南朝刘宋时范晔编订《后汉书》之后,《续汉书》逐渐散佚,以致最终大部分内容都已失传。但《后汉书》没有"志",南朝梁刘昭为了补足这一缺失,将《续汉书》中所附的八种"志"附在了《后汉书》之后。《续汉书》中的这部分文本因此得以大致完整保留,流传至今。

《续汉书》中的《舆服志》中详细记载了东汉时期的冠服制度,也保留了不少东汉制度中对西汉旧制的追溯与继承。此外,《续汉书》中的《礼仪志》等文本,也涉及当时的服饰制服。

2. 儒家典籍

主要包括《周礼》《仪礼》《礼记》这三种合称为"三礼"的典籍,以及西周至春秋时期的诗歌总集《诗经》。这类典籍中记载了大量先秦时期的礼乐制度，也包括当时贵族阶层的服饰制度。

这些典籍本身记录比较简略，但东汉经学家对这些典籍进行了大量注释、解读，从中可以看到汉朝人对这些先秦旧制的认知，以及旧制在汉朝的传承变迁。东汉经学家郑众和郑玄都曾注解这类典籍。后世注家为分别二郑，以郑众曾任大司农，称他为郑司农；又因郑众时代更先，故称郑众为先郑，郑玄为后郑。

3.《方言》

该书全名是《輶轩使者绝代语释别国方言》，西汉时代文学家扬雄所著。书中记录了各地的方言用语，包括大量服饰名称。

4.《急就篇》

西汉时代史游所撰写的一部识字书，涉及衣饰方面的内容。唐代颜师古对这些文字进行了注解。

5.《释名》

东汉时的刘熙所撰写、解释各类事物命名缘由的著作。其中的《释采帛》《释衣服》《释首饰》都与本书中要讨论的内容密切相关。清代毕沅对《释名》进行了疏证，王先谦进行了补校。

6.《说文解字》

简称《说文》，是东汉学者许慎编著的一部字典，其中有对各类布帛衣饰名称的简明解释。

二、在出土文献方面，以下几类文本比较重要：

1. 遣策

在楚汉时期的墓葬中，常常出土记录随葬物品的简册或木牍，学界一般将其统称为"遣策"。遣策的定名源自《仪礼·既夕礼》中"书遣于策，书赗（fèng）于方"的记载。大略来说，"遣"指的是丧家自办的随葬品，而他人赗（fù）

赗财物则称作"赗"。因此也有学者主张，根据随葬品的来源不同，分别称作"遣策""赗方"。马王堆1号汉墓与3号汉墓中都出土了记载随葬品名称、品类的遣策类简牍，其中大部分可以同随葬实物对照。据此可以考证出当时各种织绣、衣物的真实名称。本书中会运用到一些其他墓葬中出土的遣策类文本进行对照。

2. 木楬

在随葬的遣策之外，还有一类签牌，通常系挂在盛物器皿之外，注明该件器皿内部盛放的物品。马王堆1号汉墓与3号汉墓中的木楬基本都系挂在竹笥上，因此可以与竹笥中的盛装物品进行对照分析，也可以和同墓出土的遣策对读。本书中同样也会运用到一些其他墓葬中出土的"楬"类文本进行对照。

3. 北京大学藏秦代简牍《制衣》

北京大学收藏的一批秦代简牍中，有一卷名为《制衣》的竹简，是一位名为"黄寄"的工匠记录下来的制衣教程，教导人们各种服装款式的制作方式。其中涉及用料、剪裁与缝制方面的细节，可以与出土文物对照与互证。

4. 北京大学藏西汉简牍《妄稽》

这是一篇西汉时期不知名作者所创作的通俗文学故事，全文以赋这一文体写就，讲述当时一个士人家庭中，丈夫周春、丑妻妄稽与美姿虞士三人之间产生的一系列故事。其中有大篇幅的内容涉及当时女性的日常梳妆、穿衣细节，以及西汉人对美丑的认知判断。

5. 律令类文书

汉朝官方曾经出台过一系列的律令，对衣料的长宽和材质、制作衣物的用料等都有明确的规定。这类律令类文书大部分已失传，却出现在西汉墓葬中随葬的律令类简牍中。其中以湖北江陵张家山247号汉墓出土竹简《二年律令》（吕后二年，前186年）最为著名。

第一章

织造

丰富的平纹织物
布帛

一、麻织物

汉代纺织的原料主要是麻和蚕丝。

以麻纺织成的平纹纺织品，就是汉朝人口中的"布"，这是上至贵族、下到平民都会使用的面料。麻纤维的来源主要有大麻和苎麻。大麻的纤维较粗，织出的布匹也比较粗疏。而苎麻布纤维更细，要比大麻布精美细密得多。

马王堆汉墓中出土较多的就是苎麻布。马王堆1号汉墓与3号汉墓的遣策中，将苎麻布称作"绪"。"绪"就是"紵（纻）（zhù）"的借字。在当时南方地区的方言中两字相通。《通典》："吴音呼绪为纻，疑即白纻也。"《说文·系部》："纻，檾属。细者为绝，粗者为纻。紵或从绪省。"《周礼·天工·典枲》载"典枲掌布缌缕纻之麻草之物"，郑玄注"白而细疏曰纻"。对照马王堆汉墓的实物来看，苎麻布的质地的确洁白细腻，和纤维粗糙的大麻布存在很大差异。

布·大麻布（N29）
马王堆1号汉墓出土

绪·纻麻布（N27）
马王堆1号汉墓出土

锡·砑光纻麻布（N26）
马王堆1号汉墓出土

将苎麻布进行上浆、轧光加工，可以进而获得"锡"这种细布。"锡"字通"緆"，《说文·糸部》："緆，细布也。"《释名·释丧制》："锡，易也。治其麻，使滑易也。"这种麻布的布面更加细滑光泽，因而成为当时贵族阶层流行的制衣面料。《淮南子·修务训》中的"衣阿锡"，司马相如《子虚赋》中的"被阿锡"，均是说这种轧光细布。马王堆1号汉墓内棺中的衣衾包裹层中，就有一层是上浆轧光的纻麻布。

二、丝织物

汉朝人将丝织物统称为缯。

马王堆1号汉墓西边厢出土了两个盛装绢帛的竹

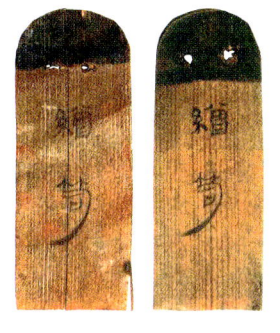

"缯笥"木楬
马王堆1号汉墓出土

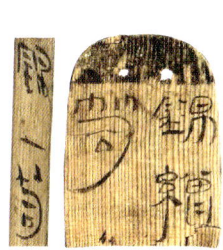

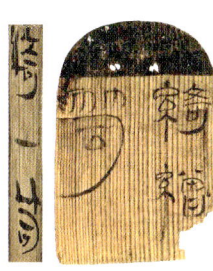

"缯笥"木楬与遣策
马王堆3号汉墓出土

素·平纹丝织物（N13）
马王堆 1 号汉墓出土

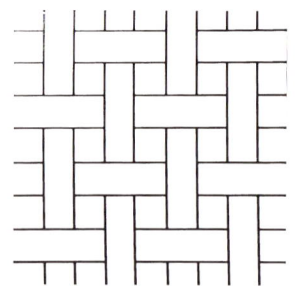
平纹织物结构

筒，根据竹笥上系挂的木楬来看，它们被称作"缯笥"。

马王堆 3 号汉墓南边厢出土了多个盛装有成卷丝帛的竹笥，根据竹笥上系挂的木楬与记录随葬品的遣策记载，有"素缯笥""帛缯笥""绀缯笥""绮缯笥""锦缯笥""绣缯笥"等。据此可以知晓当时织物名称的大概——"缯"就是当时各类丝织品的总名。根据具体织造、染色、装饰等工艺的不同，"缯"又分为"素""锦""绀""绮""绣""帛"等品类。

"素"是洁白的平纹丝织物。《说文·素部》："素，白致缯也。"与之接近的织物名称还有"纨""缟"等，其间有一些细微的差异，如《小尔雅》中说："缯之精者曰缟，缟之粗者曰素。"但汉朝人似乎并不特别在意其间的差异，常常是并称为"纨素"或"缟素"，如班婕妤《怨歌行》里的"新裂齐纨素"。马王堆 1 号汉墓出土的衣物与居家用度，常常是使用素来缘边。

需要注意的是，这类织物在当时并不像后世那样被笼统称作"绢"。汉朝人是把还没有经过漂练、带着丝纤维原本的黄色的丝绸称作"绢""绡"或"鲜

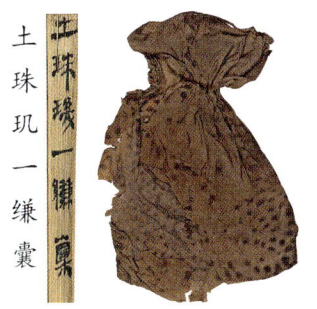

缣囊的遣策记载与对应文物（327-1）
马王堆1号汉墓出土

缣织物结构

支"。这些名词之间大概也存在一些差异，只是因为记载不是很清晰，如今已难以明确地分出来其间的差异。

平纹丝织物中织造纹理最细密的，被称作"缣"。《说文·系部》："缣，并丝缯也。"与一般的平纹织物不同，缣是双丝并列的织物。《释名·释采帛》："缣，兼也，其丝细致，数兼于绢。染兼五色，细致不漏水也。"马王堆1号汉墓出土一个盛装土珠玑的丝囊，遣策记其为"缣囊"，可以明确它是由"缣"这种织物制作。

平纹织物中织造得薄透稀疏的是"纱"，这个字在先秦时代也写作"沙"。汉朝人常常是"纱縠（hú）"并称，"縠"就是带有皱纹的纱。纱被织造得很稀疏，所以织物表面会呈现出细细的孔眼。马王堆1号汉墓著名的素纱单衣，就是用极轻极薄的纱料制作。这种近乎透明的纱，在汉代文学作品中被美称为"雾縠"，如《汉书·礼乐志·郊祀歌》："被华文，厕雾縠。"司马相如《子虚赋》也写道："杂纤罗，垂雾縠。"

纱縠·平纹丝织物（329-6）
马王堆1号汉墓出土

纤丽的暗纹织物
绮罗

一、绮

绮是汉朝人对暗花织物的泛称。

一般的绢帛，都是经纬线交织形成的平纹织物，而比较常见的一种绮，是在平纹地的基础上，通过调整经纬显示出斜纹，运用这种斜纹来组合出暗花纹饰。《释名·释采帛》对绮有详细的描述："绮，欹也。其文欹邪（斜），不顺经纬之纵横也。有杯文，形似杯也。有长命，其彩色相间，皆横终幅，此之谓也。言长命者服之，使人命长，本造者之意也。有棋文，方文如棋也。"这里提到的"杯文（纹）"绮和"长命"绮，都能够在马王堆汉墓出土的丝绸中找到实物对应。

所谓"杯文（纹）"，是形容每个小纹样的形态如同当时人用来饮水喝酒的耳杯一般，中间较大，两边各有一个小耳。实际上杯纹就是以大小菱形嵌套组成。马王堆1号汉墓出土的一块整幅的菱形绮（考古编号340-1）就是这种织纹。

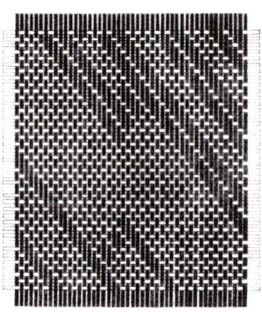

绮织物结构

"君幸酒"云纹漆耳杯
马王堆1号汉墓出土

所谓"长命绮",是将原有的杯纹连接起来,进一步将纹样轮廓分解为连续不断的曲折线。魏晋时人又称其为"长命杯文绮"(《太平御览》卷八一六引晋人《东宫旧事》)。在长命杯纹的曲折线之间,还可以进一步填充别的花样纹饰。马王堆1号汉墓出土的一块整幅长命绮(考古编号340-25),是在长命杯纹间填充花叶与成双的凤鸟纹样。

这种式样的绮,曾经一度是丝绸之路上的畅销产品。在海内外多地的考古发掘中都曾看到它的身影。如英国人斯坦因在楼兰古城附近古墓发现的一片汉绮残片[1],在长命杯纹之间还残留有对龙对凤图样;同一种纹样的织物还见于新疆尉犁县营盘墓地15号墓的一个绮面绣枕[2],纹样循环更为完整,包括花卉、对龙、对凤与豹首纹样。汉代识字书《急就篇》中有"豹首落莫兔双鹤","豹首"的注释为"若今兽头锦","落莫"则是形容"文采相连",非常类似这种绮的织纹。

叙利亚帕尔米拉古城遗迹古墓中出土的中国丝绸残片中,也有同类的绮织物[3],长命杯纹间填充的是花卉、对龙、对凤。《急就篇》中记载的"齐国给献素缯帛,飞龙凤皇相追逐",形容的大概就是这种织纹。

汉乐府《古诗十九首》中一段叙述恰可以与这种在丝绸之路上广泛传播的汉绮相对照:

客从远方来,遗我一端绮。
相去万余里,故人心尚尔。

---

[1] Aurel Stein: Innermost Asia (Vol. III), Clarendon Press, XL.

[2] 新疆文物考古研究所:《新疆尉犁县营盘墓地15号墓发掘简报》,《文物》1999年第1期。

[3] Rudolf Pfister: Textiles de Palmyre III, Les Éditions d'Art et d'Histoire, 1940.

杯纹绮
马王堆1号汉墓出土

长命绮
马王堆1号汉墓出土

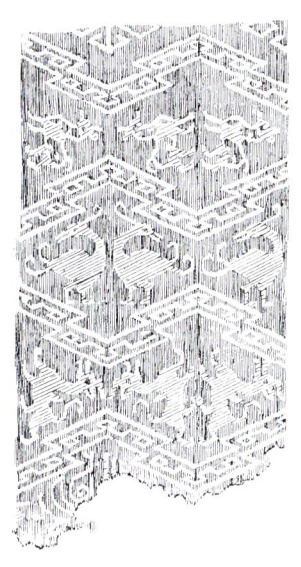

各式汉绮织物

从左至右依次为中国楼兰古墓、营盘古墓和叙利亚帕尔米拉古墓出土

文采双鸳鸯，裁为合欢被。

著以长相思，缘以结不解。

以胶投漆中，谁能别离此？

诗中所记述的从"万余里"外的远方送来的一匹绮织物，纹样同样是在这种汉绮花样的典型范式之下，大概在连绵曲折的"长命"框架中填充的是成双成对的鸳鸯，有着"合欢"的意味，寄托着"相思"的情感。

最具有巧思的一种杯纹绮织纹，是湖南博物院考古研究者新近在整理马王堆 3 号墓中的织物时发现的，这是一件绮面衣物的残片，在长命杯纹中填入了"安乐如意，长寿无极"的吉语。

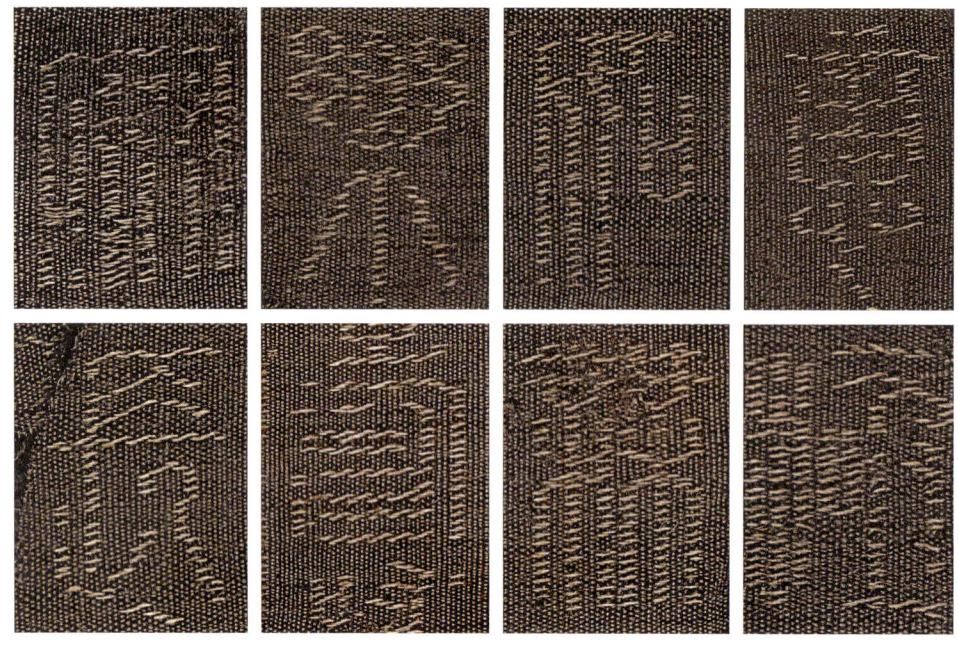

"安乐如意,长寿无极"绮
马王堆 3 号汉墓出土

二、罗

汉朝人眼中的"绮"里面,还可以细分出来一类织物。这类织物被称作"罗"。

罗的质地比平纹地起斜花的绮要更为轻薄,这是一种通过经线绞缠形成的网纱状织物,但质地要比纱类织物稳固得多。马王堆 1 号汉墓出土的实物中,有两双手套(考古编号 443-2、443-3)和一件香囊(考古编号 65-4)都是使用罗类织物制作的,但是遣策记录中直接将它们记为了"绮",可见用的是对暗花织物的笼统称呼,而不是狭义的绮。

马王堆汉墓出土的罗,均是四经绞为地,二经绞显花,花纹也基本都是杯纹,一幅罗料上的杯纹有虚实两种,内部纹饰各不相同。下文中描述文物时,将沿用《长沙马王堆一号汉墓》发掘报告的记录方式,将罗称为"罗绮"。在为文物构拟定名时,则按遣策记载,将绮与罗均称为绮。

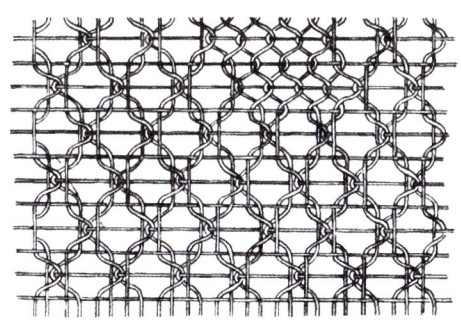

罗织物结构

杯纹罗
马王堆1号汉墓出土

精巧的彩丝织物
锦缋

一、锦 / 缋

"锦"字是各类丝绸相关的文字中少见的一个部首不从"纟"而是从"金"的，但它在楚墓出土的简牍中又时常被写作"缋"。《释名·释采帛》中对此解释得很分明："锦，金也。作之用功重，其价如金，故其制字从帛与金也。"锦的织造难度很大，耗时费工，因而相当珍贵，被视作金丝、金帛。锦与别的织物不同，是先染好各色丝线后再进行织造，通过色线的变化显示纹样。这使得它比那些素丝织造再整匹染色的绢帛罗绮更为多彩。

锦织物结构

依据历史记载，汉朝时织锦的核心产地是陈留郡的襄邑，《说文·帛部》直接说："锦，襄邑织文。"东汉董巴《大汉舆服志》中也说："乘舆刺绣，公卿以下皆织成，陈留襄邑献之。"

锦提花织机模型
四川成都天回镇老官山 2 号汉墓出土

① 成都文物考古研究所、荆州文物保护中心：《成都天回镇老官山汉墓发掘简报》，《南方民族考古》2016年第1期。

织工木俑
四川成都天回镇
老官山2号汉墓出土

"紫三采游豹沈（枕）一"
实物残片与对应遣策记载
马王堆3号汉墓出土

（《后汉书·明帝纪》李贤注引）。即是说皇帝的衣服是刺绣的，而公卿以下是织锦，而且使用的是陈留襄邑献上的织锦。至于蜀郡，在西汉时也已经有了完备的织锦产业。四川成都天回镇老官山2号汉墓中就出土了四台保存完整的锦提花织机模型①，时代大约在西汉景武时期（前188年至前87年），距离马王堆汉墓的时代不远。根据这几台织机模型分析，当时织锦的技术已经相当成熟完善。但蜀锦真正全国闻名，大概是要到东汉后期了。

马王堆汉墓出土的织锦根据织造用线的色彩，可以分为二色锦与三色锦。二色锦用两种颜色的经线，三色锦用三种颜色的经线。

马王堆3号汉墓遣策中记有"游豹检（奁）戴（巾）一，素里，桃华掾（缘）"，对应的是一件锥画漆奁所使用的织锦包袱皮。包袱皮的织锦纹样风格很像今天人们所见的"像素画"，即以一个个方点组成豹子形态，其间穿插带有枝叶的四瓣小花，大概表现着豹子在花草丛中游走的形态，正合遣策所记"游豹"的名字。

另一枚遣策进一步说明游豹锦的色彩。"紫三采游豹沈（枕）一"，这里的游豹锦是紫色，使用三种颜色的丝线织成，即所谓三色锦。对照实物来看，实际上这一件锦枕的枕面游豹锦是使用红色、青色（已褪为褐色）与黑色三种颜色的经丝与青色纬线交织而成，并不见紫色。这实际涉及一种很有意思的设计思路——因为织锦纹样细密，颜色不会出现大面积的色块区分，在远处用人的肉眼看去，

第一章 织造　013

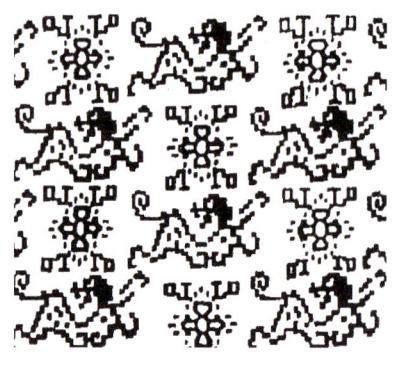

游豹锦
马王堆 3 号汉墓出土

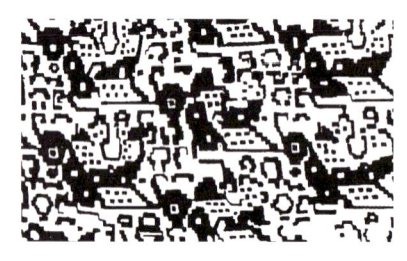

越闺锦
马王堆 1 号汉墓出土

红色与青色线交织在一起就会呈现紫色的效果，黑色线则会进一步使紫色变浓变暗；而走近看，不同的色线又会显出织锦上朱花青地构成的精美纹饰来。

另一种现在能够明确知晓名称的织锦，是马王堆 1 号墓遣策中所记的"越闺锦"，3 号墓遣策则记其名为"越邽（guī）"。在 1 号墓中，遣策为"瑟一，越闺锦衣一，赤掾（缘）""竽一，越闺锦衣，赤掾（缘）"。出土时分别套在瑟、竽两件乐器之上的织锦罩子，即为瑟衣与竽衣。可知"越闺"是这种织锦的名称。对于"越闺"二字的具体含义，以往学者还没有明确解释。但对照 3 号墓遣策记载，"越邽"是与"游豹"对称出现，作为盛装弓弩的袋子"幨（zhūn）"上使用的织锦。再看织锦具体纹饰，是某种带有长角的动物正引蹄跨越花草，纹

"越邽盾（幨）"
"游豹盾（幨）"
马王堆 3 号汉墓遣策

014　何以汉服　重新发现马王堆汉墓服饰

"瑟一，越闺锦衣一，赤掾（缘）"
"竽一，越闺锦衣，赤掾（缘）"
马王堆1号汉墓遣策

"一桂冠，组缨"
"二觟冠，二组缨"
湖北荆门包2号楚墓（左）、
江陵望山2号楚墓（右）遣策

① 湖北省荆沙铁路考古队：《包山楚简》，文物出版社，1991年，图版一一二。

② 湖北省文物考古研究所：《望山楚简》，中华书局，1995年，第64页。

③ 上海市纺织科学研究院等：《长沙马王堆一号汉墓纺织品研究》，文物出版社，1980年，第37页。

样模式和游豹锦相似。两种织锦的名称显然使用了同一种构词方式。那么"越闺"或许可以参考"游豹"的定名模式，解读为呈跨越形态的名为"闺（邦）"的动物纹样。对照楚墓遣策记载可以知晓，"闺/邦"应是通"觟（huà）"，指的是一种有角的神兽。如包山2号楚墓遣策记载有："一桂冠，组缨。"①这里"圭"字从"木"，是指明这顶长角形的冠为木质。又如望山2号楚墓遣策记载："二觟冠，二组缨。"②这里"圭"字从"角"，直接指明其形。《说文·角部》记载："觟，牝䍧羊生角者也。"说明在汉朝人眼中，觟是一种有角的母羊。其形象描述与织锦纹样恰好符合，这种织锦的名称至此得以明晰。

以上两种织锦是有遣策文字可以明确对应的。在此之外，还有一些织锦没能找到明确的文字对应，但我们可以根据后世的一些记载，为它们找回名字。

有一类织锦显花的色线和做地子的色线颜色非常相近，因此被文物研究者称作"隐花锦"③。但这种织锦是以色线织成，和先织后染的绫罗类织物还是有所不同。其中马王堆1号汉墓出土的一种隐花锦（考古编号354-3）的纹样，是连绵起伏的横向波纹，中间均匀排布小鸟和八芒星纹，这种小鸟头上装饰有孔雀一般的羽冠，正作俯首向水面的姿态。按照汉朝识字书《急就篇》中罗列的织物纹样名，有"春草鸡翅凫（fú）翁濯"一句，"翁"就是颈部羽毛的意思，"凫翁"是形容水鸟凫在水中引濯其翁，正与文物的纹饰相合。那么按照"游豹锦"的构词模式，我们可以将其称作"凫翁锦"。湖北

凫翁锦
马王堆 1 号汉墓出土

凫翁锦
湖北江陵凤凰山汉墓出土

江陵凤凰山汉墓出土的衣物残片中，也有一条缘边使用同样的花样底本，但它是用两种色彩区分较大的色线织出，纹样能够清晰地显露出来。

又有一种马王堆 1 号汉墓出土的隐花锦（考古编号 340-29）的纹样，是以八芒星纹、柿蒂与花叶纹组合而成，整体形成四方连续循环的图样。这很可能就是后来魏晋时代所美称的"落星锦"的源头。河南洛阳西朱村曹魏大墓出土石楬上提到的"青地落星锦"[1]，大概就是将这类星星点点的纹样点缀在青色地的织锦上。颜色保存完好的青地落星锦，见于新疆吐鲁番胜金店墓地出土的一件汉代锦囊，其图纹和马王堆汉墓的基本一致。

落星锦
马王堆 1 号汉墓出土

[1] 中国美术学院汉字文化研究所等：《流呴洛川》，上海书画出版社，2021年，第191、205页。

"青地落星锦"石楬
河南洛阳西朱村曹魏大墓出土

"青地落星锦"锦囊
新疆吐鲁番胜金店墓地出土

开花的贝母草

还有一种织锦，出现在马王堆 1 号汉墓轪侯夫人使用的枕头上（考古编号 440），香色地显朱红色花，纹饰是穿插在点状连续方折纹饰中的花枝。细看其形态，长茎弯垂，花形如小钟一般。以往考古工作者将其称作"茱萸纹"，但实际这种花卉并不像茱萸，而是与现实中的贝母最为接近。贝母这种花卉早在《诗经》的时代就为人熟知，传为春秋时许穆夫人所写的《鄘风·载驰》中就写道："陟彼阿丘，言采其蝱（méng）。女子善怀，亦各有行。"（登上高高的山冈，采摘贝母草。女子虽多愁善感，亦有她的做人准则。）许穆夫人以贝母草起兴，歌咏的是女子美好的德行。以这种寓意美好的花卉纹

茵花锦
马王堆 1 号汉墓出土

茵花绣、茵花锦
从左至右依次为尼雅墓地刺绣残片、织锦覆面局部、楼兰古城墓地织锦残片

第一章 织造　017

样设计成织锦，来为一位身份高贵的夫人制作枕头，自然很是合宜。按汉朝人的称法，贝母草被称作"莔（méng）"（《说文·艸部》），那么我们可以称这种织锦为"莔花锦"。

这种纹饰在东汉依然相当受欢迎，新疆民丰尼雅遗址墓地1号墓出土的一件刺绣、3号墓中出土的一件织锦覆面以及楼兰古城城郊孤台2号墓出土的织锦残片[①]都使用了类似的小花构成图样，没有多大的变化。

① 金维诺、赵丰：《中国美术全集·纺织品（一）》，黄山书社，2010年，第63、70、86页。

二、缋/绒圈锦

对照遣策记录来看，除了被称作"锦"的织物以外，还有一类被称作"缋（huì）"的织物，被大量用在衣物的领、袖缘部，香囊、镜套的底部，包袱皮的缘部等位置。可以说这种织物在马王堆汉墓出土的服饰和物件中出现频率极高。

它也可以算作锦的一类，但显然比锦还要"贵"。这是一种在重平纹组织上起立体环状绒圈的特殊织锦。因为绒圈有大有小，织物表面的纹样也呈现出高低起伏的立体层次感。考古工作者根据这一特征，将这种织物称作"绒圈锦"，它是后世各种绒类织物的前身，但在精致程度上甚至更胜往后。为了织出这种绒圈，需要特殊的提花工艺[②]，以多色经丝和双色纬丝交织，底色呈红褐色或深青色，起绒呈朱色，绒圈组成的纹饰是各种有规律排布的杯纹、点纹、规矩纹图形。

汉简中的"纤费缋纯"
北京大学藏西汉简牍《妄稽》

② 王继胜、赵娜：《马王堆一号汉墓素纱禅衣研究与复织》，《南方文物》2021年第4期。

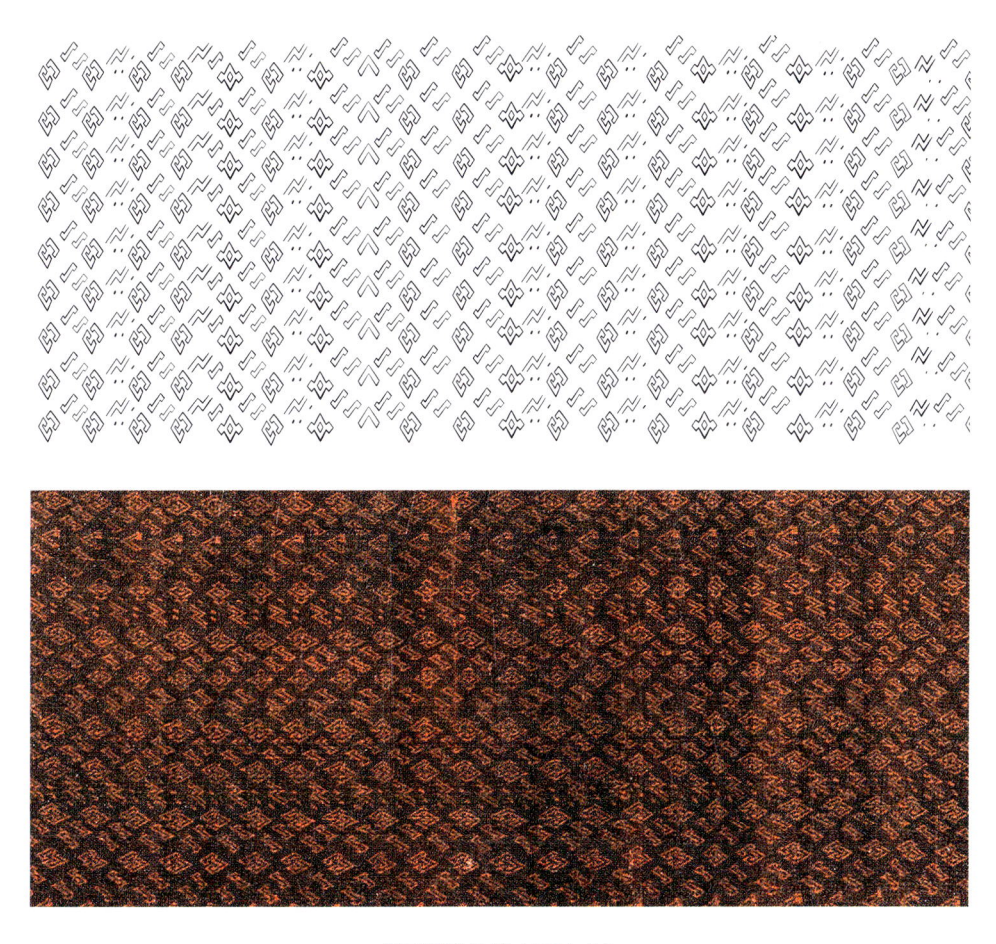

单层花样的绮（354-9）

马王堆 1 号汉墓出土

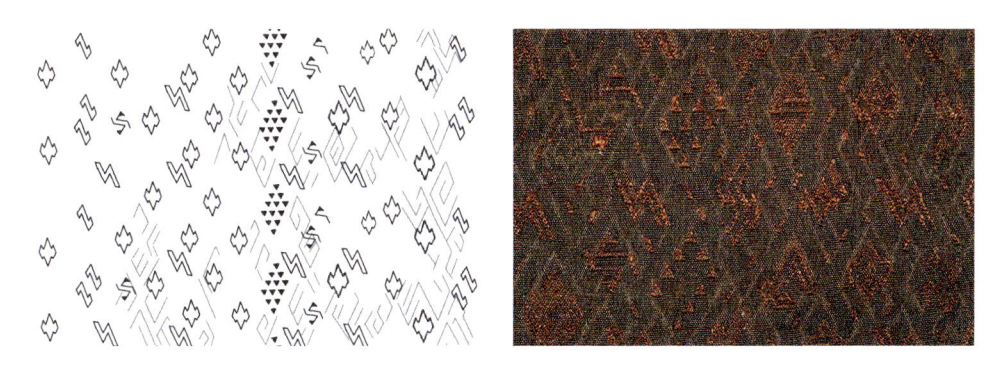

双层花样的绮（357-5）

马王堆 1 号汉墓出土

第一章　织造

最为繁复的绒织物，是所谓"锦上添花"（后世也称作"二倍织"）的特殊式样，即先在织物的地子上按平纹织锦的模式设计一层平面花样，在此基础上再利用绒圈设计另一层立体花样，最终织出的绒织物呈现平面一层、立体一层的双重花样效果。马王堆1号汉墓随葬竹笥中的一件残衣（考古编号357-5）就使用了这种特别的绒织物。而且它的图样颇具古制，延续了战国以来楚地的传统风格。湖南省长沙市左家塘44号楚墓出土的一块矩纹锦残片，纹样竟和马王堆汉墓这件的起绒部分纹样极为类似，只是后者将楚锦平面的纹样用作绒圈的立体织纹，而底纹另用了一种规律的云雷纹。湖北江陵凤凰山汉墓出土的衣物残片中，可以见到与马王堆1号汉墓式样一致的织锦残片。凤凰山汉墓与马王堆汉墓的年代相近，可见当时这种织锦是比较流行的。

历史记载中先秦时代就已出现了"绒"。在《周礼·春官宗伯·司几筵》中，就提及"诸侯祭祀，席蒲筵绒纯"，即诸侯这一等级的贵族祭祀时，使用的席子会用绒来缘边。又如宋玉《神女赋》中写楚襄王梦中所见神女的盛装穿着，"其盛饰也，则罗纨绮绒盛文章，极服妙采照万方"。北京大学藏西汉简牍——俗文学作品《妄稽》中美人虞士的衣物也是"纤费绒纯"，说的就是用带着纤柔起绒的绒来给衣物缘边。对照马王堆汉墓的服饰实物来看，衣物无论是用罗、纨，还是绮制作，都可以用绒来缘边。

"矩纹锦"
湖南长沙左家塘44号楚墓出土

双层花样的绒
湖北江陵凤凰山汉墓出土

布幅长宽存律令
幅宽

① 张家山二四七号汉墓竹简整理小组：《张家山汉墓竹简〔二四七号墓〕》（释文修订本），文物出版社，2006年，第44页。

《二年律令·关市律》中与布幅相关的律令
湖北江陵张家山247号墓出土

一个汉朝裁缝若要想出一件衣物，他首先需要了解的是手头现有衣料的具体尺寸情况。当时无论是绮罗、绢帛，还是麻布，都是通过人工在织机上经纬交错织造而来，布幅两端会有固定的幅边，两个幅边之间的宽度固定。而裁缝制作服装，就需要充分考虑到布幅的幅宽限制问题。

汉朝官方曾经出台过一系列的律令，对衣料的尺寸作出明确的规定。

据湖北江陵张家山247号汉墓出土竹简《二年律令》（吕后二年，前186年）中的《关市律》记载①：

贩卖缯、布，幅不盈二尺二寸者，没入之。能捕告者，以畀之。绤绪、缟繒、繱缘、朱缕、䌸、缟（简258）布、縠、荃葰，不用此律。（简259）

虽律名的第一字已经残缺，但从内容上看，应当是当时贸易往来、市场管理相关的法律，可据同类律令简文补为"关市律"。商人贩卖的布帛，若

第一章 织造　　021

幅宽不够二尺二寸，会被官府没收。但另有特定的一些织物不在布幅二尺二寸的限制之内。当时的一尺约合现在的 23 厘米，布幅宽二尺二寸，大约折合为现在的 50 厘米。这样的幅宽在两汉时代颇为普及。

张家山 336 号汉墓出土简牍中有抄写大约是汉文帝初年颁布的《汉律十六章》律令，其中《关市律》关于布幅的规定更为细致具体[①]：

> 贩及卖买文、绣、缦、缯、布，幅不盈二尺二寸，及粉黼垩若假缯饰令俗好者，及匹贩若卖（简 327）买此物而匹不盈四丈，皆没入及贾钱县官。有能捕告者，以畀之。啬夫吏部主者弗（简 328）得，罚金各二两，令丞、令史各一两。缔绪、朱绫、屬、荃幅不用此律。（简 329）

可以看到，汉文帝时代的律令，对原先"缯、布"宽度的规定，已经细化到针对有纹饰的织物、刺绣的织物、丝绸、布匹等。除了规定布幅宽度不得低于二尺二寸之外，还严禁售卖假冒伪劣品或是按整匹出售却不够四丈长的布帛。《说文·工部》："匹，四丈也。"《汉书·食货志》中也记载说："布帛广二尺二寸为幅，长四丈为匹。"可见汉朝的一整匹布帛大概是四丈长，换算下来大约是如今的 9.2 米。之所以定四丈为一匹，原是有实用的意义在。

《汉律十六篇·关市律》
中与布幅相关的律令
湖北江陵张家山 336 号
汉墓出土

---

① 彭浩主编：《张家山汉墓竹简〔三三六号墓〕》，文物出版社，2022 年，第 210 页。

据《淮南子·天文训》记载："匹者，中人之度也，一匹而为制。"即是说一整匹布，适合中等身材的人制作一件衣服。

1907年，英国人斯坦因在敦煌玉门关附近一处烽燧遗迹中发现了一卷汉代绢帛，其上附有一条写有文字的绢条："任城国亢父缣一匹，幅广二尺二寸，长四丈，重廿五两，直钱六百一十八。"[1] 这些文字详细注明了这匹缣帛的产地、品种、数量、尺寸规格、重量和价格。任城国是东汉章帝元和元年（公元84年）所封，亢父是任城国统辖的地方，因而这匹缣帛应为东汉中期任城国亢父地方的产物，被长途贩运到了敦煌。其尺寸规格也和《汉书》中的记载相符。1921年，斯坦因在楼兰遗址也发现了整匹卷起的丝绸[2]，虽已裂为两段，但仍可以看出，其完整的幅宽仍基本合于汉制的二尺二寸。

对照马王堆汉墓出土各类绢帛实物，却可以发现，至少在西汉初年，布幅的宽度并不是完全统一的。

马王堆1号汉墓西边厢有专门盛放布帛与衣物

---

[1] Stein, Aurel, Serindia: Detailed Report of Archaeological Explorations in Central Asia and Westernmost China, Oxford University Press, 1921, p.432–433.

[2] Chavannes, Edouard, Les Documents chinois: Decouverts par Aurel Stein dans les sables du Turkestan Oriental, Imprlmerie de l'universite, 1913, p.118, no.539.

斯坦因在敦煌发现的"任城国亢父缣"帛书

斯坦因在楼兰遗址发现的整匹丝绸

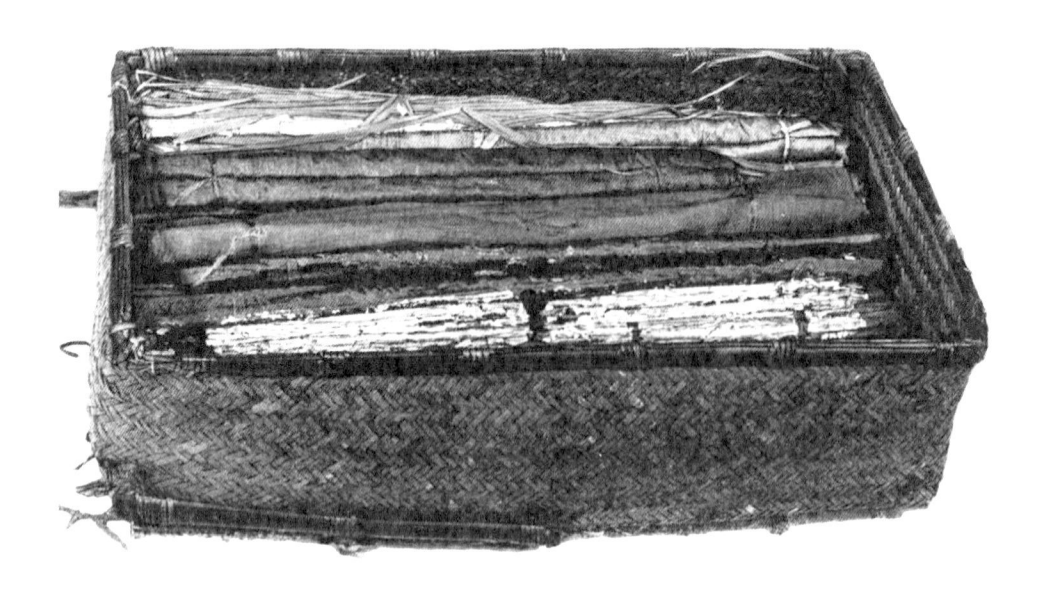

340 号竹笥中所盛的成卷丝绸

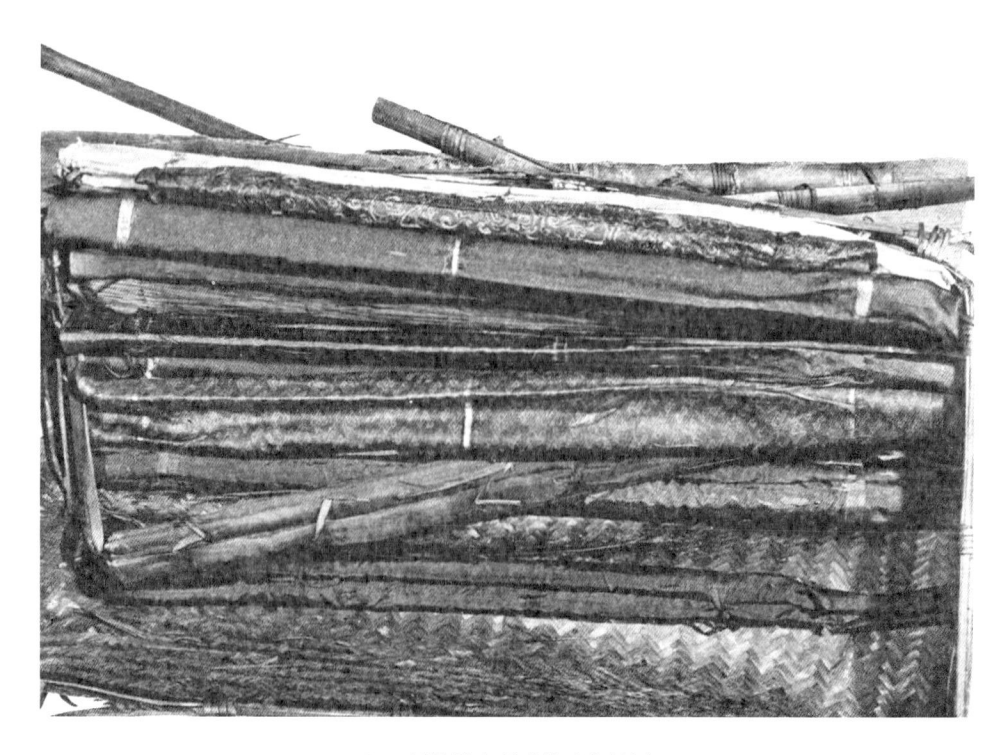

354 号竹笥中所盛的成卷丝绸

的竹笥。考古编号为 340 号与 354 号的竹笥是盛放各类丝绸的"缯笥",其中共计出土了单幅的丝织品 46 卷,包括绢、纱、绮、罗、锦、绣等多种丝织品,它们均是用荻秆作为中心骨干,从两端向内卷合,再用绢条捆扎三道,以象征整匹的绢帛。这类作为明器的绢帛虽然在长度上被剪短,但是都基本保留了原本的幅宽。其规格大致可以分为两类,大部分织物幅宽 50 厘米上下,基本符合汉朝官方规定的二尺二寸。还有一些织物幅宽在 40 厘米上下,换算为汉朝尺寸大约仅有一尺七寸或一尺八寸。

褐色菱形纹罗
长 60 厘米,幅宽 49.5 厘米
马王堆 1 号汉墓 340 号竹笥中出土

从织物的品质上看，幅宽约为 50 厘米的织物品类包括绢、纱、绮、罗、锦等，而幅宽约为 40 厘米的织物多是各式罗织物。后者织造尤其精巧。如此看来，似乎并不能援引汉律将这些幅宽较窄的罗织物判断为不合格的劣质品。

黄褐色绢地"信期绣"
长 50 厘米，幅宽 49.5 厘米
马王堆 1 号汉墓 354 号竹笥中出土

推想这种现象背后的原因，大概有两方面：

其一，在西汉初年，虽然官方颁布的律令已经针对布帛的尺寸作出了明确具体的规定，但民间所使用的织机并不是即刻就完成了更新换代。尤其是织罗所用的织机，其架构要比普通的绢帛用织机更为精密复杂，也更难以迅速地响应朝廷要求改变规制、完成替换。

其二，这类织造精巧的罗织物，可能当时原本就不会在民间市场上售卖，而是属于特定贵族阶层的私享品，即它们本身就在朝廷颁布的律令规定之外，也就无须顾虑律令的条文限制。

昔年为轪侯夫人制作衣物的裁缝正是考虑到这两种幅宽存在差异，因此哪怕制作同样款式的服装，规划的裁片分割方案也稍有差异。下文第四章讲到的几式衣裙，都出现了这种幅宽问题导致分片剪裁规划不同的情形。

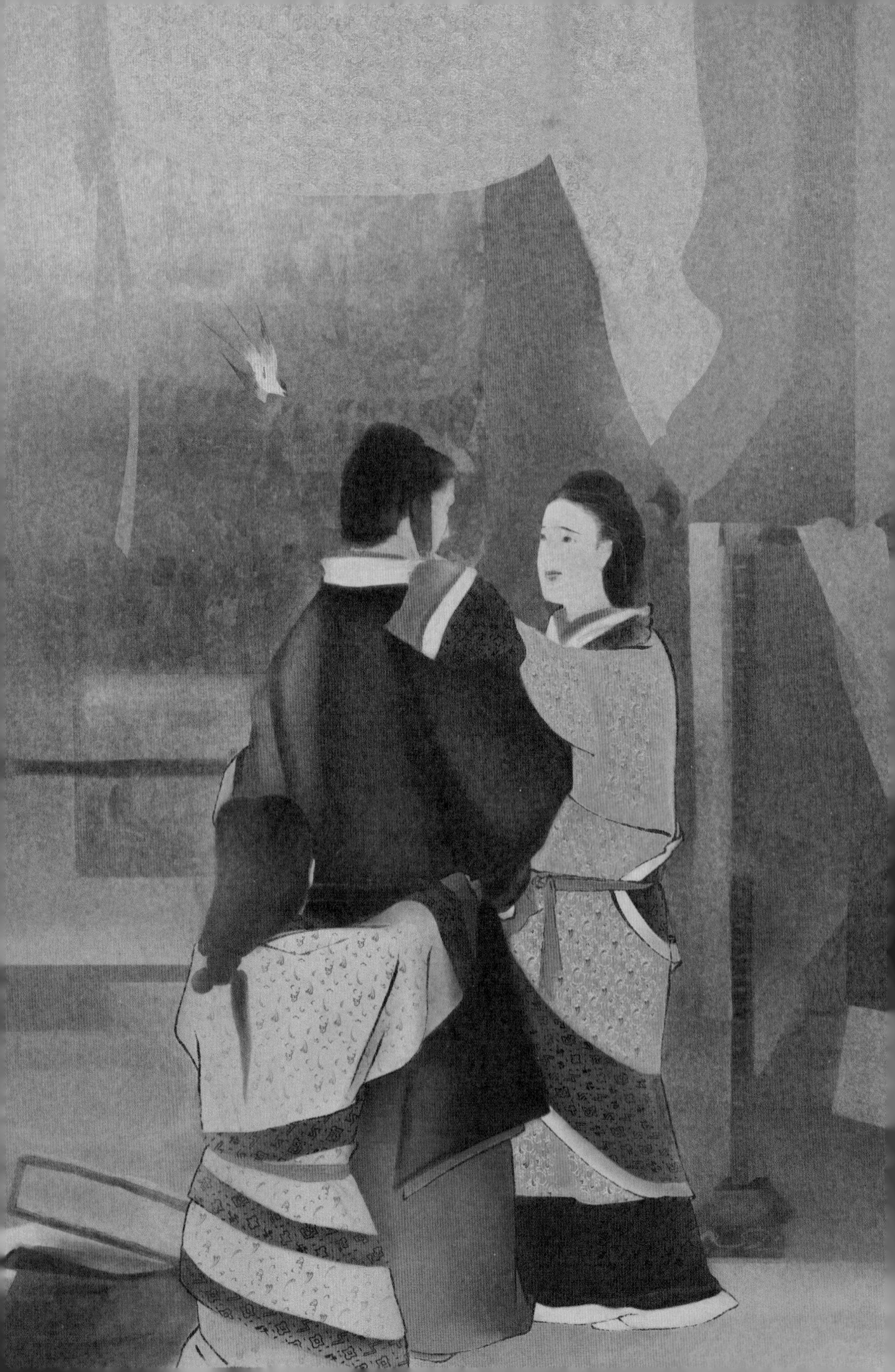

第二章

染 色

汉朝人认为颜色有正色和间色之分。依据当时流行的五行学说，正色包括青、赤、黄、白、黑五种色彩。将正色混合，可以获得多种间色。

西汉史游的识字书《急就篇》罗列了不少与染色加工相关的字眼：

豹首落莫兔双鹤，春草鸡翘凫翁濯。
郁金半见缃白𬘘，缥䌷绿纨皂紫硟。
烝栗绢绀缙红繎，青绮绫縠靡润鲜。

结合东汉《说文解字·系部》中对各类色彩的注释，再按五色系统归类，可以将这些色彩大致分为以下几类：

青色系：春草（嫩绿），缥（青白），䌷（苍艾），绿（青黄），紫（青赤），绀（深青扬赤）。
赤色系：红（赤白）、缙（浅赤）、纁（浅绛）、朱（纯赤）、繎（深红）、绛（大赤）。
黄色系：缇（丹黄），缥（赤黄），郁金（黄）、半见（黄白）、烝栗（深黄）、缃（嫩黄）、绢（麦色）。
黑色系：皂（黑），缁（黑），缞（雀头色）。
白色系：白，𬘘（白而有光）。

此外还有一种特殊的"硟"的加工手法，即后世所谓的"砑光"，通过碾压布帛使其更加平整有光泽，借以增色。

东汉刘熙《释名·释采帛》中也对当时染色中

红（朱砂或茜草染）

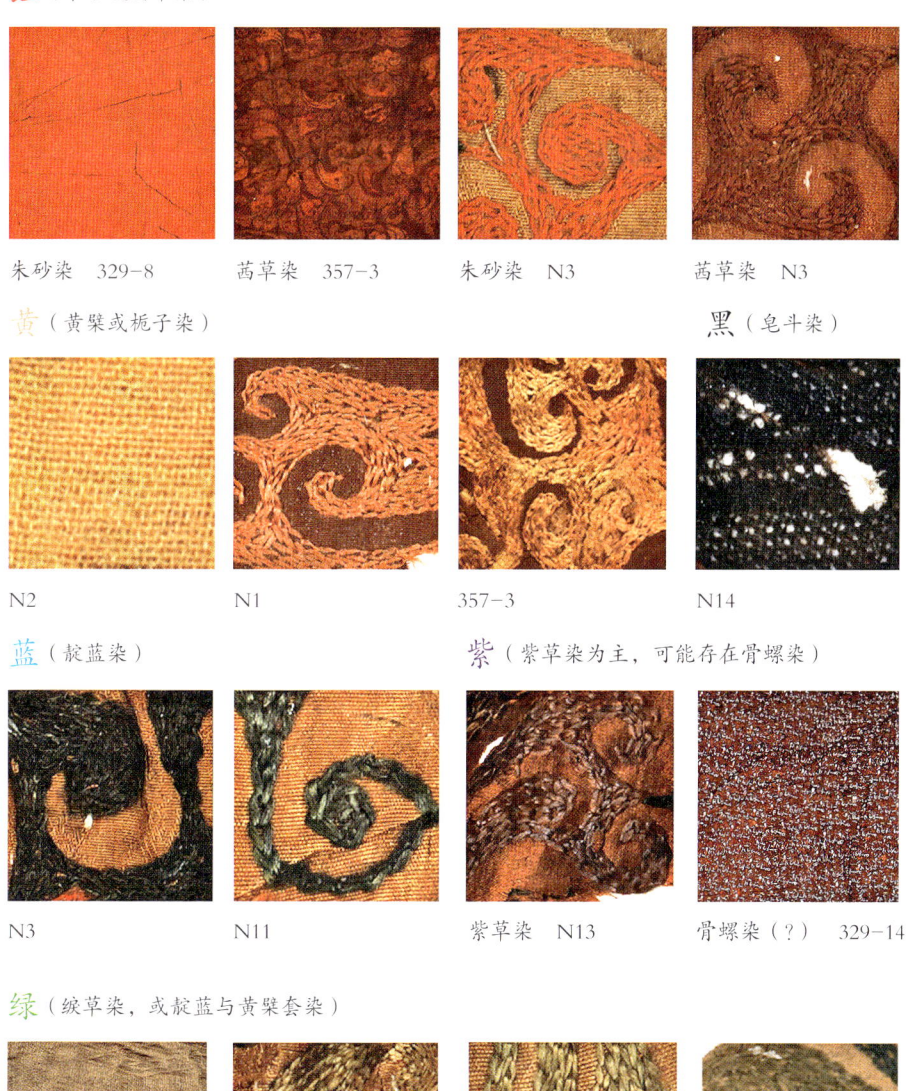

朱砂染　329-8　　　茜草染　357-3　　　朱砂染　N3　　　　茜草染　N3

黄（黄檗或栀子染）　　　　　　　　　　　　　　　　　黑（皂斗染）

N2　　　　　　　　　N1　　　　　　　　　357-3　　　　　　　N14

蓝（靛蓝染）　　　　　　　　　　　　紫（紫草染为主，可能存在骨螺染）

N3　　　　　　　　　N11　　　　　　　　紫草染　N13　　　　骨螺染（？）　329-14

绿（绿草染，或靛蓝与黄檗套染）

绿草染 443-2　　　　N3　　　　　　　　N11　　　　　　　　N13

马王堆 1 号汉墓纺织品的染色

第二章　染色　　031

的典型色彩有较详细的记载，而且提供了比较明确的自然色彩参照：

青，生也，象物生时色也。

赤，赫也，太阳之色也。

黄，晃也，犹晃晃，象日光色也。

白，启也，如冰启时色也。

黑，晦也，如晦冥时色也。

绛，工也，染之难得色，以得色为工也。

紫，疵也，非正色，五色之疵瑕，以惑人者也。

红，绛也，白色之似绛者也。

缃，桑也，如桑叶初生之色也。

绿，浏也，荆泉之水于上视之浏然绿色，此似之也。

缥，犹漂也，漂漂，浅青色也。有碧缥，有天缥，有骨缥，各以其色所象言之也。

缁，滓也，泥之黑者曰滓，此色然也。

皂，早也，日未出时，早起视物皆黑，此色如之也。

对照长沙马王堆汉墓出土的各类纺织品的染色来看，西汉初年的染色已极其丰富。染色的工序大致可以分为两种：一种是预先染制丝线，再用来织锦或刺绣；另一种是先织好素色面料，再整匹浸染上色。

在这些纺织品中，目前保留较好的色彩是朱砂染制的朱红色。其余各类颜色均有一定程度的褪色或变色。

采得花草染衣色
植物染

① 北京大学出土文献与古代文明研究所：《北京大学藏秦简牍［肆］》，上海古籍出版社，2023年，第503页。

② 上海纺织科学研究院等：《长沙马王堆一号汉墓出土纺织品研究》，文物出版社，1980年，第81页。

蓝茎叶英　别为五采

"蓝茎叶英，别为五采"
北京大学藏秦简
《鲁久次问数于陈起》

植物染又称"草木染"，大部分染色植物都很容易获得，加工过程也并不繁难，因此在古代是最为普遍的染色技法。北京大学藏秦简《鲁久次问数于陈起》中就直接将"五采（彩）"的来源归于植物的茎叶花朵[①]，可见当时植物染色的普及。从马王堆汉墓的文物来看，染红色会使用茜草，染黄色会使用黄檗或栀子，染蓝色会使用含有靛蓝的植物。[②]这三种染色是比较基础的色彩。一方面，可以通过调整浸染的次数，来调节色彩的深浅；另一方面，还可以通过两种颜色套染获得新的色彩。

茜草是先秦至汉朝主要的红色染料。这是一种草本植物，红黄色的根部含有茜素，可以用来染色。在用茜草进行染制时，当时会在染液中加入一些染媒，才能将红色固定附着在织物上，否则只会染出浅淡的黄色。古人常用的染媒是草木灰或者矾，后者是古人对一些含金属盐的矿物的笼统称呼。大致来说，茜草染以铝盐（明矾）为染媒可以染出红色，以铁盐（铁矾）为染媒可以染出紫色。马王堆1号

第二章　染色　033

汉墓的一件绛紫色绢地长寿绣衣物（考古编号357-3）经分析检测，绣地所用的绛紫色绢就是以铝盐为染媒的茜草染。这件衣物的红色较深，可能是使用茜草和铝盐进行了多次浸染。

栀子是汉朝常见的黄色染料，使用的是栀子花开后结出的橙黄色果实，这种果实中含有藏红花酸。若将果实研成细粉，然后用水浸渍提取色素，染液呈鲜艳的深黄色；若将栀子泡水冷浸，再加热沸煮煎出浓汁，染液则为橙黄色。无需使用染媒，就能以栀子染得鲜艳稳固的黄色。

茜草与栀子染制的红、黄色彩，在汉朝受到全民的一致好评。《汉官仪》中记载："染园出卮（栀）、茜，供染御服。"汉代御用的衣物也是用茜草和栀子染制的。又如《史记·货殖列传》中记载："千亩卮（栀）茜……此其人皆与千户侯等。"民间也有通过种植栀子、茜草等染料发家致富的人在。

靛蓝染色的历史也相当久远，含有靛蓝的植物有很多种，在当时大概被人们笼统称作蓝草。早期较为简易的染蓝，是直接用新鲜的蓝草与织物揉在一起，即所谓"揉蓝"，使草汁浸染织物上色，再经空气氧化后定色。但在战国时期，人们已经能够在蓝草中进一步提取出靛。后人耳熟能详的名句，来自《荀子·劝学篇》的"青取之于蓝而青于蓝"就是关于这种工艺。用蓝草制成靛蓝后，可以染出更鲜亮的青色来。靛蓝是一种还原染料。染色时先将靛蓝发酵，再用碱液（草木灰）溶解成为靛白。将纺织品在靛白中浸染后，取出晾晒氧化，就可以

茜草
图出自《本草图谱》

栀子
图出自《本草图谱》

木蓝
图出自《本草图谱》

鰲（緩）绮䌷一两 素掾（缘） 千金縧饰

缬草染罗绮手套与对应遣策记载
马王堆 1 号汉墓出土

重新转为不溶性的靛蓝。这种深蓝色比较稳固，不易褪色。马王堆 1 号汉墓出土的一块青色罗绮就是用天然的靛蓝染料染制的。

黑色也是汉朝的常见色，可以通过栎属树木的果实皂斗中所含的单宁酸染得。因此汉朝人也称黑色为皂色。染黑时，也需要加入染媒。汉朝人把这种染媒称作"涅"，如《淮南子·俶真训》："今以涅染缁，则黑于涅。"这大概是一种铁盐，来自含有硫酸亚铁的矿石，以它作为染媒与单宁酸反应形成单宁酸铁，在织物上就会形成比较牢固的黑色沉淀。马王堆 1 号汉墓内棺一件信期绣罗绮衣物（考古编号 N14），底料就被特意染成了黑色，再在其上用彩色丝线进行刺绣。

紫草可以染紫，缬草可以染绿，这些也都是在汉朝比较普及的染料。马王堆 1 号汉墓出土的遣策中有"鰲（缓）绮䌷一两，素掾（缘），千金縧饰"，对应的是一双掌面使用缬草染罗绮制作的手套（考古编号 443-3）。只是这种绿色不是很牢固，现在看到的实物已经褪色，只余很浅的绿色痕迹。

在单色染的基础上进行套染，就可以获得更多丰富的色彩。如黄色套染蓝色，也可以染出绿色，这种绿色更为牢固，在马王堆 1 号汉墓的大多数绣品的绣线上都能发现。

借来金石天然色
矿物染

一、朱砂

朱砂（硫化汞）又称"丹砂"，是先秦时代就已极为流行的颜料，生产量很大，应用也相当广泛。根据《史记·货殖列传》记载，秦朝时，"巴寡妇清，其先得丹穴，而擅其利数世，家亦不訾"。这位名为清的寡妇经营丹矿，她所经营的丹砂开采事业大概已有相当规模，获利丰厚。甚至秦始皇也要对她以礼相待，"以为贞妇而客之，为筑女怀清台"。

用丹砂来为丝绸染色，是中国古代一种特殊的染色工艺。其着色方式是把研磨得极为细腻的丹砂粉末与黏合剂液体混合，调制成混合丹砂粉末的色浆，再对织物做染色处理。色浆凝固干燥后，丹砂颗粒就被均匀地附着在织物纤维上，最终织物呈现出饱满鲜明的红色。使用丹砂染制丝绸的工艺出现很早，殷墟妇好墓中已能见到丹砂染制的绢织物残痕，陕西省宝鸡市茹家庄西周墓出土了较为完整的绣花朱砂绢织物。

朱砂原矿与天然朱砂粉末
北京中医药博物馆藏

[1] 湖北省文物考古研究所、北京大学中文系编：《望山楚简》，中华书局，1995年，第52页。

沙（砂）绮绸一两 素掾（缘）千金绦饰

朱砂染罗绮手套与对应遣策记载
马王堆1号汉墓出土

湖北江陵望山2号楚墓出土的遣策简牍中，多次出现"丹硅緅"一名[1]。"緅"即"䌷"，《急就篇》："绛缇絓䌷丝絮绵。"颜师古注："䌷，抽引粗茧绪，纺而织之曰䌷。"《说文·糸部》："䌷，大丝缯也。"可知"䌷"是粗丝织造的绢织物。"硅"字则是说明其染色工艺，这个字意思类似于"注"，但不从"氵"而是从"石"，说明是以石类染料丹砂磨出的细腻粉末注染在丝绸上，最终形成稳固的丹红色。依据遣策记载，这种丹染织物可以被用来制作衣物。

马王堆1号汉墓出土的遣策中有"沙（砂）绮绸一两，素掾（缘），千金绦饰"，对应的是一双掌面使用朱红罗绮制作的手套（考古编号443-3）。所谓"沙（砂）绮"，正是用丹砂染制的罗绮。同墓中出土的衣物中，也有一件使用朱砂染制的罗绮制作的（考古编号329-8）。各类织锦的色线、刺绣的绣线，也大多会使用丹砂来染红。马王堆汉墓所处的湖南地区，正是著名的丹砂产地之一。这些染制丝绸使用的丹砂，很可能是就地取材，而且开采后还经历了人工炼制提纯，最终得到纯净的丹红色。

丹砂染色非常稳定，不会像别的颜料那样轻易变色、败色，历经两千余年依然如新。马王堆汉墓各类织绣品中，也以丹砂染就的部分最为鲜明。

使用丹砂染色，除了效果鲜明持久之外，还有一层实用作用——丹砂本身具有一定毒性，但剂量较微小，对人体几乎没有影响，却能够有效灭菌防虫。使用丹砂染制的面料，或者在面料印花上使用

第二章 染色　037

丹砂、在织绣花样里加入丹砂染制的红线，都有利于衣物的保存。古人显然已明确意识到了这一功效。

二、其他

在朱砂之外，马王堆汉墓文物中还有一些织物的纹饰上涉及一些别的矿物颜料，主要包括绢云母白、碳墨、铁黄、铅白等。

绢云母也叫白云母，其重要的产地也在湖南。这种矿物呈白色薄片状，质感光泽有如绢丝一般，因而得名，成分主要包括二氧化硅、氧化铝等。绢云母磨成粉末，调入黏合剂，就成为一种绘画中常用的白色颜料。丝绸无需用矿物颜料来染白，但这种颜料可以用在丝绸后期的印绘加工中，能良好地附着在织物纤维上，而且覆盖性很强。马王堆1号汉墓出土的印花敷彩纱上有一种略带珠光色泽的白色花纹，就是用绢云母粉末调和的颜料绘制而成的。

碳墨的来源大体有两种，一种是天然矿石中提取的石墨，一种是燃烧松树等木材制作的松烟墨。马王堆1号汉墓出土的印花敷彩纱上有用碳墨勾线的，刺绣品上有的也是用碳墨起稿。

马王堆汉墓出土的金银色印花纱，经文物研究者检测分析颜料成分后可以知晓，使用铅白（铅粉调为颜料）可以制作银色的颜料，使用铁黄（黄铁矿粉调为颜料）可以制作金色的颜料。

"丹硅纵"
湖北江陵望山2号楚墓
出土竹简

绢云母原矿

齐紫祒服最矜贵
生物染

在古代，紫色大概算是各种色彩中染制最为困难的一种。因此紫色丝绸极为名贵，往往是具有一定身份等级的人才能使用的限定品。

最晚在战国时期的齐国，已经出现了使用来自海洋的动物染料"骨螺"进行染紫的工艺。据《荀子·王制篇》中记载："东海则有紫细紶（蚅，jié）鱼盐焉，然而中国得而衣食之。"[1]当地通过经营鱼、盐与名为"紫蚅"的染色材料，就可以获得丰足的衣食。据纺织考古学家王㐨先生的考证，"紫蚅"很可能就是骨螺，它的鳃下腺可以用来染紫色。[2]

《韩非子·外储说左上》记载："齐桓公好服紫，一国尽服紫，当是时也，五素不得一紫。"《史记·苏秦列传》中记载："齐紫，败素也，而贾十倍。"由于齐桓公喜欢穿紫色的衣服，造成了全国都追求穿紫色衣服的奢靡风气。当然这里说的"一国"，大概还是专指都市中的"国人"，至于广大庶民所处的"野人"是不算在内的。即

[1] 王先谦撰：《荀子集解》，中华书局，1988年，第162页。

[2] 王㐨著，王丹整理：《染缬集》，北京燕山出版社，2014年，第86页。

便如此，这种对紫衣的需求也是巨大的经济消耗。后来齐桓公为此心生忧患，只得向齐国宰相管仲咨询解决办法。管仲给齐桓公提了一个方法："君欲止之，何不试勿衣紫也。谓左右曰：吾甚恶紫之臭。于是左右适有衣紫而进者，公必曰少却，吾恶紫之臭。"结果自然是上行下效，齐国人见齐桓公讨厌紫色服装的臭味，也都不再穿紫色服装，奢靡风气最终得到制止。

紫色带有臭味，所谓"紫臭""败素"，正是骨螺染制过程中出现的显著特点，海产本身就带有海腥味，骨螺的鳃下腺在制作加热时又会散发出臭味。但染色制作完成之后，实际并不会那样严重。齐桓公说讨厌"紫之臭"应该只是他为了抑制奢靡风气才进行的夸张化表演。但这种染色的确耗费极大，据王㐨先生推测，染一件浅紫色衣物，就需要600至1200个骨螺才能实现；若是要染一件深紫色衣物，所需的骨螺更是数以万计。

这种紫色鲜明艳丽，经久不褪色，因此极受贵族阶层的追捧爱重。北京市大葆台汉墓出土的紫红色绢地刺绣残片，其上的绣线颜色均已褪色，但作为绣地的紫绢颜色依然鲜艳分明。[①]马王堆1号汉墓出土的一件印花敷彩紫纱衣（考古编号329-14），也呈现出鲜艳的绛紫色。据王㐨先生推测，它们很可能是使用了骨螺染色。

绛紫色刺绣绢
北京大葆台汉墓1号墓出土

脉红螺
山东海湾常见的一种骨螺

[①] 赵芮禾、司志文：《大葆台汉墓出土棺衣纹饰及染色研究》，《南方文物》2020年第4期。

第三章

添 花

分色套印呈纹饰
印花

　　这是采用涂料色浆，以多版分色印花在丝绸上呈现纹样的工艺。

　　马王堆1号汉墓西边厢盛放单匹衣料的"缯笥"中有两件单幅的金银色印花纱（考古编号340-11、340-24）。在"聂币"（象征布帛实物货币的纺织品冥币）笥中也发现了印花纱碎片。一件香囊的束带也是用这种印花纱缝制的。3号墓中也出土有类似的残片。

　　印花纹样均匀细密，底纹是如火焰或草木一般的曲线，其上再加一些排列整齐的小圆点；单位花样整体轮廓如菱形，结构紧凑对称，仿佛当时青铜器上流行的错金银工艺纹饰被转印到了轻薄的丝绸上。两幅保存较完好的印花纱上的印色稍有不同。一幅曲线为银灰色和银白色，小圆点为金色或朱红色；一幅曲线为银灰色和暗绿金色，小圆点为金色或朱红色。时隔久远，这些纹饰虽然依旧相当清晰，但色彩有的已黯淡泛黑，有所晕染。考古工作者称呼其为"金银色印花纱"，是就出土时呈现的色彩

金银色印花纱（340-24）

状况来取的名字。

一、印花颜料

经文物工作者后期的分析研究，可以大致了解印花纹样颜料的成分——银白色是绢云母白（绢云母粉调为颜料），银灰色是铅白（铅粉调为颜料），暗绿金色是铁黄（黄铁矿粉调为颜料），小圆点纹则是使用朱砂。除了绢云母呈现的白色比较稳定外，后三者都存在劣化变色的现象。推测这些印花纹样原本的色彩：一幅是明暗两种银白色作线条，朱红色为点；一幅是金银两色作线条，朱红色为点。

这几种颜料，都是绘画常用的天然矿物类颜料，由矿物粉末调和黏合剂制成。因为磨制细腻，调和出的印花色浆也具有很好的覆盖力。印花纹样的线条虽然很细，却依然能够保持连贯；这类颜料能够渗透纱料，因而织物虽然是单面印花，背面也同样能够具备花纹。

二、印花用具

对照文物分析，这类印花应是使用雕刻好的凸模来印制的。[1] 纹样各个图样单位之间，都存在人工操作造成的间隔不均甚至线条叠压，而各图样单位具体位置线条特征却完全一致，可以发现印花使用了较小的模具。

与马王堆汉墓时代接近的广东广州西汉南越王

[1] 吕烈丹：《南越王墓出土的青铜印花凸版》，《考古》1989年第2期。

① 广州市文物管理委员会、中国社会科学院考古研究所、广东省博物馆编辑：《西汉南越王墓》，文物出版社，1991年，第83、481页。

墓中，恰好出土了一套铜质印花模具①，可以明确展现出马王堆汉墓这类分色套印的用具细节。它由大小两件凸起线条纹饰的铜板组成，背面均有穿孔的小纽可以穿绳以便执握。小的一件纹饰呈"个"字形，起着为整体纹饰定位的作用，大的一件纹饰更丰富，为单位纹样的主体部分。尤其值得注意的是，这套凸版上的花纹有些部位上已磨至圆钝，表明这应当是当时实际使用过多次的工具，而不是为随葬才临时制作的非实用的明器。

这套模具出土时，和盛装有大量丝绸的竹笥放在一起。其中的部分平纹纱类织物上仍旧残存有印花纹饰的痕迹，这些纹饰与模具完全一致。这些印花纱很可能就是使用了这套模具来印制。从设色上看，南越王墓出土印花纱的主纹为白色，小圆点纹为朱红色。模具中缺失了印制小圆点纹样的一件，

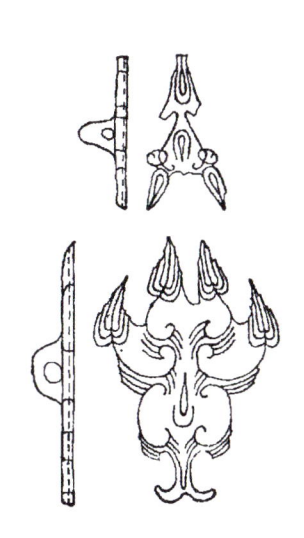

南越王墓出土铜印花模具及其线图 　　**南越王墓出土印花纱残块**

它的材质可能是木质，没能保存下来。

三、印花步骤

纺织考古学家王㐨先生曾对金银色印花纱的印制做过实验。①因此得以大致还原出当时印花的工序来：

1. 将经过煮炼、染色的织物整理烫平，铺贴于平滑坚实又略有弹性的垫板上。

2. 用"个"字形模板蘸取涂料色浆（绢云母白或铁黄），在织物上印出纹饰的框架排布。

3. 用主纹样模板蘸取涂料色浆（铅白），在框架中填印主体纹饰。

4. 用小圆点纹样模板蘸取涂料色浆（朱砂），在各个单位纹样上套印点纹。

这种加工形式如盖章一般，盖印的方式，也是先在织物幅宽上横印成排，再一排排地向纵长发展。王㐨先生将其称作"模印法"。印花制作看似很简单，但实际却相当费力。

按纱料的幅宽约48厘米来计算，每米大约印有430个单位纹样，每个单位纹样都需盖印三版，一共需要印1290次。加上丝绸整染、色浆调制、花版制备的一系列工作，耗费的人力之大可以想见。

① 王㐨：《马王堆汉墓的丝织物印花》，《考古》1979年第5期。

南越王墓铜印花模具纹样复原

妙笔点缀花叶生
敷彩

在印花工艺的基础之上，还可以进行更繁复的装饰。这见于马王堆1号汉墓出土的大量以印花和彩绘结合方法装饰的纱类织物上。考古工作者将其称为"印花敷彩纱"。

马王堆1号汉墓西边厢盛放单匹衣料的"缯笥"中有单幅的印花敷彩纱，随葬"衣笥"中的衣物中也有三件是用印花敷彩纱制作。棺中同样有印花敷彩纱制作的衣衾。因使用织物的色彩不同，纹样设色也各有差异，但基本的制作工艺是一致的——纹样整体呈菱形；底纹是卷曲纤细的藤蔓，这部分纹饰排布规则均匀，是直接印制到织物上的；而藤蔓上的花叶果实具有明显的笔触特征，是直接手工绘制而成的。

通过对比可以发现，马王堆1号汉墓的印花敷彩纱纹样可以分为两种类型：第一类出现在大部分印花敷彩纱面料上，它们无疑使用的是同一款纹样底本，包括竹笥中的整幅面料（考古编号340-32）、竹笥内的两件衣物（考古编号329-12、329-

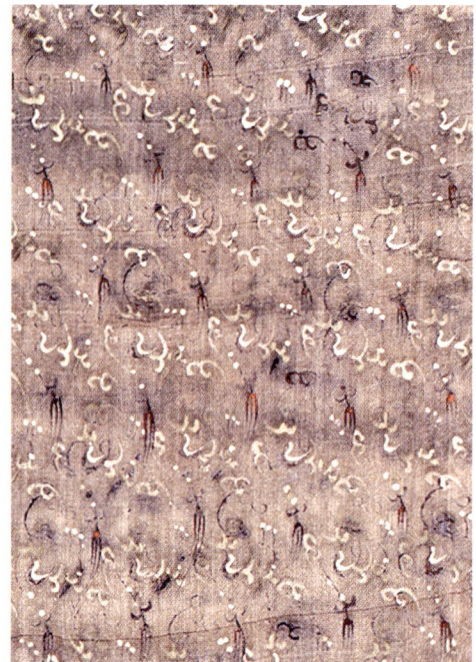

340-32

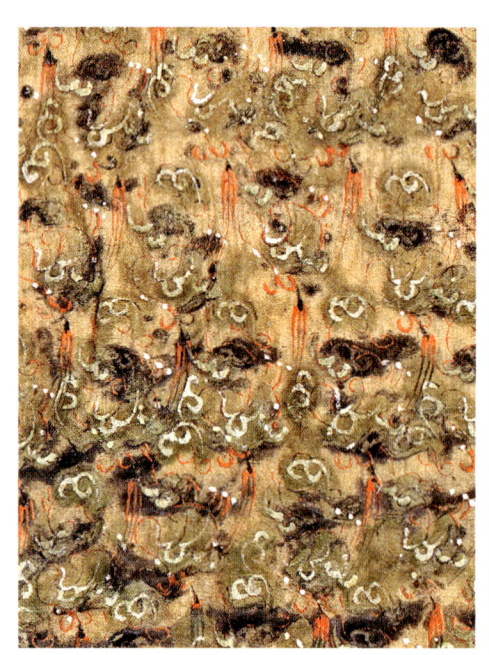

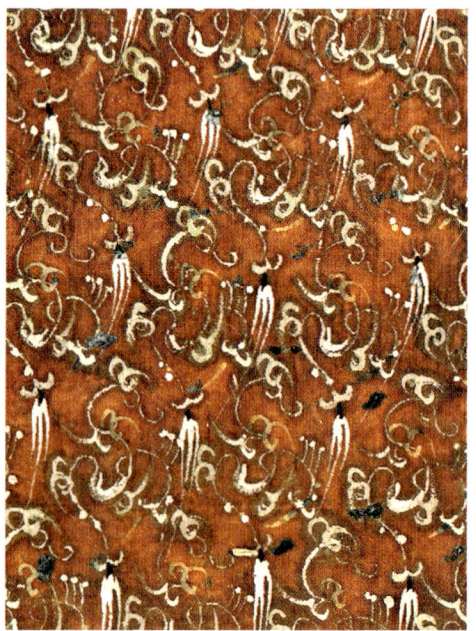

329-12

329-14

印花敷彩纱之一

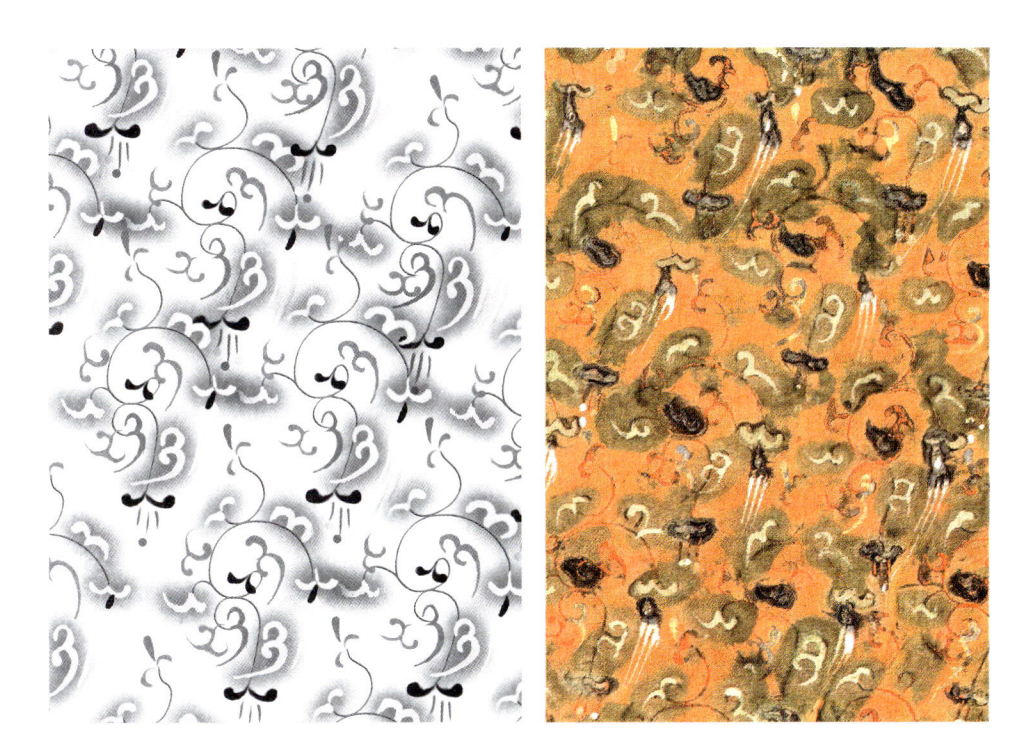

329-13
印花敷彩纱之二

14）与棺内的一些衣衾残片；第二类仅见于一件衣物上（考古编号329-13），纹样的构成元素基本与第一类一样，但排列组合的方式有所不同。

一、底纹印花

在印制藤蔓时，因为单位纹样较为纤小，是把四个单位纹样并作一版，组成一个大的菱形循环，再依次排列印制的。观察印纹的细节，线条交叉处呈现明显的断纹，颜料具有一定凸起的厚度，可见这类印花并没有使用印制"金银色印花纱"的那种雕刻好的凸模，而使用的是镂空的花版。颜料通过花版的镂空处附着在面料上形成纹饰。王㐨先生将其命名为"型版涂料型"印花。

印制底纹时，面料不用上浆，熨平即可，以便颜料渗透和附着。面料上按花版大小打上定位点，把花版平贴在纱面上，用软毛刷蘸色浆刷印，规律换版接续，即可获得规整的印花。这样制作出的印花，位置更为准确，不会出现凸模印花那样因人工操作而产生的不规则重叠或间隔。通过镂空花版所上的涂料色浆比凸模印制更为厚重，会在面料上呈现略微凸起的状态。但是，这种工艺下的印花面料大概是单面的，没有"金银色印花纱"那样双面的效果。

印花的顺序，可能是先横印成排再向纵长扩展。按幅宽约 48 厘米计，每米大概印单位纹样 800 至 1000 个，即便花版为四个单位纹样组合，也需要印制 200 余次。印好底纹之后，还要经过更为繁复的彩绘加工。

类似的印花工艺，还见于甘肃武威磨嘴子 48 号西汉墓出土的一件绢缘印花草编盒上[1]。其工艺理念结合了镂空花版印色和多版套印的长处，印花时将一个花纹单位分解为三个单花镂空版，依次用笔刷上颜料，在版面上套印即可获得完整纹样。这类印花技术甚至可以算是后世多色印刷的滥觞。

[1] 甘肃省博物馆：《武威磨咀子三座汉墓发掘简报》，《文物》1972 年第 12 期。王菊：《武威磨嘴子汉墓出土绢缘印花草编盒的修复研究》，《敦煌研究》2018 年第 4 期。王㐨：《染缬集》，北京燕山出版社，2014 年，第 239 页。

绢缘印花草编盒纹饰局部
甘肃武威磨嘴子 48 号
西汉墓出土

二、彩绘添花

在规整统一的藤蔓线条之上，手工绘制的花叶果实增添了活泼灵动。这时就需要调配好各种色彩的颜料，按大致的纹样排布进行绘制。不同衣料上的花穗、花蕾、花蕊、花叶的色彩搭配各有差异，但使用的颜料基本一致，包括朱砂的红、碳墨的黑、绢云母的莹白，以及调和绢云母、辰砂和碳墨制成的蓝黑，调和铅粉与辰砂制成的银灰。这些不知名的西汉画师，在纹饰创作和彩绘上色方面都是非常出色的。

尤有意思的是几件以黄纱为底的印花敷彩衣物上的绘制细节。画师在绢云母绘制的白色笔触之下，还运用到了后世绢本工笔画常用的背面托色技法，以淡淡的浅蓝同织物本身的黄色晕出绿色，进而将正面的白色笔触衬得更为清晰。纹样整体成型后，呈现出宛如初生桑叶一般略泛绿意的黄，搭配其上如蚕一般的白色笔触，具有浓郁的蚕织象征意味。

三、纹饰移用

印花敷彩纱上的这类藤蔓花卉纹饰，可谓是当时的经典图样。同一套花样底本很可能广泛流传于汉朝的各个地域。考古发掘中，也出现了将同类型花样移用为刺绣的情形。

如北京大葆台汉墓出土的两件刺绣残片[1]、蒙古国诺彦乌拉匈奴墓出土的一些汉代刺绣残片和一件完整的绣花绢袜[2]，以及甘肃武威磨嘴子22号东汉墓出土的一件盛装针线的织锦刺绣小奁[3]，都使用了与马王堆汉墓所出印花敷彩纱上相似的卷草纹样。

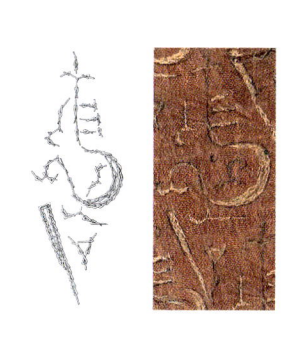

刺绣残片
北京大葆台汉墓出土

[1] 大葆台汉墓发掘组、中国社会科学院考古研究所编辑：《北京大葆台汉墓》，文物出版社，1989年，第57页。

[2] 梅原末治：《蒙古ノイン・ウラ発見の遺物》，东洋文库，1960年，图版第三三、三四、五八。

[3] 新疆维吾尔自治区博物馆、出土文物展览工作组编：《丝绸之路——汉唐织物》，文物出版社，1972年，图版一。

绣样构成类似马王堆印花敷彩纹样之一

绣样构成类似马王堆印花敷彩纹样之二

刺绣绢袜与各类刺绣残片
蒙古国诺彦乌拉匈奴墓出土

织锦刺绣小奁及刺绣局部
甘肃武威磨嘴子 22 号东汉墓出土

尤其需要注意的是，诺彦乌拉匈奴墓出土刺绣绢袜的绣样，细部结构基本和马王堆 1 号汉墓印花敷彩纱中的第一类纹样相同；而诺彦乌拉匈奴墓的另外一些刺绣残片以及磨嘴子东汉墓小奁上所用的刺绣，纹饰结构又与马王堆 1 号汉墓印花敷彩纱第二类纹样相同。纹饰流行的背后，可能还有某种制度限定的缘故。

追寻古绣纹之名
刺绣

刺绣是在绢、纱、罗、绮等各类丝织物上以彩色丝线增添各种精巧花样的装饰技法。贾谊《新书·匈奴篇》中说："匈奴之来者,家长已上固必衣绣,家少者必衣文锦。"《盐铁论·散不足篇》说："今富者缛绣罗纨,中者素绨冰锦。"对照这些历史记载来看,绣甚至是比锦更高级的存在。这大概是因为比起使用织机半人工半机工制作的织锦,刺绣需要全凭绣娘手工一针针绣制,非常耗费工时、人力的缘故。

马王堆 1 号墓和 3 号墓都出土了大量的刺绣品,其中尤以 1 号墓中的最为完整丰富。这些刺绣在绣制时并非随心而为,而是预先有着严谨规律的安排,从而使纹样最终呈现出整饬规律的效果。

首先,要提前设计好绣花的单元纹样,依据纹样制出粉本或印版,再在织物上用淡淡的墨色或朱色印制出细线勾勒的刺绣底稿。接着,就需要根据绣地材料的色彩,选择绣线配色。从马王堆汉墓的刺绣实物来看,即便是同样的花样,在不同织物上使用的绣线

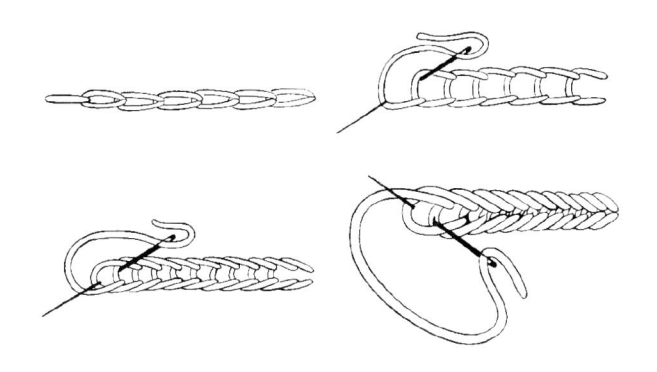

"索绣"针法示意

配色也多有不同。最后,需要把待刺绣的织物上绣床绷紧,使绣地平整无皱,就可以开始绣制了。

　　至于绣制技法,绝大部分刺绣使用的是"索绣"(或称"锁绣",俗称"辫线绣")针法。这种针法大致来说,是刺绣时先起针勾出一个圆形小扣,再从扣中穿针绣出下一个小扣,如此循环往复,最终呈现效果环环相扣如长索一般。[1]这种索绣不仅被用来勾勒纹样缘边,还要以盘绕的形式填充纹样内部。只是锁绣相对平针绣而言,线条更粗一些。因此在部分绣样的尖头处,还采用了接针技法补出纤细的长尾。

　　如今对比观察文物还可以发现,这些刺绣背后的西汉绣娘们的手艺水平各有高低。技艺高明者刺绣针脚整齐匀称,走线洒脱利落,在飞针走线之际也不是一味对准底稿,还能够在底稿歪斜处及时修正改善,显然对绣稿纹样已经非常熟悉。而技艺生疏者,刺绣时拘泥于底稿,针脚稍乱,偶或有呆滞歪扭处,甚至漏针处。在此基础上想象,昔年大概

[1] 王亚蓉:《中国民间刺绣》,商务印书馆,1985年,第10页。

曾有过年长、年青绣娘前后相继，传承技艺的情景。

尤其值得一提的是，马王堆汉墓中有多种刺绣文物的图纹能够与遣策记载的名目完美对应。曾经这些名称可能是为人熟知，可以寻常随口说出的，人们只是随手记录在了遣策简牍之上。但两千余年过去，这些竹简上留下的寥寥数语却能让后人仍知晓西汉人对这些刺绣花样的称谓，显得尤其珍异。

绣纹中最为明确的名目，是"信期绣""长寿绣""乘云绣"三种。此外，遣策上还记录了一些别的绣样，也可以通过对照刺绣文物分析，找出名称与实物的具体对应。

一、信期绣

因绣有这种样式花纹的三件香囊（考古编号65-1/2、442）、一副手套（考古编号443-4）和一件包裹九子奁的夹袱（考古编号443-1）在遣策文字上有明确对应，遣策提到时均称之为"信期绣"，故而得名。

所谓"信期"，大概取材于燕子或鸿鹄一类的候鸟，它们随季节不同周期性进行迁徙，古人视其诚信可期。汉朝女子的吟咏中时时可以看到对它们的赞叹，如远嫁乌孙和亲的西汉公主刘细君曾在思念故土时唱起《悲愁歌》："居常土思兮心内伤，愿为黄鹄兮归故乡。"又如汉末乱世中为胡骑所劫、只得托身匈奴的蔡文姬，也有《悲愤诗》写道："孤雁归兮声嘤嘤，乐人兴兮弹琴筝。"至于汉朝民间，

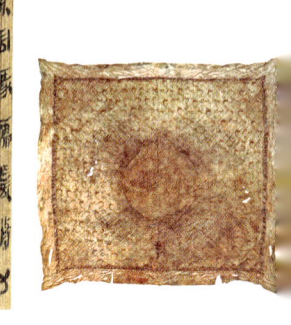

信期绣夹袱与对应遣策记载

信期绣香囊与对应遣策记载

信期绣香囊与对应遣策记载

信期绣香囊与对应遣策记载

信期绣手套与对应遣策记载

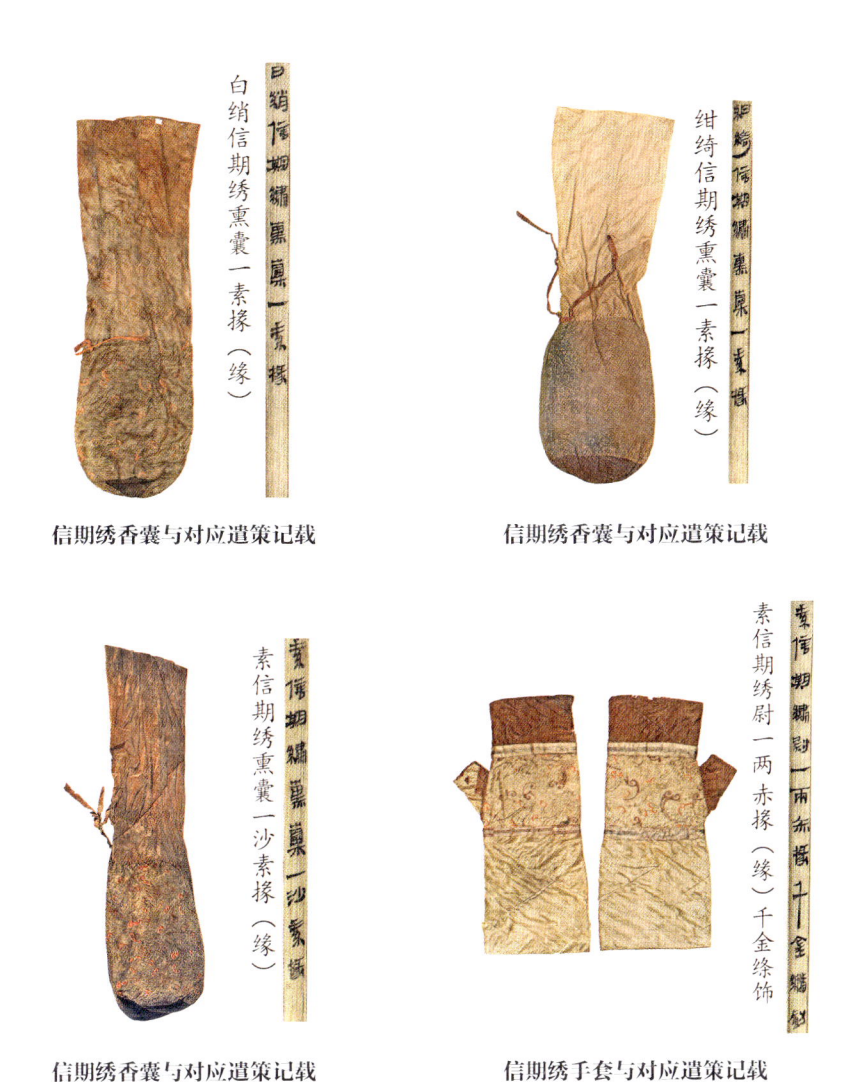

也有汉乐府《艳歌行》所咏唱的"翩翩堂前燕,冬藏夏来见"。小小候鸟,寄托的是人们对归家、团聚的期盼,取这类含义设计为"信期"刺绣纹样,也包含着美好的祝愿。

马王堆1号汉墓有多件衣物使用了信期绣,也有一些绣好的幅料、残片上出现了信期绣。信期绣纹样整体比较抽象写意,但细辨花样,可以看出是

信期绣茶黄罗绮衣（329-11）纹饰　　信期绣罗绮（354-7）　　信期绣纹样之一

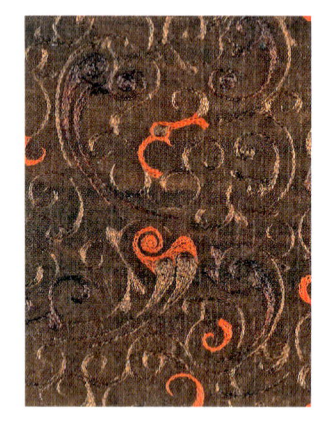

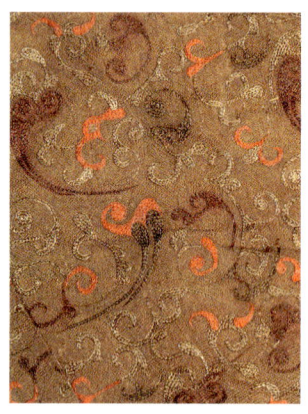

信期绣罗绮（354-20）　　信期绣褐罗绮衣（357-2）纹饰

信期绣黑罗绮衣（N14）纹饰　　信期绣绢衣（N20）纹饰　　**信期绣纹样及案例**

信期绣纹样之二　　　　信期绣褐罗绮衣（329-10）纹饰　　　信期绣黑罗绮衣（N14）纹饰

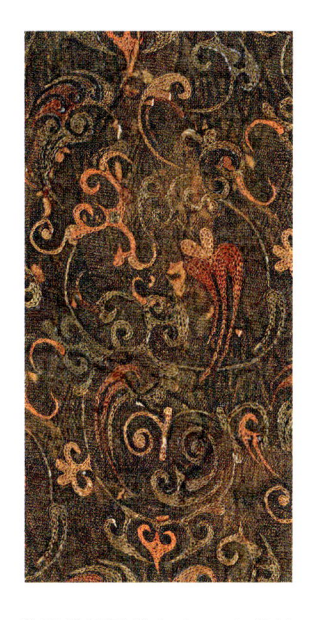

信期绣纹样及案例

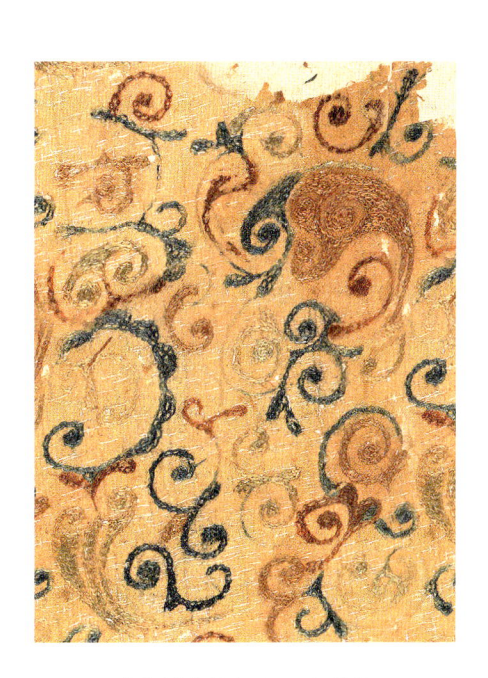

信期绣纹样之三　　　　　　　　　　　信期绣黄绢衣（N11）纹饰

信期绣纹样及案例

在卷曲的藤蔓花叶间穿梭着写意的小燕子。这是出土各类绣品中最为精巧讲究的一种，而且大多绣在纤薄的罗上，也有用绢、绮作为绣地的，可见这种绣样应当颇为当时的贵人欣赏。

文物研究者根据花纹繁简的不同，将马王堆1号汉墓中的信期绣绣样分为三种类型。

类型之一，是在藤蔓上悬一流云，下有一只小燕，藤蔓右侧又隐现一个带眼的鸟头。单位纹样长约9.5厘米，宽约7.5厘米。马王堆1号汉墓大部分信期绣都是使用这种绣样。其中尤以棺中衣衾包裹中揭出的一件信期绣衣物（考古编号N20）绣工最为流畅熟练，绣制者并没有拘泥于纹样底本单元循环产生的间隙分隔，而是在纹样之间进行适度衔接补充，使整体效果更为灵动且浑然一体。

类型之二，是藤蔓变得更为纤细绵长，枝叶花穗也都拖出纤巧的长尾，但其间仍有信期绣特征的流云与小鸟图样，隐现藤蔓之间的带眼的鸟头也与类型一相近。单位纹样长约11.5厘米，宽约5.5厘米。文物研究者在对照信期绣图样时，发现了棺内一件信期绣黑罗绮衣（考古编号N14）的纹饰出现了有趣的细节——这件衣物的主体用料，使用的基本是第一类型的信期绣。但其中一块残片，却缝入了一块第二类型的信期绣。这或许是当年某个粗心的绣娘拿错绣样导致的结果，这一失误甚至在两千多年后再度被人发现，实在是很有意思。

类型之三，要比前两类都更加散漫随意不少，绣工也比较粗疏，各个花样之间频繁更换色线，各个图纹间不算很连贯。这一类型只见于棺内一件残衣（考古编号N11）之上。单位纹样长14厘米，宽9厘米。

二、乘云绣

因为绣有这种类型花纹的枕巾（考古编号为444）、垫褥（考古编号446，考古报告记为枕巾）在遣策中被称为"乘云绣"，故而得名。

马王堆1号汉墓出土的乘云绣绣品绣地有用绮，也有用绢的。乘云绣的纹样单元也比较大，翻腾飞卷的云霞舒缓，云霞中隐约可见一只写意风格的神兽，它头部宽扁，有着尖长的喙，居中的是一只睁着的眼睛，可能是某种凤鸟。绣样的主体大概就是凤鸟乘云飞翔，这反映着当时人们追求"长生""升仙"的思想。乘云绣的纹样布局基本都是一致的，

素乘云绣枕巾一 绩周揉（缘）素綊（接）

乘云绣枕巾与对应遣策记载

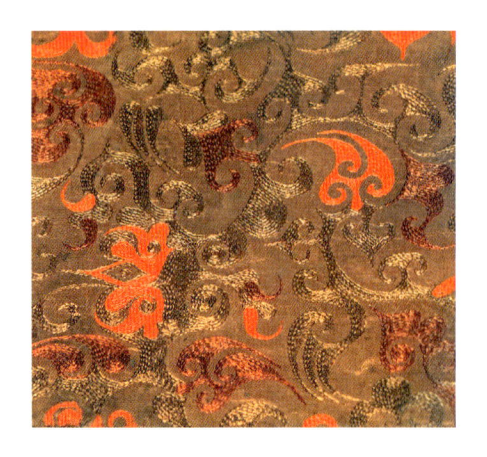

乘云绣枕巾（444）纹饰　　　　　　　　乘云绣衾（N3）纹饰

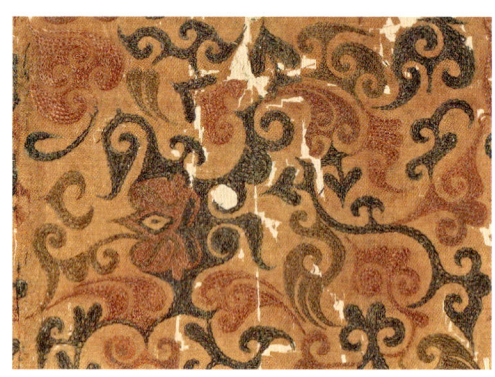

乘云绣绢衣（N8）之一　　　　　　　　乘云绣绢衣（N8）之二

乘云绣纹样

乘云绣纹样及案例

白绮乘云绣郭（椁）中细庋一 赤掾（缘）

白䌠素面䋐郭中细庋一 朱掾

乘云绣垫褥与对应遣策记载

① 荆州博物馆：《湖北荆州谢家桥一号汉墓发掘简报》，《文物》2009年第4期。

② 中国美术学院汉字文化研究所等：《流昉洛川》，上海书画出版社，2021年，第211页。

但在部分位置具体绣制时细节有所差异。

与马王堆汉墓时代接近的湖北荆州谢家桥1号汉墓也出土了一套保存完好的"荒帷"棺罩①，其中一件是以绢面刺绣为主体。细辨纹样排布格局，使用的正是和马王堆1号汉墓乘云绣同一个绣样底本，只是纹样单元整体进行了缩小，绣制时不少细节有所省略简化。

乘云绣纹式的流行延续了很久。河南洛阳西朱村曹魏大墓出土石楬上提到的一种织锦"丹地承云锦"②，即丹色地织出"乘云"纹样的织锦，这或许就是几百年前马王堆汉墓"乘云绣"的延续。这类纹样同样多见于西域出土的织锦上，表现为云气托起的神兽，只是这时的神兽已变得很具象，不复西汉初年浪漫写意的风格。魏晋时人常用这类织锦制作织锦领边，所谓"承云"也可以理解为对承托女子乌云般发丝的领边的一种雅称。从瑰丽大胆的

乘云绣"荒帷"棺罩纹饰
湖北荆州谢家桥1号汉墓出土

第三章 添花　063

想象到纤丽含蓄的具象，小小纹样也反映出两汉之间艺术风格的大变化。

三、长寿绣

因马王堆1号墓绣有此种花纹的几巾（考古编号439）、镜衣（考古编号443-7）和夹袱（考古编号441-1），在遣策上被称为"长寿绣"，故名。

马王堆1号汉墓出土的长寿绣绣品均是以绢为地，单元纹样较大，呈现出带有涡旋与长尾、连绵相续、卷曲翻腾的流云纹样，其间又隐现凤鸟身姿，整体大概就是表现凤鸟遨游云间的情形。

文物研究者根据花纹繁简的不同，将马王堆1号汉墓中的长寿绣分为四种类型。其中有两个纹样类型，是可以在别的墓葬也找到同类，展开对照分析的。

类型之一，是盘旋扭曲的云气长带牵起十余朵

□□□□□□丹地承云锦斗帐一具绢隔缇沓自副

举雲錦斗帳一具絹隔緹沓自副

广六尺长一丈丹地承云锦荓一枚著绵五斤池练自副

廣六尺長一丈丹地承雲錦荓一枚著綿五斤池練自副

"丹地承云锦"石楬
河南洛阳西朱村曹魏大墓出土

素长寿绣机巾一缋周揉（缘）素绫（接）

长寿绣几巾与对应遣策记载

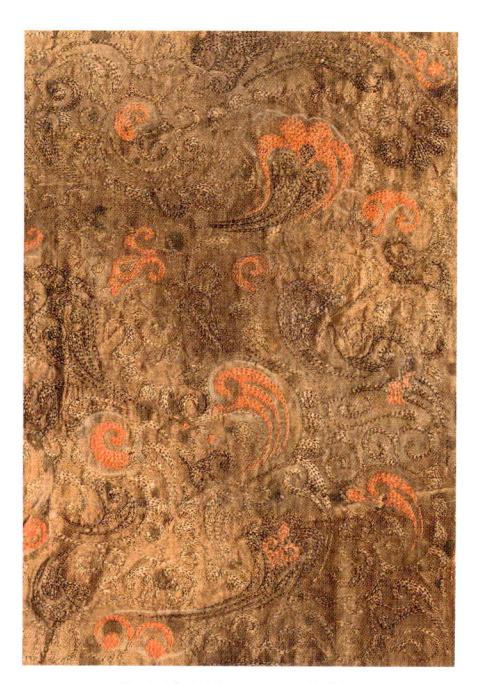

长寿绣纹样之一　　　　　　　　长寿绣夹袱（441）纹饰

神居山汉墓棺罩纹饰（复原）　　尹湾汉墓绣衾纹饰

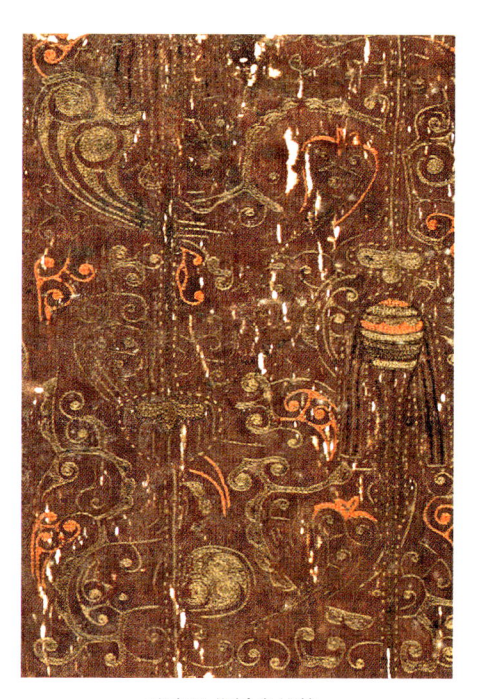

长寿绣纹样及案例

长寿绣纹饰之二 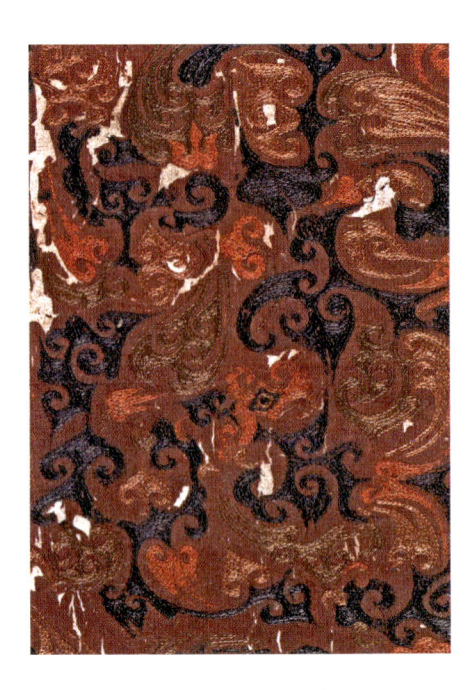　　　　　　　　　　　　长寿绣红绢衣（N1）纹饰之二

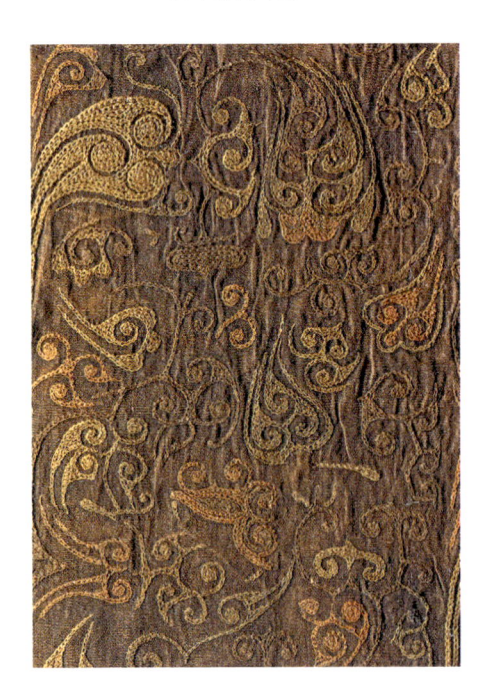

老山汉墓"荒帷"棺罩纹饰 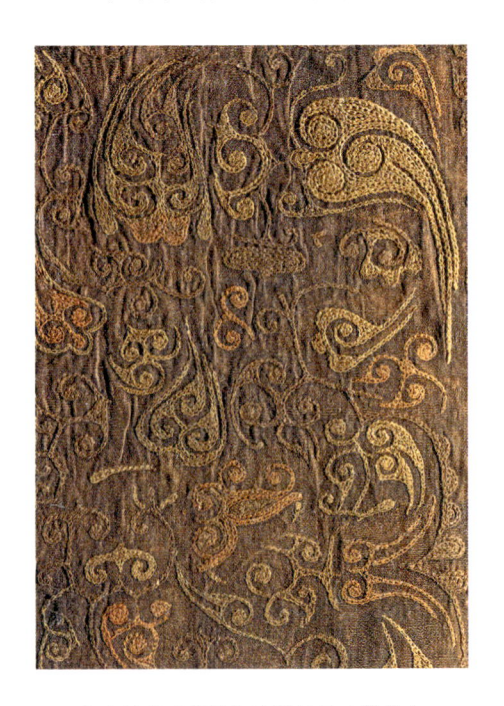　　　　　　老山汉墓"荒帷"棺罩纹饰（镜像）

长寿绣纹样及案例

蒙古国诺彦乌拉匈奴墓出土刺绣残片

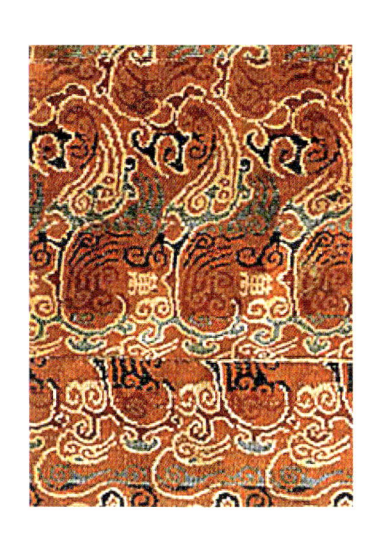

尼雅墓地出土锦袍及纹饰局部

长寿绣夹袱与对应遣策记载

素长寿绣小检(裌)戴(緣)一赤周掾(緣)

拖着长穗的流云,纹样左侧中上位置有一个小小的眼状纹饰,似在表现云气中隐现的凤鸟。单位纹样长约23厘米,宽约16.5厘米。马王堆1号汉墓大部分长寿绣绣品都是使用这种类型的绣样。

类型之二,同样是云气长带与多个流云纹饰的组合,但其中的眼状纹饰更大,纹样组合排布稍有不同。单位纹样长约21厘米,宽约15.5厘米。这种绣样见于马王堆1号汉墓棺中的一件长寿绣红绢衣上(考古编号N1)。

对照各处汉墓出土的刺绣品来看,这两类长寿绣绣样大概在汉朝流行的时间持续了很久,第一类绣样还出现在江苏高邮神居山2号汉墓(西汉中期广陵王王后墓)出土的"荒帷"棺罩[1]、江苏连云港尹湾汉墓2号墓(西汉晚期地方官吏墓)出土的"荒帷"棺罩[2]、蒙古国诺彦乌拉匈奴墓出土的"荒帷"

长寿绣镜衣与对应遣策记载

素长寿绣镜衣一赤掾(緣)大

[1] 黎忠义:《绢地长寿绣残片纹样及色彩复原》,《东南文化》1996年第1期。

[2] 连云港市博物馆等编:《尹湾汉墓简牍》,中华书局,1997年,第38—41页,图7。

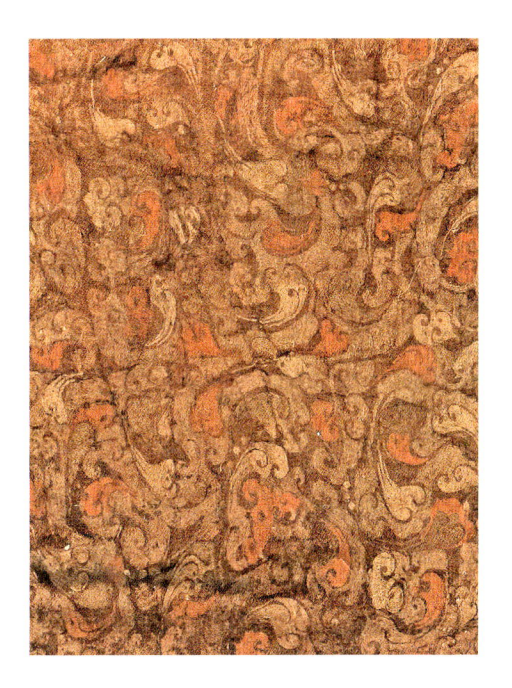

长寿绣纹饰之三　　　　　　　　　长寿绣绛紫绢衣（357-3）纹饰

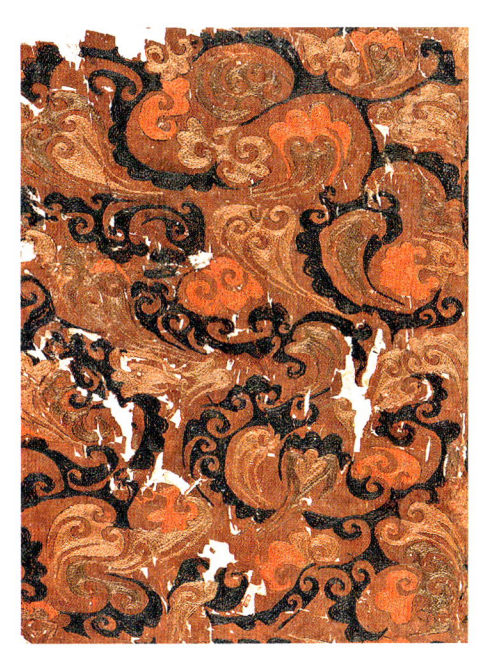

长寿绣纹饰之四　　　　　　　　　长寿绣丝绵袍残片（N1）纹饰

长寿绣纹样及案例

第三章　滴花　069

棺罩残片上；第二类绣样也见于北京老山汉墓（西汉某诸侯王王后墓）出土的"荒帷"棺罩。

这些绣样并不只是风格相似，甚至连纹样的格局构成、细节排布都几乎一模一样，只是因绣工制作的精粗而显示出一定差别。通过对照可以明确看出，这些刺绣都有共同的参考花样底本，而且这个底本在地域上留布很广，在时间上也传承久远。它们或许都属于汉朝官方的某种定制，甚至可能本就出产于同一地，是当时制度中定好的图纹，专供达官贵人使用。

比较独特的是尹湾汉墓绣衾与蒙古国诺彦乌拉匈奴墓分别出土的"荒帷"棺罩残片上的绣样，虽然仍是将第一类长寿绣的底本移用不改，但只是将它当作刺绣的底层纹饰，其上还另外起稿，穿插绣制出种种仙人神兽来。这大概是西汉末年在旧纹样底本基础上创制出的新式样。

同类绣样还被进一步被延用作为织锦纹样。新疆民丰尼雅遗址墓地出土织锦上多见同类的流云图样，而且云间还专门织有各种寓意吉祥的文字。[①]尼雅遗址是汉晋时期精绝国故地，这些织锦大概是当时中原王朝官方赐予精绝国贵族的礼物，时代约在东汉。如尼雅遗址1号墓出土"万世如意"锦袍、8号墓出土"安乐如意，长寿无极"锦枕，两者的图纹样式布局竟然与马王堆汉墓长寿绣第一类绣样的各处细节排布一一吻合，只是织锦的底稿采用了第一类绣样单元纹样的右半部分。

推测这一花样背后从西汉到东汉数百年间的传

乘云绣"荒帷"棺罩
北京老山汉墓出土

[①] 于志勇：《新疆民丰县尼雅遗址95MNI号墓地M8发掘简报》，《文物》2000年第1期。

"安乐如意，长寿无极"锦枕
新疆民丰尼雅遗址 1 号东汉墓出土

乘云绣"荒帷"棺罩
江苏连云港尹湾汉墓出土

承流转过程中，底本已出现一定残失，织造工人在保留原始底本右半部分的基础纹样构成基础之上，又添入了一些设计，将这个"残本"补全，以便排布花样循环。"安乐如意，长寿无极"锦保留更多原始底本的细节，"万世如意"锦则进一步做了简化。流云间新增的各种吉语仍旧是从"长寿"之名而来，可见东汉时期的织锦设计者仍旧明确知晓该纹样所代表的意思。

回头再看马王堆汉墓长寿绣的另一类纹样（文物研究者归为第四类），它同样出现在主体为第二类绣样的长寿绣红绢衣（考古编号 N1）的一些部位，似乎是第二类绣样的模仿版本。其中云气长带、穗状流云的位置格局大致未变，但各处细节都有改动，纹样更加粗疏一些，显得更加散漫随意，气韵有失连贯。单位纹样长约 30 厘米，宽约 23.5 厘米。这位西汉纹样设计者似乎有心要在经典的纹样底本上开创新意，但终究力有不及，反而改出了一个"偷懒"版本。

长寿绣中还有一类纹样（文物研究者归为第三类），见于一件制作精好的长寿绣绛紫绢衣上（考古编号357-3），云气长带纤长曲折，其间的流云饱满雍容，整体气韵流畅连贯。上端的眼形纹样轮廓可能还借鉴了乘云绣中的神兽轮廓。单位纹样长约30厘米，宽约21.5厘米。这一纹样大概可以算是在经典纹样底本上创制出的一个更为生动的版本。

① 宋少华、李鄂权、郑曙斌：《长沙望城坡"渔阳"王后墓出土木楬签牌的初步整理》，《简帛研究·二〇二三·春夏卷》，广西师范大学出版社，2023年，第220—279页。

四、蕙草绣

马王堆1号汉墓棺中发现了一件残衣（考古编号N10），以绢为地，用朱红、浅棕红、棕和深蓝四色丝线绣成开花的植物纹样。该纹样以往被考古工作者命名为"茱萸纹绣"，但这是根据图纹特点进行的现代命名，马王堆汉墓遣策中并无相关记载。

对照同时代、同地域的湖南长沙望城坡西汉"渔阳"王后墓出土的木楬上的文字记载[①]推测，这种绣样大概在西汉时是名为"蕙绣"。如"渔阳"王后墓中一块木楬记载的"熏（蕙）绣装被"，即饰有蕙绣纹样装有夹絮的被子。

所谓"蕙"，是一种香草。《山海经·西山经》中"浮山"一条下记载："有草焉，名曰蕙草，麻叶而方茎，赤华而黑实，臭如蘼芜，佩之可以已疠。"说的是这种蕙草，叶形像麻叶，草茎四方，开红花，结黑果，散发出的香气如蘼芜一般，佩戴在身上可

蕙绣绢衣（N10）纹饰

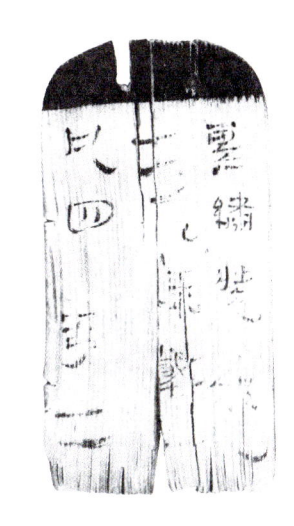

"熏绣装被"木楬
湖南长沙西汉"渔阳"王后墓出土

熏绣装被
三绿幭一 第二
凡四

以防治疾病。《汉书·龚胜传》也说"薰以香自烧",用薰草因有香草而招致焚烧,来比喻人因有才能而招致灾祸。后世又将这种草称为蕙草,或又称零陵香。

再看文物实际的纹样,是以蓝黑线绣制茎干,以朱红、棕红绣制花朵,中心茎干还特意绣出方角,特征基本符合文献记载中的薰草。古代疫病多发,将这类香草设计为刺绣图样制作成衣物,有着祈愿疾病不侵、身体康健的吉祥含义。

"熏"字在西汉时也成为各类香草、香料的代称,马王堆汉墓出土了香囊(遣策记为"熏囊")、香炉(遣策记为"熏卢")、香炉罩(遣策记为"熏"),一件绣枕中也塞满佩兰香草,可见软侯家对熏香一道的喜爱与需求。将香草作为绣样、绣制成衣、穿着在身,也颇有屈原时代"扈江离与辟芷兮,纫秋兰以为佩"的意蕴在。

"蘅若蘪芜、芷蕙连(莲)房,畸绣绮纹,雍锦蔡纺"
北京大学藏西汉简牍《妄稽》

"葛、蘪蕪、芷蕙連房、畸繡綺文、雝錦、蔡紡"
蘅 若 蘪芜 芷蕙 连房 畸绣 绮纹 雍锦 蔡纺

第三章 绣花 073

北京大学藏西汉简牍《妄稽》中称赞美人虞士的衣装时说："蘅若蘪芜、芷蕙连（莲）房，畸绣绮纹，雍锦蔡纺。"种种香草一方面可以佩挂在身或熏衣增香，一方面也可以作为织绣印绘的纹饰，直接装饰在衣物上。

五、连绤绣

马王堆 1 号汉墓棺中还有两件残衣，绣纹是在斜方格中装饰点纹。第一件（考古编号 N18）是方格四角分别绣小圆点与四角星，方格中央绣四点。第二件（考古编号 N12）是方格中绣带蒂的圆点和半圈线托起的圆点，两种圆点间行排列。因这种纹样形态如同棋局，考古工作者称之为"方棋纹绣"。

实际上，这种绣纹能在遣策中找到对应的名字。马王堆 3 号汉墓遣策记载有"连绤合衣戴（襓）一"，即装饰连绤纹样、用来包裹合衣的一块包袱皮。"绤"

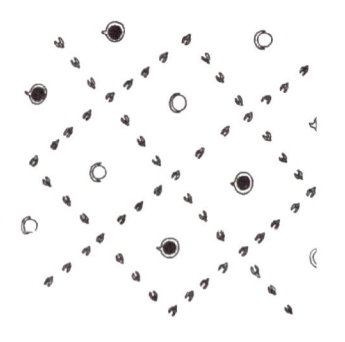

谢家桥 1 号汉墓棺罩纹饰

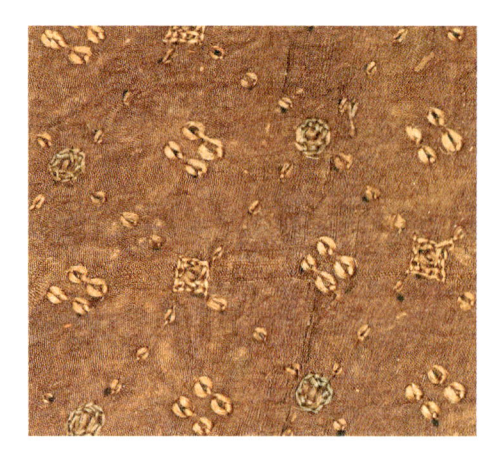

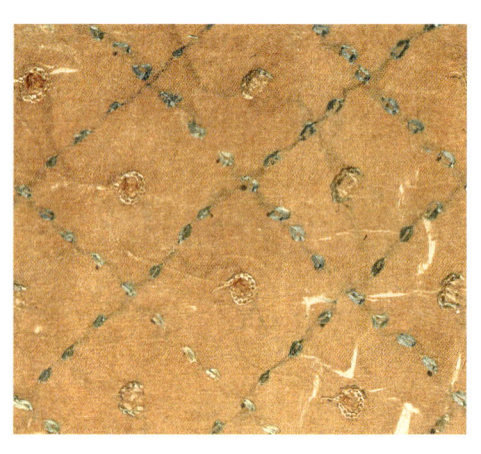

连绤绣绢衣（N18）纹饰　　　　　　**连绤绣绢衣（N12）纹饰**

074　何以汉服　重新发现马王堆汉墓服饰

是汉代的一种针法,《说文·糸部》:"緂,绣文如聚细米也。""连緂"就是像细米一样聚集又连续不断的绣纹,正可以和这些"方棋纹绣"中棋局一样的边框的点纹对应。绣制这些点纹时采用了单针锁绣法,外观与"打籽绣"针法的效果相似。

湖北荆州江陵凤凰山汉墓 168 号墓出土的随葬彩绘雕衣女木俑有身着连緂纹绣衣物的,俑衣是以朱红为地,用黑、金二色来表现绣样。[1] 湖北荆州谢家桥 1 号汉墓出土的"荒帷"棺罩中,也有一件使用了与马王堆汉墓 N12 几乎一致的绣样。可见这种绣样底本也曾流行一时。

[1] 陈振裕:《江陵凤凰山一六八号汉墓》,《考古学报》1993 年第 4 期。

彩绘雕衣女木俑及其局部
湖北江陵凤凰山 168 号汉墓出土

鳖（绫）縠长襦一 桃华掾（缘）

青绮熏囊一 桃华掾（缘）

游豹裣（盦）戴（襏）一 素里桃华掾（缘）

遣策中的"桃华"
马王堆 3 号汉墓出土

"聂币"中的桃花绣残片
马王堆 1 号汉墓出土

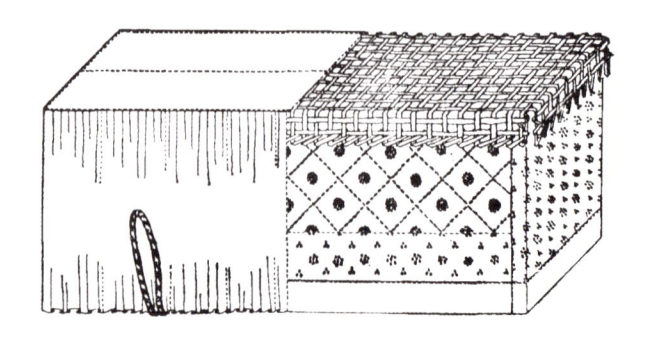

凤凰山 167 号汉墓棺中残衣与"荒帷"棺罩

六、桃华绣

马王堆 3 号汉墓的遣策中，多次提到一种纹饰"桃华（花）"。"游豹检（笭）戴（襶）一，素里，桃华掾（缘）"，是用游豹纹织锦制作、素绢衬里、桃花纹缘边的包裹漆笭的夹袱；"青绮熏囊一，桃华掾（缘）"，是用桃花纹缘边的青绮香囊；"鳌（绖）縠长襦一，桃华掾（缘）"，是缘边为桃花纹样的衣物。

马王堆汉墓出土剪作"聂币"小片的丝绸中，有一种上面带有式样比较简单的绣样，是以绢或纱作绣地，用类似打籽绣的针法，绣出花心和周围五个花瓣。这可能就是遣策记载的桃花绣。[1]同类绣品也见于湖北荆州江陵凤凰山汉墓 167 号汉墓的绣花棺罩与棺中残衣上。[2]这件棺罩是用由数块连绣绣和桃花绣的绛红色绢缝合而成。棺中残衣表现的绣纹较为完整，可见纹样仍是以棋局般的斜方格形式排布，以花朵与带蒂的小红果间隔排列而成。

[1] 傅举有：《同云霞媲美，与日月争辉——百年来考古发现的汉代刺绣（下）》，《收藏家》2012 年第 1 期

[2] 纪烈敏、张柏忠、陈雍：《凤凰山一六七号墓所见汉初地主阶级丧葬礼俗》，《文物》1976 年第 10 期

汉家花样天下传
规制

本章的以上几个小节，大致列举了马王堆汉墓的印、画、绣三种工艺的纹样。这些出土文物上的装饰纹样大多并非孤例，与不少墓葬出土的同类织绣品对比来看，很多纹样不仅仅是风格类似，而是可以明确看出它们有着固定的花样底本，花样的意匠布局甚至完全参照底本沿用不改，只在纹样细节处加以设计发挥。

这些花样底本使用跨越的地域很广，延续的时间也很长。其中尤其以"乘云绣"表现得最为明显，同一个绣样见于各诸侯级别大墓出土的衣物或棺罩上，甚至还被沿用到了东汉时代的织锦上。这些织绣产品流行的背后，隐现着某种固定且明确的"制度"。

早在先秦时代，简牍文献记载中已提及纹饰花样上等级制度的存在。如清华大学藏战国竹简《五纪》中说："敷设五章，素绣因对转起，五算合参，礼义所止。"[1]这里是以五为数来区分纹饰花样。北京大学藏秦简《鲁久次问数于陈起》中则是提及"锦绣文章，卒（萃）为七等"[2]，又将各种花样

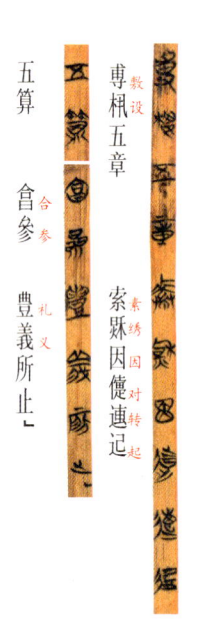

清华大学藏战国竹简《五纪》中提及的纹饰分等

[1] 清华大学出土文献研究与保护中心：《清华大学藏战国竹简》(拾壹)，中西书局，2021年，第29页。

[2] 北京大学出土文献与古代文明研究所：《北京大学藏秦简牍》(卷四)，上海古籍出版社，2023年，第503页。

① 张家山二四七号汉墓竹简整理小组：《张家山汉墓竹简〔二四七号墓〕》（释文修订本），文物出版社，2006年，第48页。

分成了七个等次。

而在汉朝，这一制度的具体细则，可以在湖北江陵张家山247号汉墓出土竹简《二年律令》中的《赐律》①中发现痕迹。其中记载了当时朝廷官方会赐给有身份地位的死者一些衣物、衾被用以随葬，相关规定如下：

一

赐衣者六丈四尺、缘五尺、絮三斤；
襦二丈二尺、缘丈、絮二斤；
绔二丈一尺、絮一斤半；
衾五丈二尺、缘二丈六尺、絮十一斤。

二

五大夫以上锦表，公乘以下缦表，皆帛里；
司寇以下布表、里。

三

二月尽八月赐衣、襦，勿予里、絮。

四

二千石吏不起病者，赐衣、襦、棺及官衣常。
郡尉，赐衣、棺及官常。
千石至六百石吏死官者，居县赐棺及官衣。
五百石以下至丞、尉死官者，居县赐棺。

五

官衣一，用缦六丈四尺，帛里，毋絮；常一，用缦二丈。

《二年律令》之《赐律》
张家山247号汉墓出土

为便阅读，这里将赐律中涉及赐衣的部分大致分为五部分：第一部分是关于赐衣的用料多少，第二部分是用爵位区分死者可以使用的衣料材质，第三部分关于季节物候带来的衣物厚薄变化，第四部分是按官员的等级高低区分所赐衣物的细目，第五部分关于官衣、官常（裳）的具体用料。可以看出，汉朝官方对赐给衣物的方方面面都有很清晰的规定，会根据死者的地位身份选择特定材质和规格的用料。

援引传世史料，《汉书·霍光传》记载，权臣霍光去世后，"上及皇太后亲临光丧……赐金钱、缯絮、绣被百领，衣五十箧，璧、珠玑、玉衣，梓宫、便房、黄肠题凑各一具，枞木外臧椁十五具。东园温明，皆如乘舆制度"。这些朝廷官方赐予的物品中，同样包括大量衣衾。

将地下文献与传世史料结合，可以充分解释多座不同时期、不同地域的汉代高等级贵族墓葬中丝绸上花样出现的共性——它们本就在汉朝官方制度之中，由朝廷安排制作，再作为葬礼上的赐赠品，赐予地位尊崇的死者。

而这种官方制度的具体执行者，也极可能是一批专门面向汉朝达官贵人生产织绣品、在两汉数百年间都传承有序的工匠群体。

幸而传世史料中留下了他们的一点痕迹——当时汉朝官方在长安以及几个重要的丝绸产地，都设置有"服官"，管理特别供给皇室贵胄的高级丝绸制品。如陈留郡襄邑县有"服官"（《汉书·地理志》）；齐国临淄有"三服官"，"春献冠帻缞为首服，纨素为冬服，轻绡为夏服"（《汉书·元帝纪》

锦绣文章　卒为七等

北京大学藏秦简
《鲁久次问数于陈起》
中的纹饰分等思想

"东织令印"铜印
陕西咸阳汉阳陵陪葬坑出土

注)。西汉史游撰写的识字书《急就篇》也说:"齐国给献素缯帛,飞龙凤皇相追逐。"在长安也设有"东西织室",负责"织作文绣郊庙之服"(《汉书·宣帝纪》注)。西汉景帝阳陵的陪葬坑中,就出土了一枚"东织令印",即管理东织室的官员的印章。[1] 东汉王充《论衡》特别说到:"齐郡世刺绣,恒女无不能;襄邑俗织锦,钝妇无不巧。"可见在这些丝绸产地,以织绣为业是很普遍的。《汉书·禹贡传》也记称:"故时齐三服官输物不过十笥,方今齐三服官作工各数千人,一岁数费巨万。……三工官官费五千万,东西织室亦然。"可见其规模和用费的庞大。

湖南长沙望城坡西汉"渔阳"王后墓出土的木楬中,也有一块记有"陛下所以赠物,青璧三、绀缯十一匹、薰缯九匹"[2]。这位西汉长沙国的王后死后,汉朝天子也特定赠给了一些助丧物品,而且朝廷赐给的不只是衣物,也会有多匹完整的布帛。这

[1] 汉阳陵博物馆编著:《汉阳陵》,文物出版社,2017年,第146页。

[2] 宋少华、李鄂权、郑曙斌:《长沙望城坡"渔阳"王后墓出土木楬签牌的初步整理》,《简帛研究·二〇二三·春夏卷》,广西师范大学出版社,2023年,第22页。

第三章 漆花　081

些布帛的生产源头，自然就是"服官"或"织室"了。

马王堆 1 号汉墓墓主贵为轪侯家的太夫人，死后是列侯一级的丧葬规制，自然是生前可以获得来自长安的"高级定制"，死后也有享受到朝廷官方赐下衣衾用来随葬的待遇。在此基础上推测，目前所见的这些衣衾织物可以大致分为两个部分：

一部分可能是直接来自长安的汉朝宫廷的"赠物"，它们由官方安排"服官"或"织室"生产制作，其中包括各种华美的衣物、衾被以及整段印绣有纹饰的布帛，衣衾可以直接用来随葬，各类布帛还可以被进一步改制为符合本地风格与墓主偏好的服饰或物件。

还有一部分可能是来自长沙国本地，包括墓主生前用过的衣物与死后亲友助丧的衣物。衣物上的纹饰，有的可能是仿效了长安方面传来的经典图样，有的则是具有本地风格的创制。因而，从这些服装上的花样看，有的技艺熟念高超，比长安方面统一制作、用来赏赐的那些衣装还要更加灵动精巧，有的却还处在模仿阶段，稍逊一等，未能超越定制。

陛下所以赠物
青璧三　绀缯
十一匹　薰缯
四　　　　九

"陛下所以赠物"木楬
湖南长沙望城坡
西汉"渔阳"王后墓出土

"长沙后府"封泥匣
长沙后府为墓主准备了包括大量衣物在内的随葬物品
湖南长沙望城坡西汉"渔阳"王后墓出土

第四章

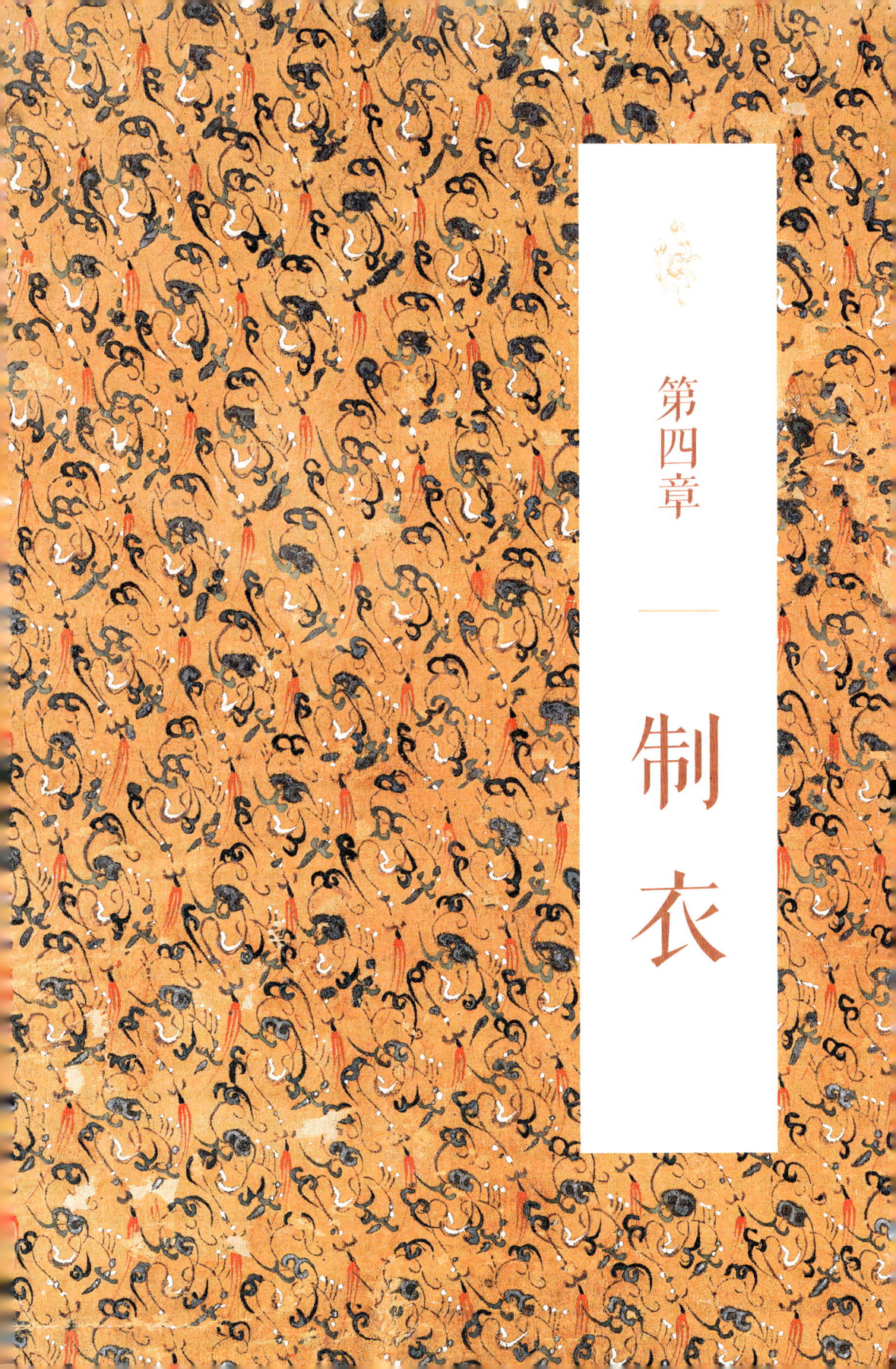

制衣

遣策详列衣物名
定名

　　本章将要展开讲解各类衣物款式裁制的详情。

　　各类服装款式的制作方式，都有着特定的章法路数。在制作衣物的过程中，西汉初年的裁缝们只要遵循这类规律，就能制作出符合制式、让贵人满意的服装。此外，因为幅宽有限或面料珍贵不可浪费等诸多原因，当时的裁缝们也想出了不少巧妙的办法来解决应对衣料裁片的问题。在服装构型上，存在斜裁拼片、立体构型等后世已经失传、后人有所不知的技巧。

　　为了便于对各类衣物展开讲解，首先需要了解的是当时这些衣物的具体名称。马王堆汉墓所在西汉初年距离如今已有两千多年，人们的用语用词都发生了巨大的变化。如今人们所说的一件衣物，在当时往往有着不同的名称。考古工作者在写考古报告时，为了将文物描述得准确明白，使用的是现在人们所熟悉的语言词汇。我们可以在此基础上更深入一小步，看看古人自己是如何记录这些衣物的名称。

马王堆 1 号汉墓出土了大量保存完整的衣物，遗憾的是遣策上却没有提及这类随葬品的具体名称，因而不能知晓这些服饰在当时确切的名称。后来考古工作者根据它们的款式及使用的面料等特征，为它们起了"曲裾袍""直裾袍""素纱单衣""绢裙"等方便描述的名称。

马王堆 3 号汉墓的情况恰好相反，虽然墓中的纺织品保存情况不佳、难以完整揭展，但墓中出土的遣策上详细记录了各类衣物的名称。通过整理分析遣策上的文字，我们仍旧有机会破解原本墓中具体随葬了哪些衣物，以及它们当时是被如何归纳、如何命名。

为了读懂这些名称，需要先了解当时人在简牍上记载衣物时文字的具体组合排列结构。根据马王堆 3 号汉墓遣策的记载来看，记录一件衣物，大致依次会涉及以下几个部分。

1. 衣料的颜色与用料。

颜色包括早（皂，皂染的黑色）、缃（如桑叶初生般的浅黄色）、鳌（缥，莨草染制的苍绿色）、春草（初生嫩草般的黄绿色）、缥（一种浅蓝色）、绀（泛红的深青色）、紫、青、白等。

用料包括麻布类的毌尊（一种细布）、绪（纻，细白的苎麻布）、锡（緆，轧光的细麻布），丝绢类的鲜支（一种生绢）、帛、绮（暗纹绢织物，实际包括绮与罗）、绨等。

2. 衣物的款式特征。

款式大致有上身穿的衣、襦、袭，下身穿的纵、绔、常（裳）。

其中，衣又可以根据厚薄再细分为襌（单，即单层）、合（袷，即双层）、復/複（复，即双层且内絮丝绵），根据款式再细分为楚（楚风式样）、汉（汉风式样）、胡（胡风式样）；襦也有长、小、带（装有系带）等式样。

3. 衣物的数量。

马王堆 3 号汉墓遣策中记录衣物时往往只是记数，数字后没有量词。

4. 衣物的缘边或衬里的用料。

缘边有用素、绮、缋、纱、縠的。衬里多是用素。

这些衣物在被记录在遣策上时，遵循着一定的排列组合关系。它们基本是按被收纳的竹笥、叠放的顺序来排列编连在一起。[1]衣物被收纳入竹笥后，竹笥外也会挂起一枚木质签牌"楬"来标明竹笥的用途。

在马王堆 3 号汉墓中，一共发现了三个盛装衣物的竹笥。其中东边厢是考古编号 112 的竹笥，上挂"衣荟乙笥"木楬；西边厢北端是考古编号 19 与 21 的两个竹笥，其中 21 号竹笥上挂有"祱（shuì）衣丙笥"木楬。这三个竹笥大概是按天干编号，只是没有见到"甲笥"的木楬。按排除法推测，甲笥大概就是 19 号竹笥。

"衣荟乙笥"，据《说文·艹部》载"荟，草多貌"，"衣荟"应是取"衣物荟萃"的意思，表明竹笥中盛装了各类款式的衣物。另一件木楬记"祱衣丙笥"，所谓"祱衣"，据《说文·衣部》载"祱，

[1] 郑曙斌：《长沙马王堆三号汉墓遣策简序复原研究》，《出土文献研究》（第十八辑），中西书局，2019 年，第 203 页。

马王堆 3 号汉墓 "乙笥"
相关的木楬与签牌

马王堆 3 号汉墓 "丙笥"
系挂的木楬与对应遣策记载

赠终者衣被曰裞",可知应当是墓主死后,人们赠予他带往死后世界的衣物。

然而,具体记载竹笥中衣物名目的遣策出土时已经散乱,无法得知原本具体的收纳顺序。好在另有一块木牍记录下了与"乙笥"相关的衣物,可以为多枚记录有衣物的遣策的重新编连提供参照。值得注意的是,这块详列乙笥中部分衣物的木牍,却在最后记这些衣物实际是处于"不发"(未启封)的状态。与之同出的还有一块写有"乙笥"的签牌,但这块签牌尺寸很小,也并无穿孔供系挂,可能只是一种临时标记。

推测 3 号墓墓主入葬时,大概存在某些缘故,乙笥并未像别的盛有随葬品的竹笥那样,在葬入墓中之前打开清点,以便罗列清单造册。主持葬仪者在核对遣策记录的随葬品时,只是用了一块木牍来临时标记。

在此基础上加以推想,或许墓主的母亲、轪侯

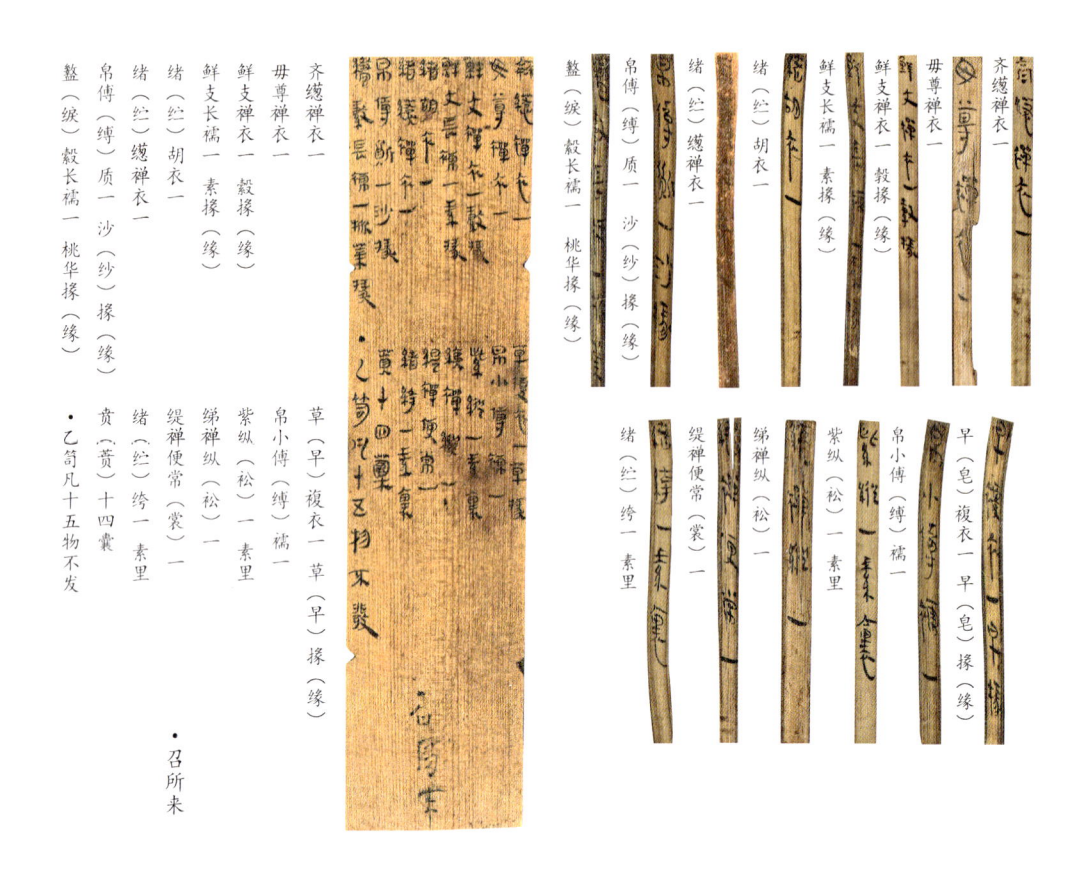

齐缞禅衣一
毋尊禅衣一
鲜支长襦一縠橡（缘）
绪（纻）素橡（缘）
绪（纻）胡衣一
缣禅衣一
帛傅（缚）质一沙（纱）橡（缘）
鳖（绫）縠长襦一桃华橡（缘）

草（皂）複衣一草（皂）橡（缘）
帛小傅（缚）襦一
紫纵（縰）一素里
绨禅纵（縰）一
绨禅便常（裳）一
绪（纻）绔一
贲（賁）十四囊

・乙笥凡十五物不发

・召所来

齐缞禅衣一
毋尊禅衣一
鲜支长襦一縠橡（缘）
绪（纻）素橡（缘）
绪（纻）胡衣一
缣禅衣一
帛傅（缚）质一沙（纱）橡（缘）
鳖（绫）縠长襦一桃华橡（缘）

绪（纻）绔一素里
绨禅纵（縰）一
绨禅便常（裳）一
紫纵（縰）一素里
帛小傅（缚）襦一
早（皂）複衣一早（皂）橡（缘）

马王堆 3 号汉墓遣策与木牍所记"乙笥"中"不发"的衣物

家的太夫人在为爱子安排葬礼时，担心他在死后世界衣物用度不足，才又整理了一些衣物收入这件竹笥当中。这些衣物包括各种内外款式，有厚有薄，冷暖兼备，可能是墓主自己生前穿用过的。因为这件竹笥盛装的衣物是贵人亲手整理，軑侯家负责葬礼的管理者收到后并未再启封打开、一一核对，而是将它直接放入墓中随葬。

排除木牍所记的十四项衣物，剩余遣策所记的各类衣物可能才是实际装入了墓中随葬的衣笥当中。遣策中有一枚记有"右方廿一牒，丙笥"，意思是在遣策竹简编连成册时，前文有二十一项都是盛装在"丙笥"之中。但遣策中哪些衣物是属于这二十一项当中，仍不能够明确。

通过对马王堆 3 号汉墓遣策的梳理，我们可以发现，这些衣物主要是收纳在三个竹笥当中。其中"甲笥"情况不明，"乙笥"盛装的可能是墓主生前穿用过的衣物，而"丙笥"中是墓主死后他人赠送的衣物。

类似的情形也可以在马王堆 1 号汉墓中看到。轪侯夫人的随葬衣物主要盛装在西边厢中的考古编号为 329 号、357 号的两个竹笥之中。329 号竹笥出土时还挂着写有"衣笥"文字的木楬，357 号竹笥上虽没有见到木楬，却留有"谒（？）买之"字样的封泥。对照 3 号墓衣物的分装方式来看，可能 329 号"衣笥"中是轪侯夫人生前穿用过的衣物，357 号竹笥中则是轪侯夫人去世后，轪侯家为葬礼特意购置的衣物。

除此之外，北边厢还单独随葬有一组成套的衣物。它们可能是轪侯夫人生前穿用过的衣物，有着一些特殊的意义。后面第七章将针对其背后的

马王堆 1 号汉墓 329 号竹笥及系挂的"衣笥"木楬

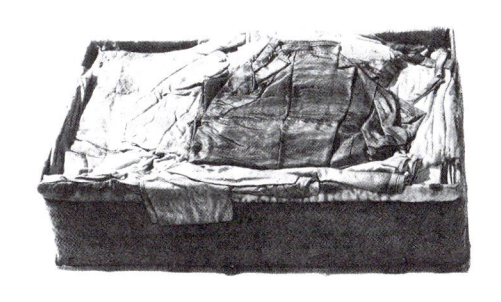

马王堆 1 号汉墓 329 号竹笥打开后的状况

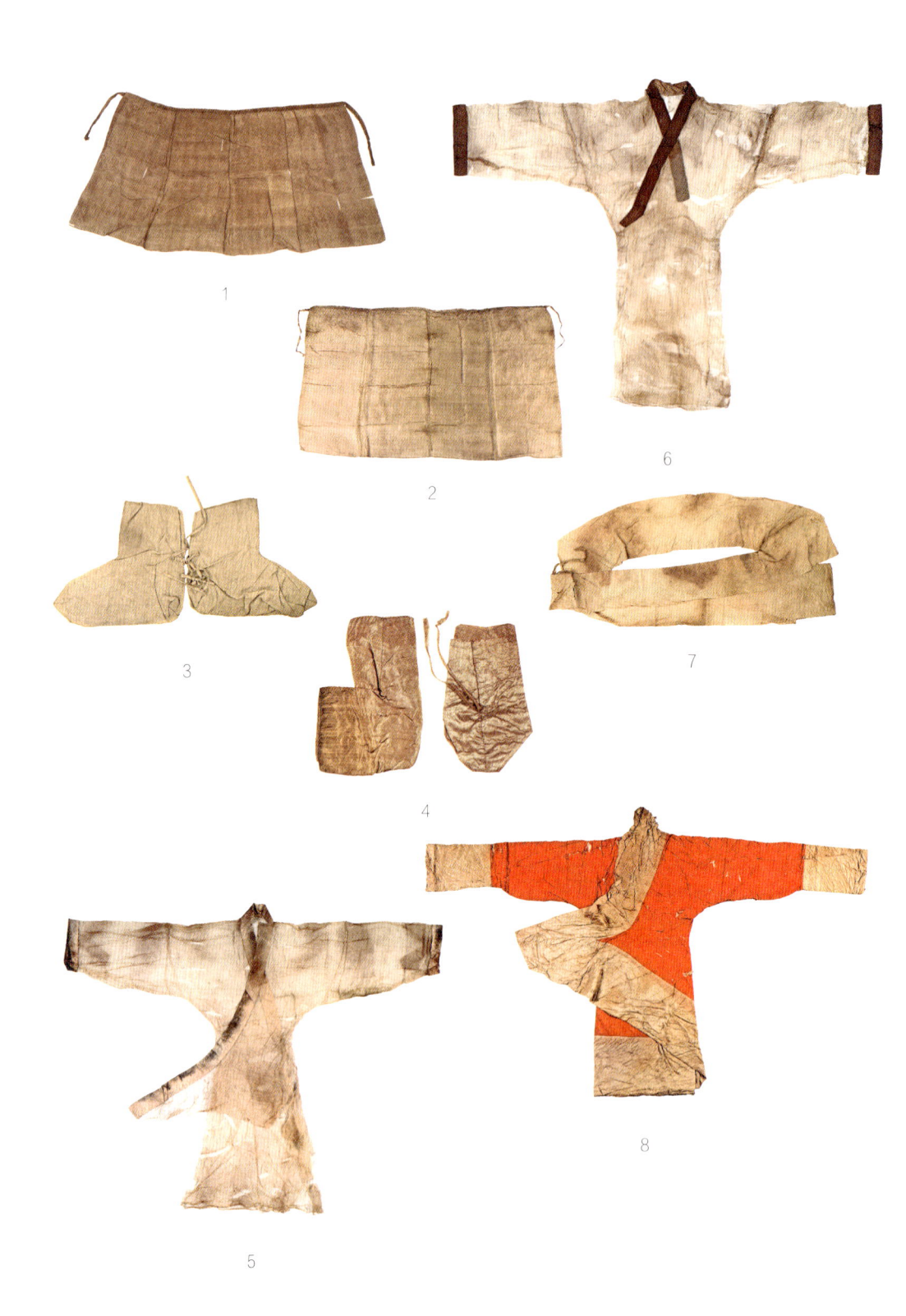

090　何以汉服　重新发现马王堆汉墓服饰

329 号竹笥中的衣物概览
（对应名称见《马王堆 1 号汉墓边厢出土衣物简表》）

第四章　制衣　　091

357号竹笥中的衣物概览

（对应名称见《马王堆1号汉墓边厢出土衣物简表》）

礼制问题展开讲讲。

因为这部分衣物基本保存完好,我们也可以参考 3 号墓遣策中当时人记录衣物的方式,进一步构拟出 1 号墓遣策未曾记载的衣物名称。在下文对具体的服装展开分析之前,也可以对照出土衣物简表与概览图,先对墓中出土的服饰实物有一个大致的了解。

在盛装衣物的竹笥及北边厢中出土的服饰实物之外,1、3 号墓两位墓主的棺中也有大量用作殓服的衣物,其中少数几件是穿着在墓主身上,其余衣物是和衾被一起,起着包裹、覆盖的用途。这类衣物只有少部分还比较完好,大部分都糟朽严重,未能完整揭取,但大致能看出种类和层次。

1 号墓棺衣衾包裹中的衣物有单衣、复衣、合衣三类。其中軑侯夫人贴身穿着的,是一件信期绣复衣(N32)、一件细麻布单衣(N30)。

3 号墓棺中衣物更为糟朽残破,但大致也能看出多件合衣与复衣。其中一件信期绣复衣(N18)可能是墓主穿在身上的。

为了便于与考古报告相对照,在衣物名称后以括号标注对应的考古编号。关于这些衣物为什么要这样对应和命名,这些实物之外又有哪些衣物是马王堆汉墓不曾随葬的,接下来会逐一进行说明。

马王堆 1 号汉墓边厢出土衣物简表

出土位置	考古编号	考古定名	据遣策记载重构名称
西边厢 329 号竹笥	1	绛紫绢裙	紫单裳一
	2	素绢裙	素单裳一
	3	素绢袜	帛合袜一
	4	绛紫绢袜	紫合袜一
	5	曲裾素纱单衣	素纱单衣一，素缘
	6	直裾素纱单衣	素纱单衣一，缥缘
	7	褐绢夹袍缘（曲裾）	素缘
	8	朱红罗绮绵袍（曲裾）	丹绮复衣一，素缘
	9	白绢单衣（曲裾）	素单衣一，素缘
	10	信期绣褐罗绮绵袍（曲裾）	绮信期绣复衣一，缥缘素接
	11	信期绣茶黄罗绮绵袍（曲裾）	绮信期绣复衣一，素缘
	12、13	印花敷彩黄纱绵袍（直裾）	印绘黄纱复衣二，一纱缘，一素缘
	14	印花敷彩绛红纱绵袍（直裾）	印绘紫纱复衣一，素缘
西边厢 357 号竹笥	1	褐罗绮绵袍（曲裾）	绮复衣一，素缘
	2	信期绣褐罗绮绵袍（曲裾）	绮信期绣复衣一，素缘
	3	长寿绣绛紫绢绵袍（曲裾）	赤长寿绣复衣一，缥缘素接
	4	白罗绮绵袍（曲裾）	绮复衣一，素缘
	5	残破绢面绵袍	复衣一，缥缘素接
北边厢	437	信期绣绛紫罗绮夹袍（曲裾）	紫绮信期绣合衣一，素缘
	437-2/3/4	织锦缘边	素纱单衣一（？），缥缘

注：马王堆 1 号汉墓遣策中将罗、绮两种织物均称为"绮"，《马王堆一号汉墓》发掘报告为便区分，在为服饰定名时，将罗称为"罗绮"。这里参考遣策记载为服饰重构原名时，将罗织物也称作绮。

马王堆 1 号汉墓内棺出土衣物简表（由外到内）

考古编号	考古定名	据遣策记载重构名称
N1	绛红绢地长寿绣丝绵袍（曲裾）	赤长寿绣复衣一，素缘
N2	印花敷彩黄纱丝绵袍（直裾）	印绘黄纱复衣一，素缘
N7	罗绮地信期绣丝绵袍（曲裾？）	绮信期绣复衣一，赤缘，襦（rú）缥缘饰
N8	绢地乘云绣单衣（曲裾）	乘云绣单衣一，素缘
N9	罗绮地信期绣夹衣（曲裾）	绮信期绣合衣一，素缘

续表

考古编号	考古定名	据遣策记载重构名称
N10	绢地茱萸纹绣单衣	薰绣单衣一
N18	绢地方棋纹绣单衣	连缣绣单衣一，素缘
N11	绢地信期绣单衣（曲裾）	信期绣单衣一，素缘，缥缓绦饰
N12	绢地方棋纹绣单衣（曲裾）	连缣绣单衣一，素缘
N20	绢地信期绣单衣	信期绣单衣一，缋缘素接
N13	绢地乘云绣丝绵袍	乘云绣复衣一，素缘
N14	罗绮地信期绣丝绵袍（曲裾）	皂绮信期绣复衣一，缋缘素接
N17	朱红罗绮丝绵袍（曲裾）	丹绮复衣一，素缘，缥缓绦饰
N30	细麻布单衣	绪单衣一
N32	罗绮地信期绣绵袍（曲裾）	绮信期绣复衣一，缋缘素接

马王堆 3 号汉墓内棺出土衣物简表（由外到内）

考古编号	考古定名	据遣策记载重构名称
N2	罗夹袍	绮合衣一，素缘
N3	绢地长寿绣夹袍	长寿绣合衣一，缋缘
N4	罗丝绵袍	绮复衣一，素缘
N5	罗地信期绣丝绵袍	绮信期绣复衣一，素缘
N6	绮夹袍	绮合衣一
N8	绢地长寿绣夹袍	长寿绣合衣一，锦缘
N9	绢地长寿绣夹袍	长寿绣合衣一，素缘
N10	绢地乘云绣夹袍	乘云绣合衣一，素缘
N11	绢地乘云绣夹袍	乘云绣合衣一，素缘
N12	罗丝绵袍	绮复衣一，素缘
N13	绢地长寿绣夹袍	长寿绣合衣一，素缘
N14	罗丝绵袍	绮复衣一，素缘
N15	素纱绵袍	纱縠复衣一，素缘
N18	罗地信期绣绵袍	绮信期绣复衣一，素缘

连接群幅成下裙
裙装

遣策中出现的"常",是"裳"字的异写。

和今天的意思相近,裳是一种围在下身的服装。《释名·释衣服》中记载:"凡服,上曰衣。衣,依也,人所依以芘寒暑也。下曰裳。裳,障也,所以自障蔽也。"按汉朝的穿着层次来看,记载所说的"上""下"并不是指上身、下身,而是指外层、内层。人们在外层穿着衣,是用来挡去外界的寒风烈日;在内层穿裳,是起着遮蔽身体隐私的作用。

在秦汉时代,"裙"也是"裳"的别称,当时的简牍文字有"裠""羣""帬"等几种写法。《释名·释衣服》中记载:"裙,下裳也。裙,羣也,联接羣幅也。"可以知晓"裙"这个名称是直接源于它的款式——将多幅衣料群集、连接拼缝在一起,因而得名为"羣(裙)"。遣策中记载它,前面往往附有"单""合""复"等,表明它的制作是单层、双层或者夹层絮绵的款式。需要特别注意的是,夹层所絮的"绵"是一种丝絮,不是今天人们所熟悉的棉花的"棉",但同样起着保暖的作用。

缇禅便常一

素常二

马王堆 3 号汉墓遣策中的"常"

马王堆 1 号汉墓 329 号竹笥中叠放有两件绢质单裙，制作方式接近，均为四个裙幅拼接而成，上接简易的裙腰，没有任何多余装饰。裙装的四片裙幅都采用上窄下宽的形式，从裙腰部分来看，中间两片稍窄，两侧两片稍宽；从裙脚部分来看，四片裙幅基本保持了等长的整个幅宽。

但对照文物来看，两件单裙的轮廓差异很大。这是因为它们使用的布幅宽度不同——以绛紫色绢缝制的一件，使用的是幅宽二尺二寸（约 50 厘米）、合于官方规制的绢料裁制，腰身宽 1.45 米，下摆宽约 1.93 米；以素绢缝制的一件，使用的可能是窄幅的绢（幅宽约是 40 厘米），腰身宽 1.43 米，而下摆仅 1.58 米。两件绢裙长度都有 87 厘米，若是实际穿着在身高约为 154 厘米的轪侯夫人身上，呈现的是裙长及足的效果。可知两身裙装都是符合轪侯夫人身材的实用品。绛紫绢裙下摆更宽，为行动迈步时提供的空间更宽广些，素绢裙则显得更为紧窄贴身了。

在马王堆汉墓所处的西汉时代，正式场合中人们在外还穿有罩身的长衣，独立的裙装往往是被当作不会露出的内衣穿着，或是在日常家居场合才会露出，因此在款式上也显得比较简单朴素。

较为宽松的绛紫色绢单裙，大概就是轪侯夫人日常居家常穿的裙装。在绛紫单裙上可以观察到一处小细节：左侧的裙带使用的是纱料，与裙腰、右侧裙带使用的绢料有明显的差异。大概裙装原本的绢质裙带是因轪侯夫人经常穿着而磨损断去，这才另外用纱料制作了一条裙带补上。

而更为紧窄的素绢单裙,应是贴身的裙装,亦即当时人所谓的"小裙"。北京大学藏秦代简牍中,有一封《悲书》(原定名《公子从军》)[1],是一个名为"牵"的女子写给远去从军的心上人"公子"的情书,其中就特别提及"牵有(又)赍(jī)公

[1] 北京大学出土文献与古代文明研究所:《北京大学藏秦简牍》,上海古籍出版社,2023年,第90页。

马王堆1号汉墓出土素绢单裙(329-2)与绛紫色绢单裙(329-1)
文物与对应穿着形态示意

子绨小裙一"（我又赠给公子用厚丝帛裁制的贴身裙装），"直欲出牵之所者（著），以傅（缚）公子身也"（简直想要拿出我所穿的，来绑住公子离别的身子）。这种裙装是女子贴身的亵衣，被她视作情人间传递情意的信物。

接下来将结合楚汉时期的裙装实物及文献记载，讲讲当时裙装的两种构型模式。

第一种模式：正幅侧削

马王堆1号汉墓出土裙装，使用的是整幅宽的裙料，在拼接成裙时，绢幅两边都进行了较为平缓的削幅处理，以达到最终将裙腰收窄的效果。这类用"正幅侧削"的方式制作的裙装，整体效果较为规整，从裙腰到裙摆的放大趋势也比较平缓。其不足之处在于，削幅处理本身会造成布幅不能完整利用，会有一定程度的浪费。

北京大学藏秦代简牍《悲书》中的"绨小裙"

牵有（又）贵公子　绨小帬一

直欲出牵之所者（著）以傅（缚）公子身也

◆ "正幅侧削"的裁法构拟

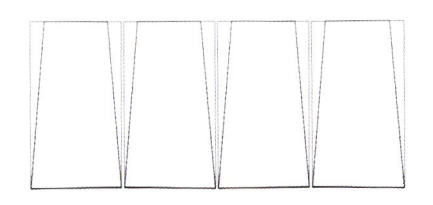

1. 取整个幅宽的衣料，计算好裙腰相对于裙脚需要收缩的量，以斜切的方式削去每片布幅两边多余的宽度。

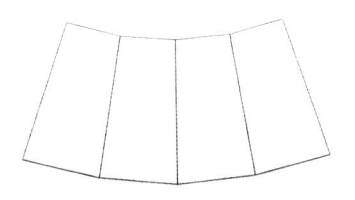

2. 将裙片连接拼缝成裙，最后另行加缝裙腰与裙带。

第四章　制衣　099

与马王堆汉墓时代接近的湖北江陵凤凰山168号汉墓中也出土了两件麻布裁制的裙[1]，同样是使用整个幅宽的布料，只是在处理收腰时并未将侧边削去，仅是以折叠的方式收腰，形成上窄下宽的布幅，并加以拼接缝合。据研究者推测，这大概是特地为葬礼制作的"明衣裳"，因此在制作上要比现实穿用的衣物粗疏一些。

其中一件浅红色的麻布裙，是用四幅布料折缝而成，式样也与马王堆汉墓实物接近。另一件白色麻布裙，使用了五幅布料折缝，但各幅布料的长度并不一致，居中一片最短，邻近两片稍长，边侧两片最长，最终裙摆形成了高低错落的效果。

[1] 张玲、彭浩：《湖北江陵凤凰山M168出土西汉"明衣裳"》，《文物》2022年第6期。

浅红色麻布裙、白色麻布裙
湖北江陵凤凰山168号汉墓出土

秦简《制衣》中的裙
裙（或衣下裙）	大衺（邪，斜裁）四幅，初五寸、次一尺、次一尺五寸、次二尺，皆交输，上为下，下为上，其短长存人。 中衺（邪，斜裁）三幅，初五寸、次一尺、次一尺五寸，皆交输，上为下，下为上，其短长存人。 少衺（邪，斜裁）三幅，初五寸、次亦五寸、次一尺，皆交输，上为下，下为上，其短长存人。 ·此三章者，皆裙制也，因以为衣下裙可。

（为便于识读，冷僻的古字均加注或改为常用字。）

第二种模式：正幅交输

这种模式的用料理念与前者差异很大。

北京大学藏秦代简牍《制衣》中，提到的第一类服装款式便是这种制作模式的裙装。按简文记载，裙装依照用料多少与布幅裁剪的宽窄，可分为"大""中""少"三种类型。在布幅使用上，它们不像前文提及几座楚汉墓葬出土的裙装实物那样，使用平缓的削幅将裙腰收窄工艺，而是使用一种大胆的"交裧（输）"工艺[1]，即将各布幅通过对角斜裁分为两块，再以上窄下宽的形式将裁片重新排列，最后再进行拼接。在这种制裙模式下，布幅可以得到完整利用，最终从裙腰到裙摆的放大趋势更为明显，呈现裙腰紧窄、裙摆开阔的效果。

《制衣》中还特别提到，这类裙装既可以当作独立的款式，又可以当作衣物下身连接所需的"衣下裙"。后者的式样涉及下文将要讲述的、汉朝人最常穿的一种衣物款式"衣"。

[1] 刘丽：《浅谈上古服装的斜裁法》，《出土文献研究》（第十四辑），中西书局，2016年，第153—156页。彭浩、张玲：《北京大学藏秦代简牍〈制衣〉的"裙"与"袴"》，《文物》2016年第9期。

"大裹"

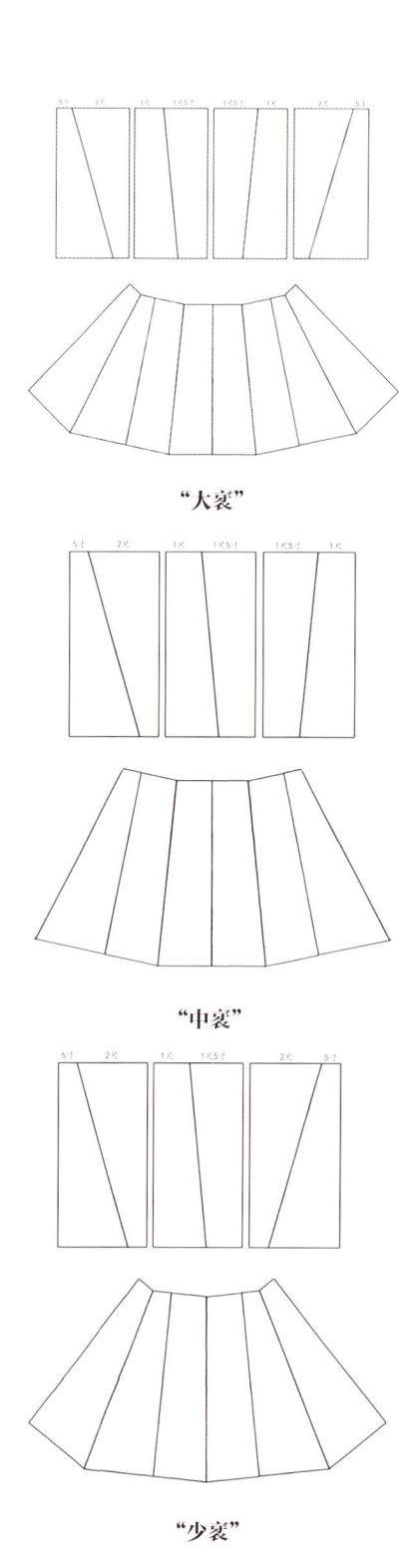

"中裹"

"少裹"

大裹四幅 初五寸 次一尺 次一尺五寸 次二尺 皆交输 上为下 下为上 其短长存人

中裹三幅 初五寸 次一尺 次一尺五寸 皆交输 上为下 下为上 其短长存人

少裹三幅 初五寸 次亦五寸 次一尺 次一尺 皆交输 上为下 下为上 其短长存人

• 此三章者 皆裙制也 因以为衣下裙 可

◆ 秦简《制衣》中三种裙的裁法构拟

1. 取整个幅宽的衣料（与汉不同，秦的布幅宽度规定为二尺五寸，但这可能是因为尺寸的宽度单位不同造成，实际布幅宽度可能与汉相差不大），每幅均按特定数据用"交输"法斜切以获得两个裙片。
2. 将裙片调整方向，窄端向上，宽端在下（上为下，下为上）。直边对直边，斜边对斜边。将裙片连接拼缝成裙。

上襦下裙合为衣
长衣

在秦汉时代，人们所谓的"衣"，可以泛指各类穿着衣物，尤其是穿着在外的上衣。但自从战国时代以来，人们穿着在外的上衣基本构成形态变化不大，且款式明确区别于其他衣物，因此当时人们在文书中（如马王堆3号汉墓遣策）记录下来的"衣"，通常是具体指向一种特定的服装款式，而不是泛指各种服装。

要了解"衣"这种服装款式的特征，同样可以对照秦简《制衣》[①]中的记录。这位名为黄寄的匠

① 刘丽：《北大藏秦简〈制衣〉释文注释》，《北京大学学报（哲学社会科学版）》2017年第5期。

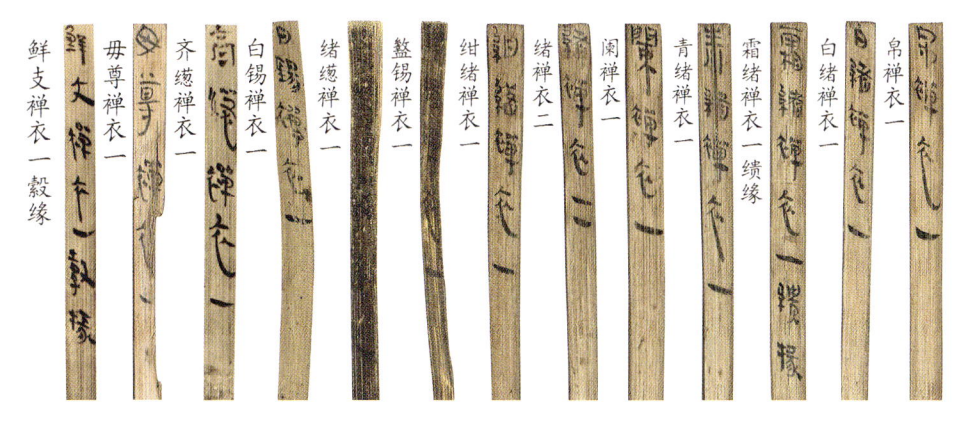

马王堆3号汉墓遣策中的"单衣"

人在写下裙装的制作教程后，紧接着便叙述起制作"衣"的教程。通过对简文总结分析可知，无论"衣"的细节如何变化，其大体上的款式特征都很明显——这是一种由上下分别制作的"衣上襦"和"衣下裙"相连拼缝而成的长身衣物。它的构成模式有些像如今的连衣裙。

马王堆1号汉墓出土的使用这种上下分裁、再加以连接的构成模式的衣物，包括11件"丝绵袍"、1件"夹袍"、3件"单衣"。之所以将其中一些衣物称作"袍"，是现代考古工作者根据衣物形态所进行的描述，指它们类似后来的长袍，是长身的袍服式样。此外，考古工作者又根据其衣襟的形式，分为"曲裾"（外襟是曲折的三角状）和"直裾"（外襟是直垂的方角状）两种。

但若是在墓葬本身所处的时代，对照3号墓的遣策记载来看，它们应当都属于当时人们所说的"衣"这一款式。"衣"字之前还可根据厚薄程度、有无夹层等情况加上限定描述，分为有夹层并且内絮有丝绵保暖的"复衣"（"复"字又可写作"複""復"）、双层的"合衣"或"单合衣"（"合"字又可写作"袷"，"单"字指其没有内絮丝绵夹层）、单层的"单衣"（"单"字也可写作"襌"）。

有了这些实物，我们可以对照《制衣》中的记载，进一步探索"衣"这种服饰款式的制作细节。若不了解秦汉时代的用语，简牍记载中或许有不少字句会显得古奥难懂，但本书下文会对照服饰实物分析，并给出文句的大致翻译，可以有直观地了解对照。

马王堆3号汉墓遣策中的"合衣"

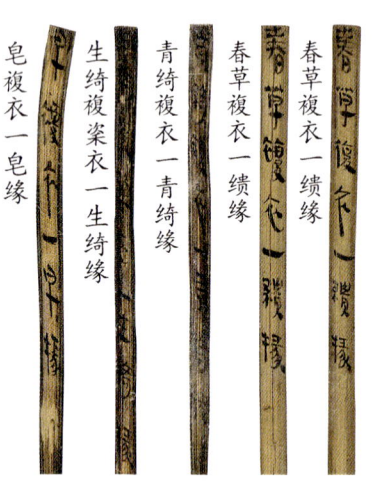

马王堆3号汉墓遣策中的"复衣"

秦简《制衣》中的"衣"

衣上襦
大衣穷袖四幅，长各六尺五寸，袭（背缝）（dū）长三尺，此转袖。
中衣穷袖四幅，长各六尺，袭（背缝）长二尺八寸，此转袖。
小衣穷袖四幅，长各五尺，袭（背缝）长二尺五寸，此转袖。
·此三章者，皆衣上襦制也，不可以为恒襦。

衣（襦+裙）
凡制衣之状，先道中赐，始令交输。欲为大衺（邪，斜裁）、中衺（邪，斜裁）、少衺（邪，斜裁），各如裙三章之数而
□□上赐之绪为左，穷，令其衺（邪，斜裁）居上尉（衽，衣襟），其正居下，量之道正。欲为大衣、中衣、小衣者……
即刻（剥）衣毋失裙襦章数，衣自成。
今制衣者欲傅大衺（邪，斜裁）于大衣可也，于中衣可也，于小衣可也。
今制衣者欲傅中衺（邪，斜裁）于大衣可也，于中衣可也，于小衣可也。
今制衣者欲傅少衺（邪，斜裁）于大衣可也，于中衣可也，于小衣可也。

（为便于识读，冷僻的古字均加注或改为常用字。）

一、衣上襦

秦简《制衣》中的"衣上襦"

首先是衣的上半身，《制衣》中将其称作"衣上襦"，衣身衣袖共计使用四个整幅拼接（"穷袖四幅"），因使用布幅的长度不同，分为"大""中""小"三式。简文末尾更是特别注明这类"衣上襦"是专供为制作"衣"的上部而设，不可以用这种方法制作"恒襦"（一般可独立穿用的襦）。

这一裁制方式，同样反映在马王堆1号汉墓出土的"衣"上。

若是使用符合汉制、幅宽为二尺二寸（约50厘米）的衣料裁制，恰好是用四个整幅宽的衣料拼接。若是使用更窄的幅宽约40厘米的衣料，才会又在两袖处各补半幅，即总共使用4个整幅加2个半幅的衣料制作衣身衣袖，但对照来看，想要呈现的通袖长度，仍旧和使用4幅接近50厘米幅宽面

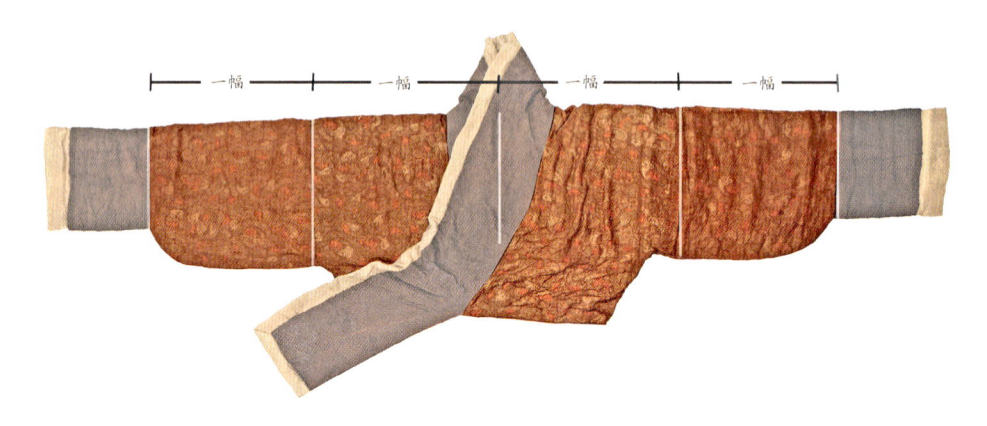

使用标准幅面料的"衣土襦"分片
以印绘黄纱复衣（329-13）、赤长寿绣复衣（357-3）为例

使用窄幅面料的"衣土襦"分片
以绮信期绣复衣（329-10）为例

料拼接所呈现的效果一致。

关于"衣上襦"的制作细节，因《制衣》的简牍有部分残损，尚不能完整地推断出来。不过简牍后文还提到了另一类独立的衣物款式"襦"，将文字两相对照补充，再结合当时的服饰实物，可以发现战国至西汉初年不少衣物制作的细节。

需要特别注意的是，以下所讲解的各服装部位的构型模式，都只是一种针对目前所见服饰实物具体情况的大致归类，并非完全是古人的制衣标准要求。

这里还需特别强调一点，裁缝在制衣时，都需要尽量保证面料左右幅边的完整性，以避免面料的组织结构移位变形或缝纫时出现拧旋。至于剪裁出领口的位置，也会运用织锦缘或绢缘来保证稳固。若需补片，也多是以正裁为主，斜裁为辅，尽量保证面料在经向或纬向上至少有一道较为稳固的平直裁边。在以下几种裁剪模式中，无论是平面还是立体的剪裁构型，都可以留意到这种传统剪裁的思维方式。

1. 衣领构型的三种模式

第一种模式：斜衽居上，正背居下

即秦简《制衣》中"衣上襦"的"大衣"与"中衣"使用的形态。

在裁制衣身时，上衣正身的左右两片取整个幅宽拼接，但制作者有意使衣身前片的长度长于后片，在前片长出的部分运用"交输"（对角斜裁）技法，剪出一个斜角，达到衣衽（交领下的衣襟部位）呈斜线状态。这个斜角向上提拉后，可以为人体的前身胸围位置提供一定的立体空间，同时使左右襟在原本有限的幅宽限制下仍得以进一步交叠，起到了拉长领围的效果。衣身前片的斜角长度越长，领围就越宽松，左右两襟的交叠量也越大。

这一特征不见于马王堆汉墓的各类衣物，却是下文中第三种模式"正衽正背，斜肩移位"有类似的剪裁思路，因此需要先进行解说。

湖北江陵马山1号楚墓出土的服饰实物中大量出现了这种衣领构型模式。如其中一件"小菱纹锦面绵袍"（考古编号N15）、一件"小菱纹锦面绵袍"（考

◆秦简《制衣》"衣上襦"中"大衣"的裁法构拟

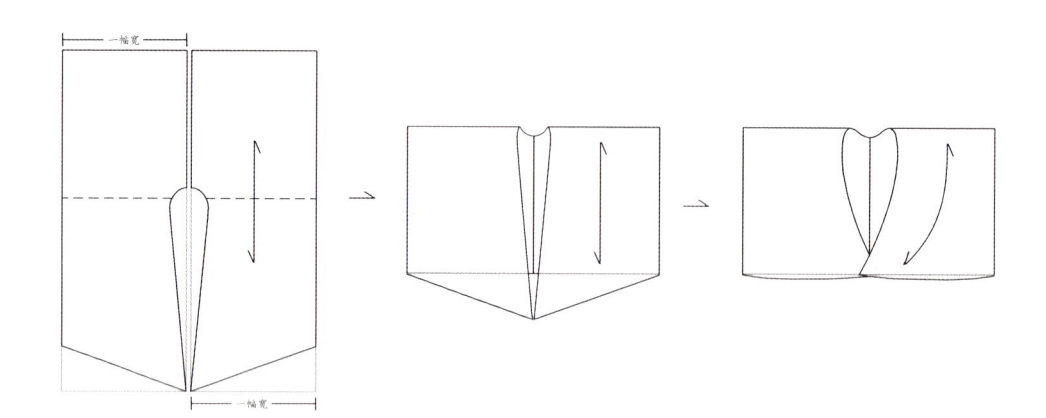

（1）取整个幅宽、长六尺五寸的衣料制作衣身。其中背缝部分长三尺，袖部与之等长。（长各六尺五寸。）（毂长三尺，此转袖。）

（2）衣身用料找准中线对折构成前后身片。前身片下段长出的部分用斜裁技巧裁出斜角。之后衣下裙部分与这处斜角拼缝形成衣襟。（凡制衣之狀，先道中賜，始令交输。）（令其袤居上袥。）

（3）衣身后片是方正的状态。（其正居下，量之道正。）

"斜袥正背"模式下衣领的斜角

以马山楚墓小菱纹锦面绵袍（N15）、小菱纹锦面绵袍（N16）、大菱纹锦面绵袍（N19）为例
红线处实际是一条直边，因斜角向上提拉时将腋下补片拉出而产生扭曲
（关于腋下补片详见下文"衣腋构型"部分）

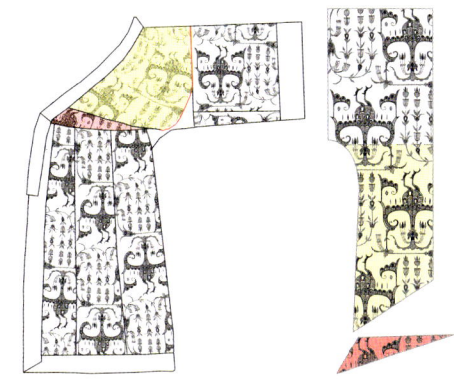

"斜衽正背"模式下衣领的斜角与补片

以马山楚墓凤鸟花卉纹绣浅黄绢面绵袍（N10）为例

红线处实际是一条直边，因斜角向上提拉时将腋下补片拉出而产生扭曲

古编号N16）、一件"大菱纹锦面绵袍"（考古编号N19）。其中N15与N16在铺展时将前身片的斜角向上提拉，在衣襟与衣领处产生大量褶皱，无法平铺。而N19因上下身断裂，能够明确看到衣领处存在一个斜度极大的长角。

又如另一件"凤鸟花卉纹绣浅黄绢面绵袍"（考古编号N10），衣料使用排列规整的凤鸟花卉纹刺绣，根据刺绣的排列布局，能够大致重建出衣领的裁片分割。可以发现前身片同样出现了一个明显的斜角。甚至使用这种"斜领"工艺后仍嫌不足，还另行加缝了一小块三角片，使前身衣领的斜角进一步拉伸延长。

第二种模式：正衽居上，正背居下

这是马王堆1号汉墓中大部分"衣"在衣领位置呈现出的"正领"形态。这些衣物的上身均是正幅正裁，前后身等长，领口挖作琵琶形。

一部分衣物的衣身在领部并未产生交叠，只利用后续加缝的宽领缘承担将衣领加宽、交叠两襟的功能。也有一部分衣物采用在两个身片的后背中缝处适当削幅的方式，以实现前襟的左右交叠。

有意思的是，有几件衣的内外襟开领处弧线并非完全对称，而是为便于与下身裙片缝接，特意留出了一小段直垂的部分。这一特征主要出现在被考古学者命名为"曲裾袍"的衣上。

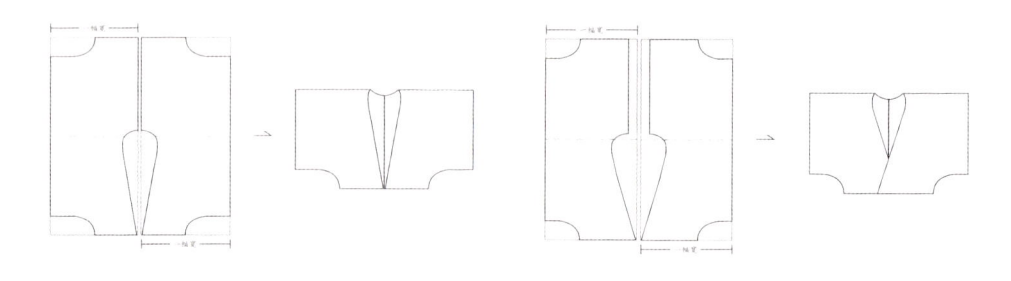

"正衽正背"模式的裁片与成型（1）

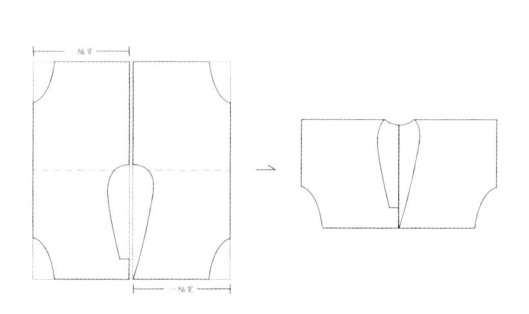

"正衽正背"模式的裁片与成型（2）

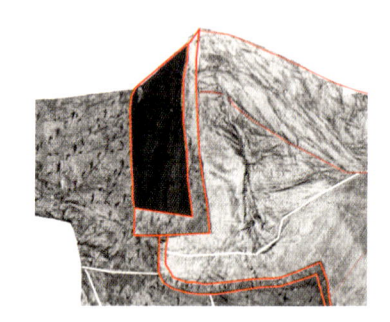

"正衽正背"模式下的内襟
以绮信期绣复衣（329-10）为例

"正衽正背"模式下的两襟
以印绘纱复衣（329-13、329-14）为例

第三种模式：正衽正背，斜肩移位

肩部倾斜的服装款式，早见于湖北江陵马山1号楚墓的一件"素纱绵袍"（考古编号 N1）上，当时的制衣者不仅在衣身前片裁出斜角以延伸衣领，同时还将背部衣片也斜切去一角，最终使后身中缝为斜线拼接，肩部也呈现出斜肩的效果。在这种剪裁方式下，虽然肩部倾斜，但在衣身与袖口的衔接处仍保留了平直完整的幅边，拼缝整齐顺畅。

马王堆1号汉墓的两件素纱单衣（考古编号 329-5、329-6）实际同样是呈现"斜肩"结构，但衣身与衣袖的接缝处却可以明显观察到接缝错位的情形。现代的裁缝见到这一细节，往往会产生疑问，甚至会认为这可能是古人缝制粗糙、不顾细节。实际上，这反而是一种精确计算设计过后的巧妙立体结构：

衣身采用的是两个完整幅宽的素纱面料（宽约 48 厘米）拼接。在正常情况下，前身的左右衣领是无法交叠的，除非使用特殊的剪裁结构。前文提及的第一种模式，是通过将布幅的下端斜裁出角再向上提拉的模式实现左右两襟交叠。然而素纱面料轻软松散的特性，在衣身处却不便沿用这一立体成型的模式，裁缝只能另寻他法——为了让两片衣领实现交叠，使用了将前身片向上斜提的方法。随着肩部倾斜，衣领自然向对侧偏移，从而让对襟结构转变为交领。

但这样斜提前襟过后，衣身与衣袖处出现了明显的错位。若衣袖继续保持正幅平整的裁剪方法，就无法与这种错位的衣身相接。而为了尽量保持衣身用料的幅边完整，裁缝也不能将衣身后片多余的部分切去。于是原来第一种模式下那种将衣身片斜裁出角的技法，被裁缝巧妙地运用在衣袖之上，衣袖的前折片上斜裁延长出一角，补足错位的衣身前片在接袖处缺失的部分。这种制衣工艺下，衣袖是一种"微立体"的结构，衣袖的下缝线处呈现出明显的斜向移位状态。

2. 衣腋构型的两种模式

第一种模式：剪裁兼袖

这一特征见于马王堆1号汉墓出土的多件衣物。如其中的一件丹绮复衣（考

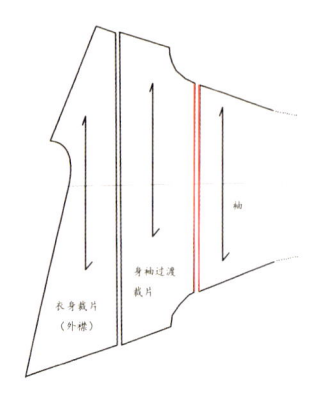

"斜肩"模式下的领部裁片分布

以马山1号楚墓素纱绵袍（N1）为例
（红线处保留了完整的面料幅边、拼缝顺畅）

"斜衽斜肩"模式下的领部构成

以马山1号楚墓素纱绵袍（N1）为例
（因领口斜角向上提拉、领片产生褶皱）

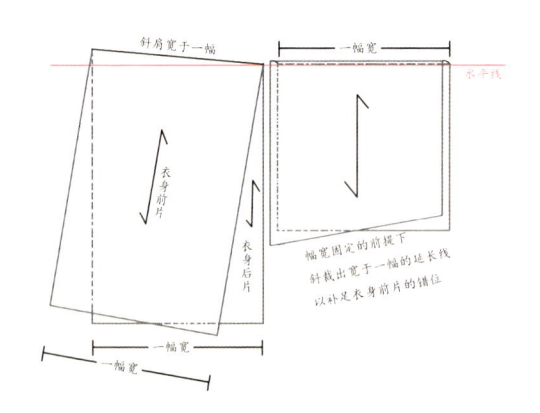

"斜肩移位"模式下的衣身、衣袖裁片构型

以"直裾"素纱单衣（329-6）为例

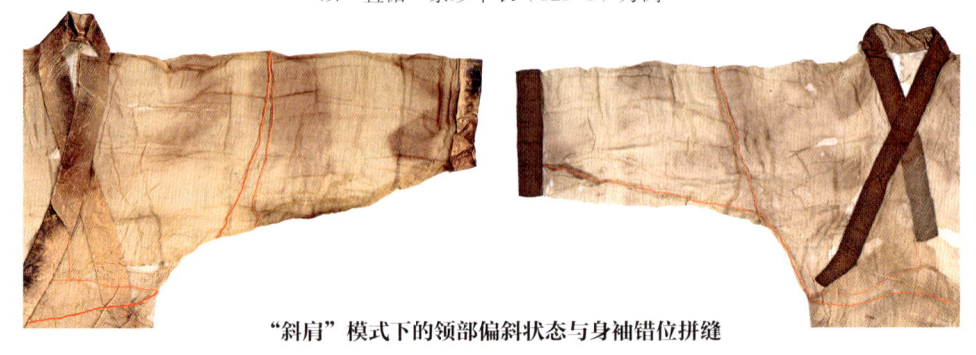

"斜肩"模式下的领部偏斜状态与身袖错位拼缝

以"曲裾"素纱单衣（329-5）与"直裾"素纱单衣（329-6）
为例（衣身衣袖衔接处、衣袖下缝处均拼接出现明显的斜向移位）

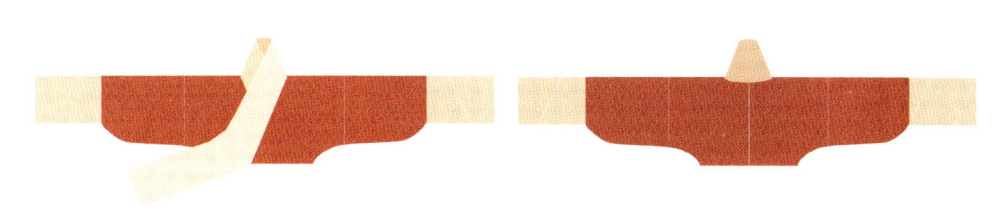

"剪裁兼袖"模式下的前后身状态
以丹绮复衣（329-8）为例

古编号329-8）。因衣身部分左右一共使用了两个幅宽的衣料，本身大大宽于人体，制衣者会在衣身用料两腋位置也裁出一部分袖形，使衣身部分兼作袖根，表现为过渡衔接衣袖的部分。这时要求作为衣身用料的前后身片在腋下过渡处保持一致，再加缝合即可。

第二种模式：嵌片兼袖

这是一种立体构型的模式，在衣身与衣袖的衔接处，还多嵌入了一片正裁的矩形嵌片。这块嵌片在先秦时代大概是被称为"袼"（gē）。《礼记·深衣》中记载"袼之高下，可以运肘"，注引刘氏曰："袼，袖与衣接，当腋下缝合处也。运，回转也。"是说这块腋下嵌片起着方便手臂运转的实际作用。

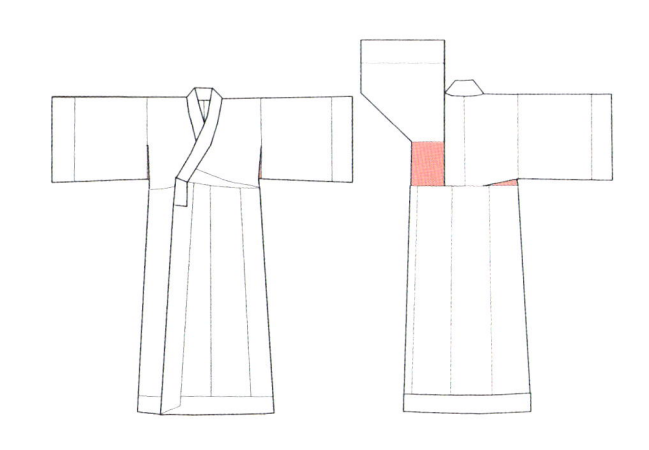

"嵌片兼袖"模式下的腋下形态（1）
以马山楚墓凤鸟花卉纹绣浅黄绢面绵袍
（N10）为例，红色部分为嵌片位置

第四章 制衣 113

这类嵌片实际早见于湖北江陵马山楚墓出土的多件"袍服"上。据研究者统计，编号N10、N9、N13、N14、N15、N16、N19的七件衣物都在衣身与衣袖衔接的腋下位置加嵌了长方形的嵌片。纺织考古专家王亚蓉曾对编号为N10的"凤鸟花卉纹绣浅黄绢面绵袍"进行了深入细致的研究复原[1]。因此得以直观看到，当这件衣物处于平面放置状态时，腋下嵌片处于衣身裁片的前身片与后背片之间，嵌片一边与衣袖连接，一边与衣身连接，进而在衣身与衣袖的下角形成两个分隔的小空间，使衣袖根部相对独立于衣身。

在这样的特殊设计之下，手臂在衣袖中自由运转不会对衣身部位产生太多影响。手臂做动作时，衣领与衣身仍处于平整端正的状态。同时，嵌片置于腋下的增量，将衣衽（交领下的衣襟部位）的斜角进一步向前推移，从而增加了两襟的交叠量，从而实现穿着时衣领延长向身后裹束。[2]

而马王堆1号汉墓的衣物中，如绮信期绣复衣（考古编号329-10、357-2）、赤长寿绣复衣（考古编号357-3）等，都采用了在袖腋处加一块长方形嵌片的做法。其中两件以罗绮信期绣为衣身的衣物，用料都是幅宽约40厘米的窄幅面料，而绢地长寿绣的一件，衣身用料的是幅宽约50厘米的汉制标准面料。这样对照来看，似乎嵌片并不是用来补足幅宽的限制，它依然继承着战国时代的实用精神，让衣身更为立体。因为这块嵌片存在，衣物无法完全平铺，原本正裁而成、没有与内襟交叠的前

[1] 王亚蓉、高丹丹：《江陵马山一号楚墓凤鸟花卉纹绣浅黄绢面绵袍的研究与复原实践》，《南方文物》2023年第4期。

[2] 沈从文：《江陵马山楚墓发现的衣服和衾被》，《中国古代服饰研究》，上海书店出版社，2004年，第101页。

"嵌片兼袖"模式下的腋下形态（2）

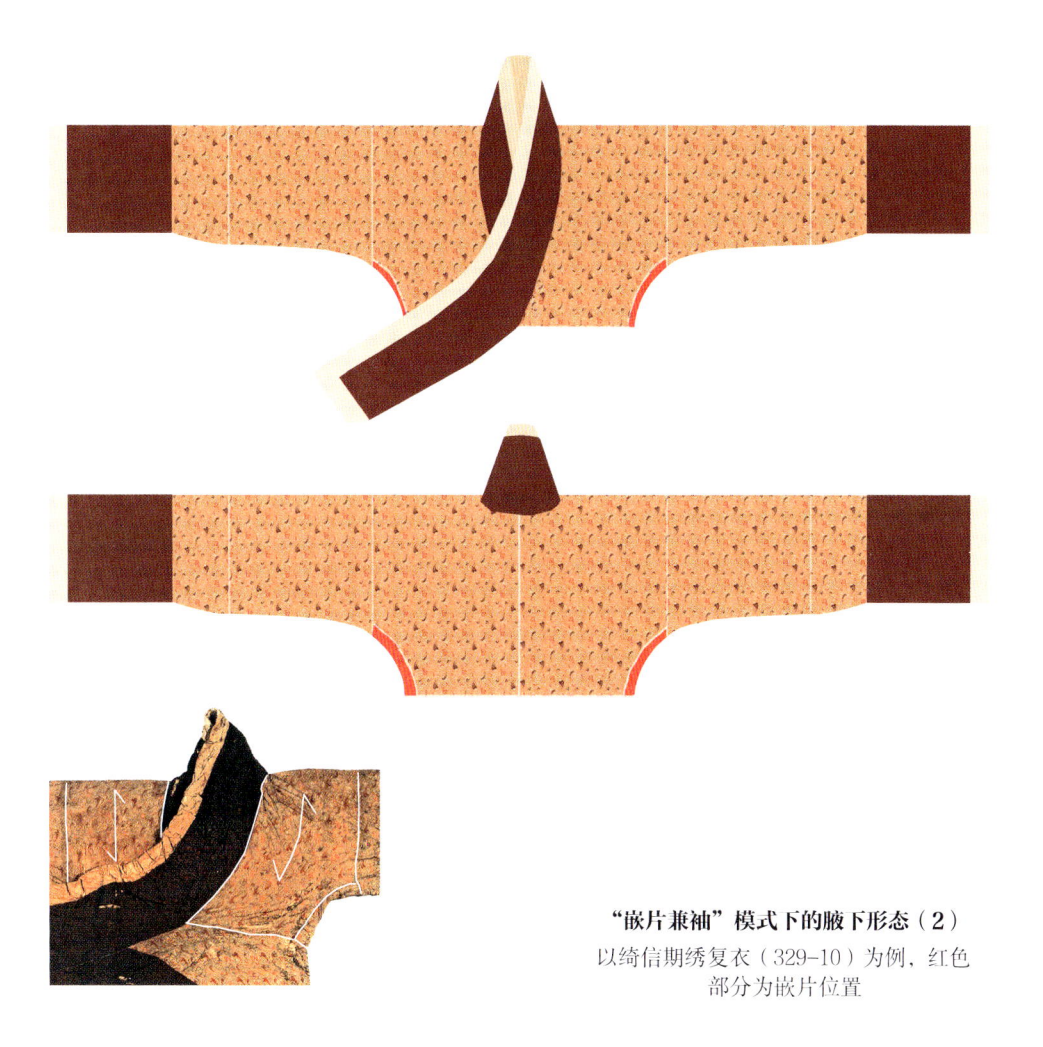

以绮信期绣复衣（329-10）为例，红色部分为嵌片位置

襟向相对的一侧产生偏转歪斜，有增加两襟的交叠量、扩展胸围的效果。

3. 衣袖构型的三种模式

第一种模式：平直袖形

这种袖形的制作，是将布幅前后翻折，稍加修剪与衣身连接，缝合下缘。最终袖筒呈现出平直或略有收缩的状态，但整体轮廓线条没有明显的弧度，

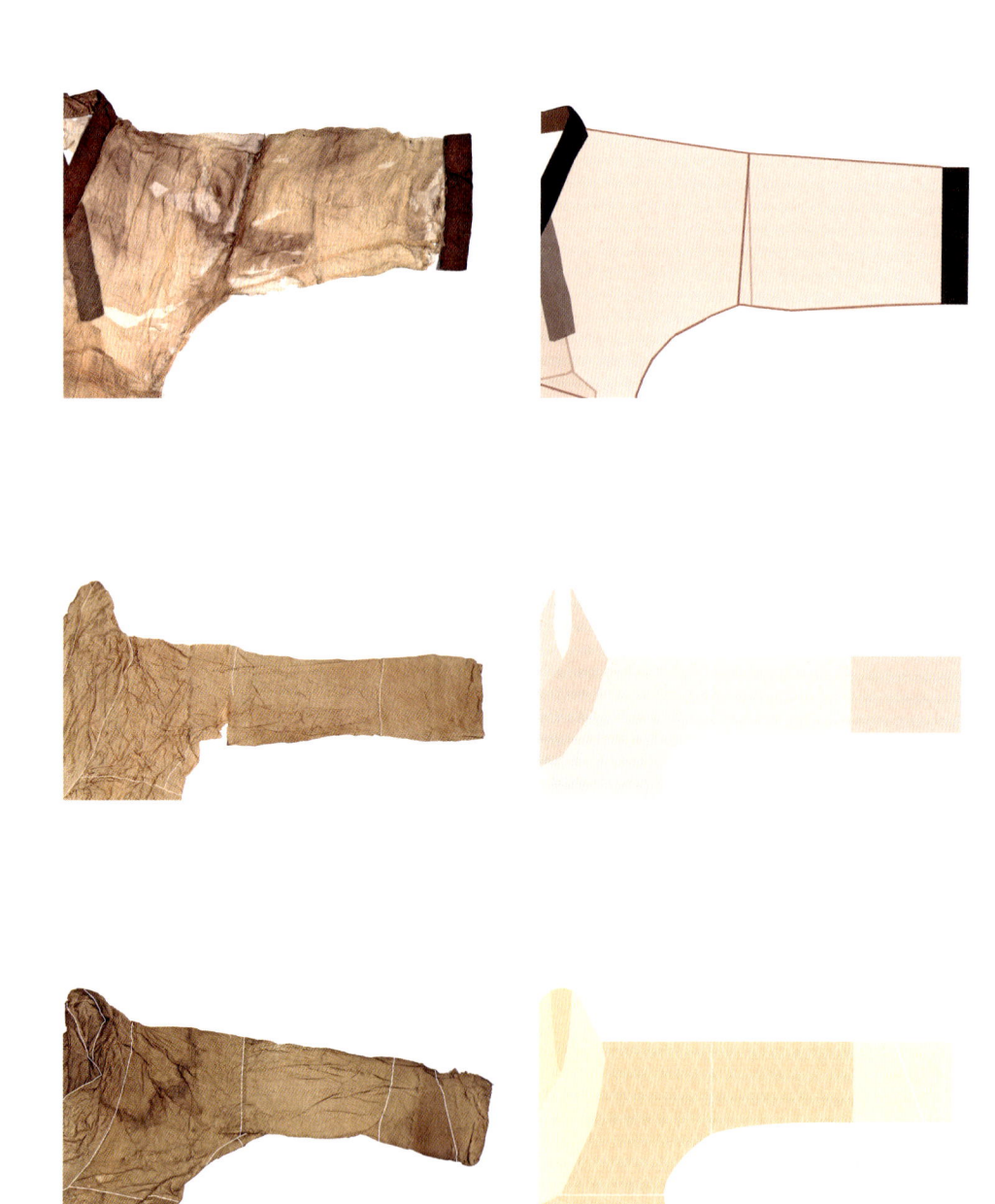

"平直袖形"模式

以素纱单衣（329-6）、素单衣（329-9）、
绮复衣（357-1）为例

"垂胡直袖"模式

以素纱单衣（329-5）、印绘黄纱复衣（329-13）、
赤长寿绣复衣（357-3）为例

袖口接缘边的位置也没有刻意增加收口。马王堆1号汉墓出土的衣物中，包括一件素纱单衣（直裾素纱单衣，考古编号329-6）、一件素单衣（考古编号329-9）、一件绮复衣（考古编号357-1），都是这类袖形。

第二种模式：垂胡直袖

这种袖形整体仍旧比较平直，但在袖口处有了明显的收口处理，因此整体呈现袖口小、袖身大的形态。这是当时的常见袖形。

《尔雅·释衣》中描述袖身扩大的部分为"袂"，袖口收敛部分为"祛"。这种袖形又被称作"胡"，如《礼记·深衣》记载："袂圜以应规。"东汉经学大师郑玄注称："谓胡下也。"《说文·肉部》："胡，牛颐垂也。"可见"胡"本是指牛颈部下垂的部分，被郑玄引用形容来袖形弧形下垂的状态。

马王堆汉墓的大部分衣物都是这种"垂胡"式样的袖形。但具体到每一件的"垂胡"，也各有宽窄不同。

第三种模式：垂胡大袖

该式样并不见于马王堆1号汉墓的服饰实物，但同墓中出土的着衣女俑所穿的一件以杯纹绮裁制的单衣是这种袖形。经研究者分析，墓中着衣女俑所穿衣物是参考真人实用衣物按2.5∶1的比例缩小制作的[①]，因此这件衣物的袖形也应当是符合真实衣物的形制。这种衣袖垂胡部分极广博，在靠近袖口处转折，向上形成收窄的袖口，而袖根处已经宽过身侧绕向身后的领边，显然在腋下位置也有特殊

"垂胡大袖"模式

马王堆1号汉墓着衣女俑所穿单衣（上）、T形帛画所绘墓主与侍女形象（下）

[①] 陈国安：《长沙马王堆一、三号汉墓服饰述论》，《马王堆汉墓研究文集》，湖南出版社，1994年，第211页。

① 沈从文:《长沙马王堆一号汉墓中的几件衣服》,《中国古代服饰研究》,上海书店出版社,2004年,第193页。

处理。此外,马王堆1号汉墓随葬的T形帛画上绘制有软侯夫人与身后三位侍女的形象,她们所穿的衣物同样也是这类垂胡大袖式样。

二、衣下裙

将作为上半身的"衣上襦"裁剪好之后,并不能直接当作独立的衣物,下面还需要再缝上一圈裙片连接而成的"衣下裙"部分。这部分还承担着将上半身的衣领延长用以裹身的功能,即扬雄《方言》中所记载的"绕衿谓之裙"。①

马王堆汉墓的"衣下裙"构型模式,可以大致分为三类。

第一种模式:正幅拼接,斜衽衔接

对应衣身"斜衽居上"的形态,马王堆1号汉墓服饰中的一件素纱单衣(直裾素纱单衣,考古编号329-6)采用了这种下身构造。四片衣料仍旧是正幅正拼,但只有中间两幅是平直正裁,而左右用在与前襟缝合连接的两幅上端运用"交输"(对角斜裁)的技法剪出了一个斜角,恰好可以同上身的斜衽相对应。

在拼接衣襟斜角时还出现了一处有趣的细节:制衣者在将衣上襦与衣下裙拼接时,可能因上半身领片两襟斜角长度计算不足,"衣下裙"的襟片接续部位比"衣上襦"要长出一小段,因此将内外襟两头的顶端也各切去一个小斜角,以便与领片顺畅衔接。

"正幅拼接,斜衽衔接"模式的外襟斜角

以马山楚墓龙凤虎纹绣罗单衣(N9)、马王堆1号汉墓素纱单衣(329-6)为例

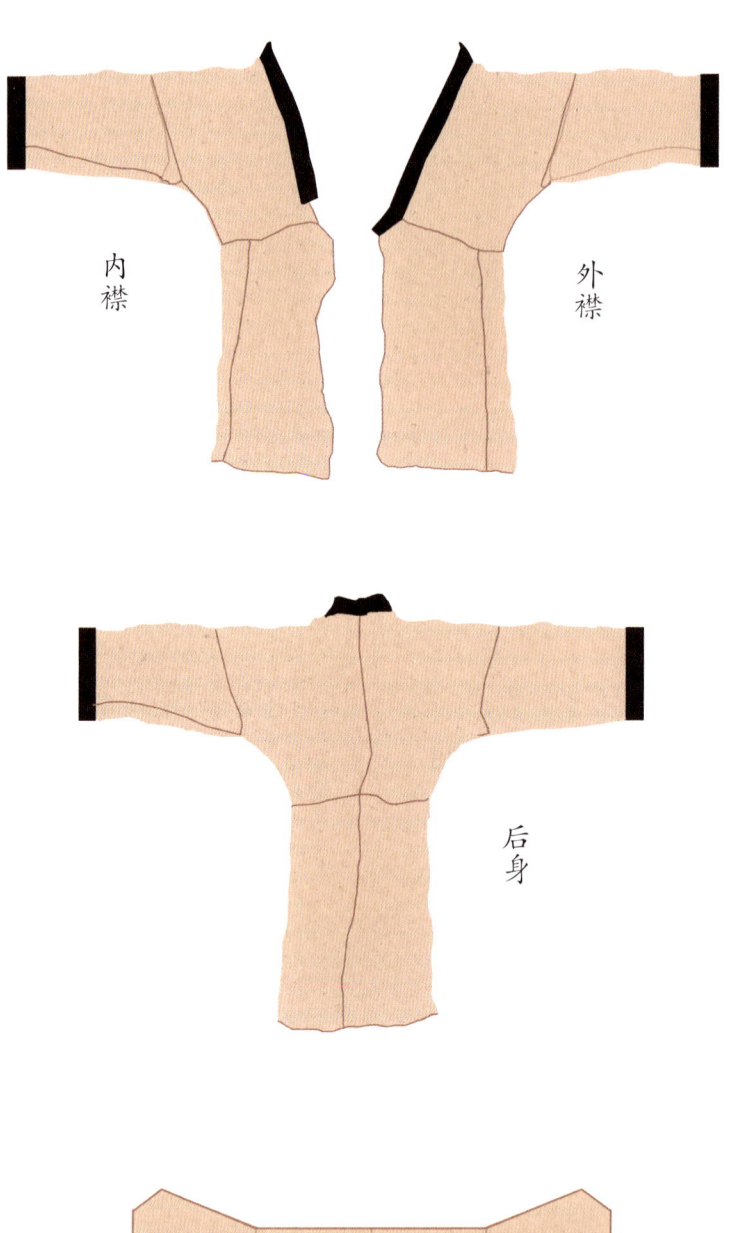

内襟　　　外襟

后身

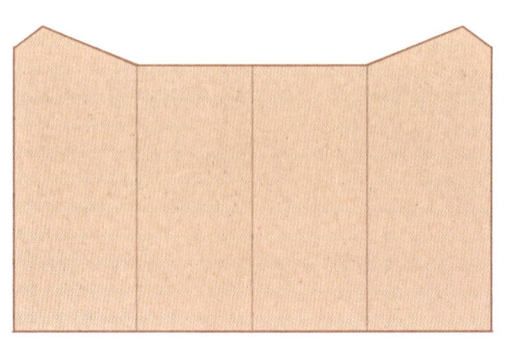

**"正幅拼接，斜衽衔接"
模式的下身裁片构成**
以素纱单衣（329-6）为例

这种斜衽衔接的衣物构型方式出现的时代很早，马山楚墓的各类服饰实物在前身衣襟处已经有用到。这同样是运用适应人体、立体构型的剪裁思维，运用斜角拼缝来使上下衔接处得以扩展，实现延长领长的效果。

第二种模式：正幅正裁，平直衔接

　　对应上半身"正衽居上，正背居下"的形态，马王堆 1 号汉墓服饰中被考古工作者命名为"直裾袍"的三件衣物采用了这种下裙构造，后身与身前两襟一共使用了三个平直的整幅拼接。

　　下半部与里外襟还加缝了宽阔的缘边，原本第一种模式下衣襟上的斜角，在这里已经完全由缘边来承担。两襟加长的缘边实际穿着时可以绕至身后，在下身形成严密的围裹效果。

　　值得注意的是，研究者发现马王堆 1 号汉墓有两件"直裾袍"在衣上襦与衣下裙缝接时，胸部偏左处特意留有一处约 3 厘米长的开口没有连接[1]，这可能是起着穿过系带、固定腰部的实用功能。

[1] 董鲜艳、王帅：《马王堆汉墓出土袍服再探》，《浙江纺织服装职业技术学院学报》2023 年第 1 期。

"正幅正裁，平直衔接"
模式的下身裁片构成

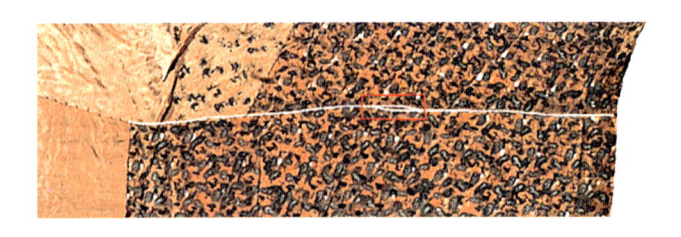

衣上襦与衣下裳缝接时刻意留出的开口（红框内）
以印绘黄纱复衣（329-13）为例

**"正幅正裁，平直衔接"
模式的下身形态**
以印绘黄纱复衣（329-13）为例

第三种模式：正幅斜裁，弧形衔接

这是极具特色的一种下裙缝制模式，马王堆1号汉墓服饰中被考古工作者命名为"曲裾袍"的衣物以及一件素纱单衣（曲裾素纱单衣，考古编号329-5）都采用了这种拼接模式。它实际上同样延续了"斜衽衔接"的思路，将斜切的工艺运用到每幅衣料上，通过斜边大大延长了原本有限的幅宽长度。

推测当时裁缝使用的制作方式，是先将多幅衣料呈阶梯错落的状态并列拼连。其中前襟所衔接的一片需要刻意留出更长的部分以便削出斜角。达到

内襟

外襟

后身

**"正幅斜裁，弧形衔接"
模式的下身裁片构成**
以素纱单衣（329-5）为例

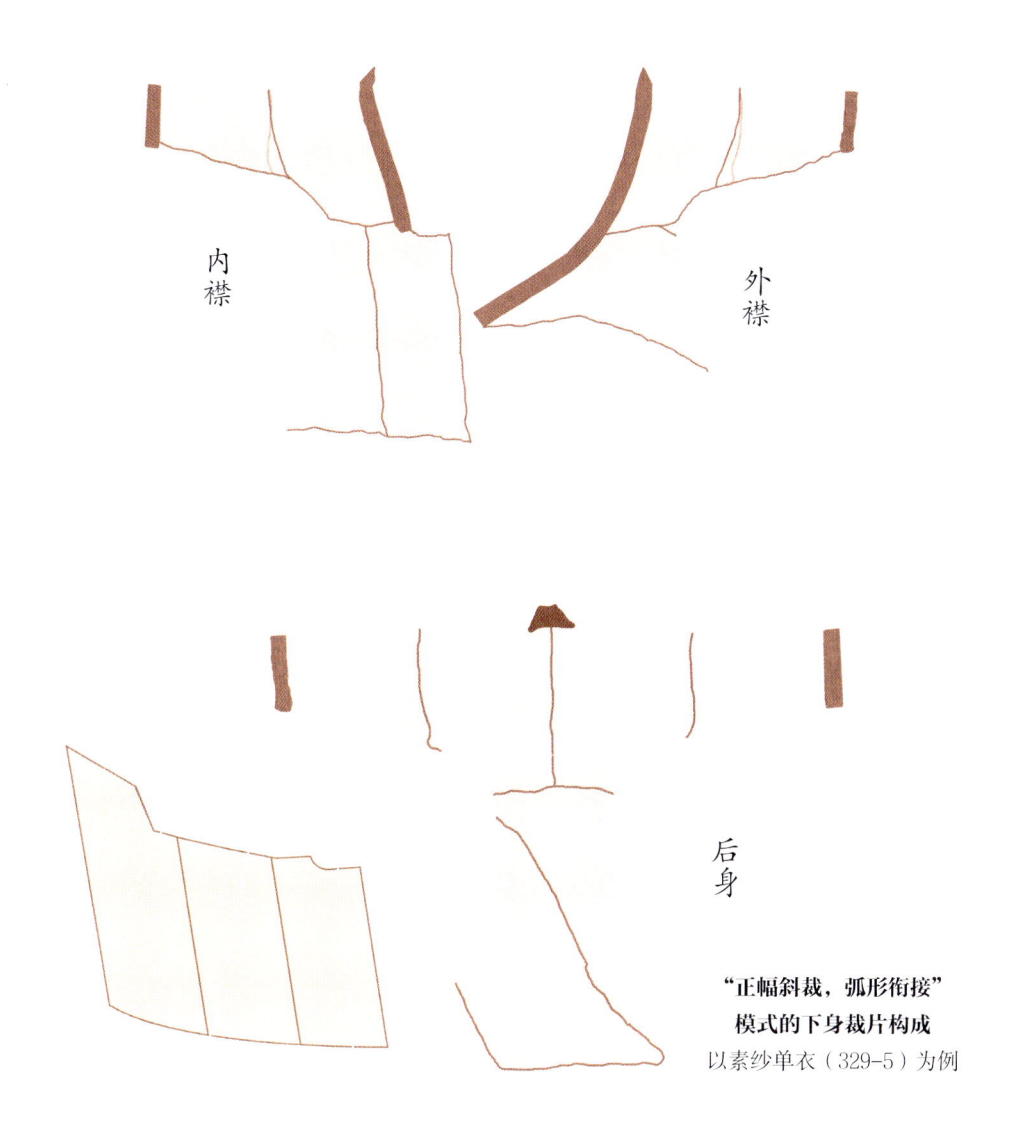

　　延长衣襟的目的。同样是因衣料幅宽不同，拼接衣下裙时若是使用约40厘米宽的窄幅料，需要使用四幅，若是使用约50厘米宽的汉制标准幅料，需要使用三幅。拼连成片后，最终将多幅衣料形成一个用以绕身的弧形斜角。

　　观察绮信期绣复衣（329-10）的后背及内襟的裁片状态，还能发现一个有趣的现象：这些裁片上的刺绣花样多是呈现着正倒不一但纹样相续的状态，显

第四章　制衣　　123

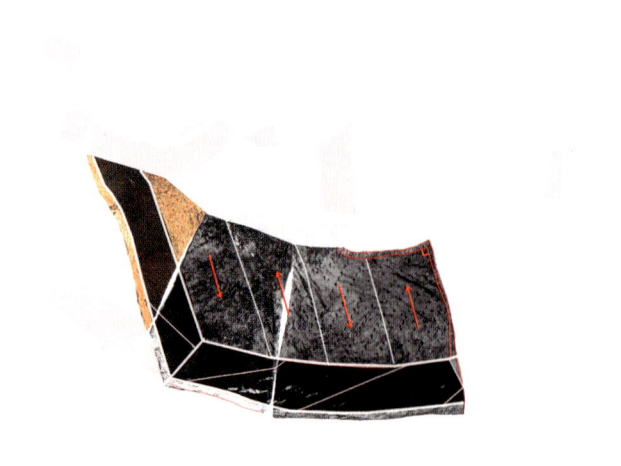

"正幅斜裁，弧形衔接"模式的下身铺展形态
以绮信期绣复衣（329-10）为例，分别以衣物的正身、后身、正身内襟三图拼接而成

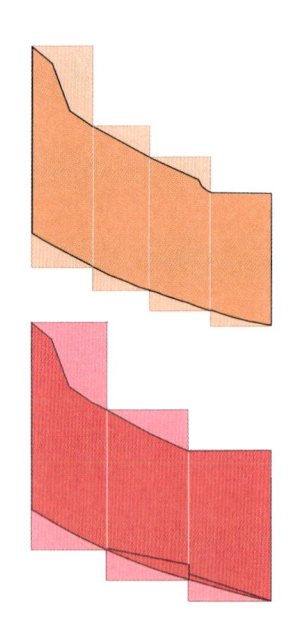

"正幅斜裁，弧形衔接"模式的拼接剪裁方式
上：绮信期绣复衣（329-10），
　　以窄幅宽衣料拼接
下：长寿绣复衣（357-3），
　　以标准幅宽衣料拼接
　　（非精确测量比例图，
　　仅为结构示意图）

然是将一幅面料斜裁分片后再进行拼接。最后一片内襟裁片纹样倒置，刚好为一幅面料的末尾，直幅方角成为内襟的上缘。在这种裁法下，能够完整利用完整一个布幅，不会有过多边角余料的浪费。但也有衣物如长寿绣复衣（357-3），存在裁缝对斜边剪裁计算不足，后期再用小三角片补位的做法。

但使用布幅正幅斜裁斜拼、弧形衔接盘绕成衣身，也有着实用的意义。这种构成会让面料受力更加均匀。衣身若是使用轻软的纱罗织物，在此结构下将会更为稳定牢固，不易拉扯变形。

此外，宽阔的缘边又将外襟进一步延长，构成绕至身后的一片衣角。

内襟的构造也颇为巧妙。制衣者并未如制作"直裾袍"那样在内外襟加缝对称且与领部连接的宽缘边作为"续衽"，在"曲裾袍"的内襟只加缝了一道窄缘，上端也挖出一道弧形，并不与衣上襦的宽领相连接。这一处细节有效避免了内外襟出现两层宽缘在胸腰处产生的堆积，使上身的领部可以根据穿着者的身形调整自如。

三、领袖缘边

在"衣上襦"与"衣下裙"都分别制作好后，领、袖、两襟、下摆等处都还需要加装上一圈缘边。

观察马王堆汉墓"衣"类服饰，可以发现两件素纱单衣的缘边为窄边，仅加装在领、袖部位，下摆没有缘边。一件（曲裾素纱单衣，考古编号329-5）是以素绢作为缘边，一件（直裾素纱单衣，考古编号329-6）以表层绒圈锦、内层素绢作为缘边。

两件素纱单衣之外的其余衣物，在领、袖、两襟、下摆处都加装有宽阔的缘边，而且均是采用正幅或半幅斜裁再拼接的模式制作。之所以运用斜裁，却并不是因为面料的幅宽有限，而是在保证缘边宽度的前提下尽可能充分地利用斜边将其延长，以达到节省用料的目的。斜裁减去的角也不会弃用，而是作为另一部分缘边的补片来使用。[1]可以说，这些衣物同时呈现出了织绣工艺上的奢华精美与剪裁安排上的节俭合度。

这类宽阔缘边所呈现的装饰风格大致可以分为两大模式。

第一种模式：素缘

以素绢或素纱作缘边，这一特征表现在大部分衣物之上。

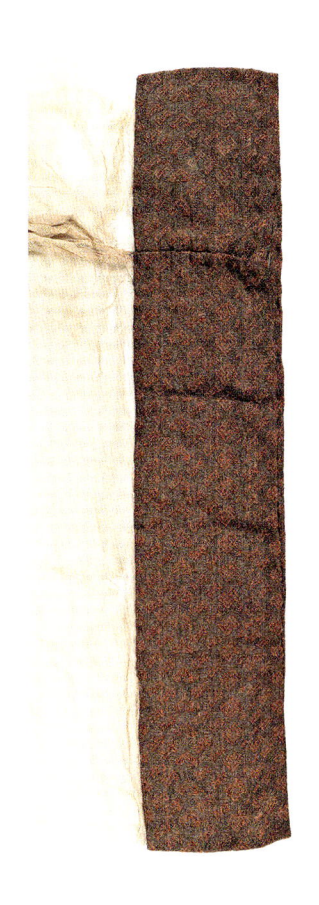

素纱单衣（329-6）袖缘
马王堆1号汉墓出土

[1] 董鲜艳、王帅：《马王堆汉墓出土袍服再探》，《浙江纺织服装职业技术学院学报》2023年第1期。

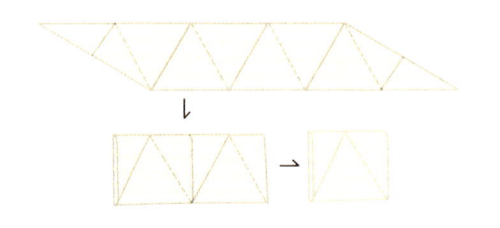

"素缘"模式下的袖口缘边

以印绘黄纱复衣（329-13）为例

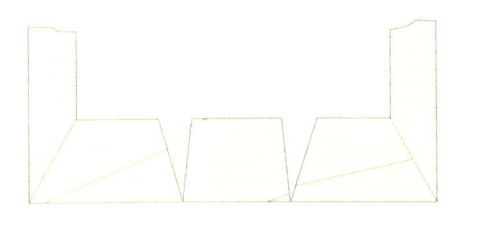

"素缘"模式下"曲裾"式样的襟、底摆缘边

以印绘黄纱复衣（329-13）为例

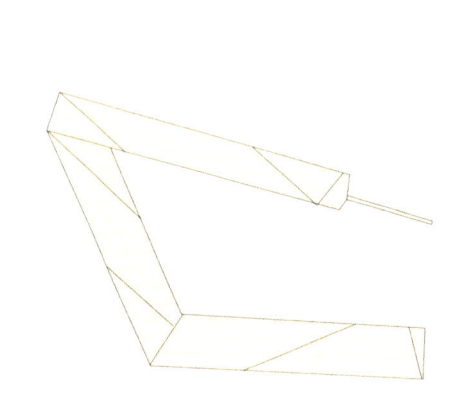

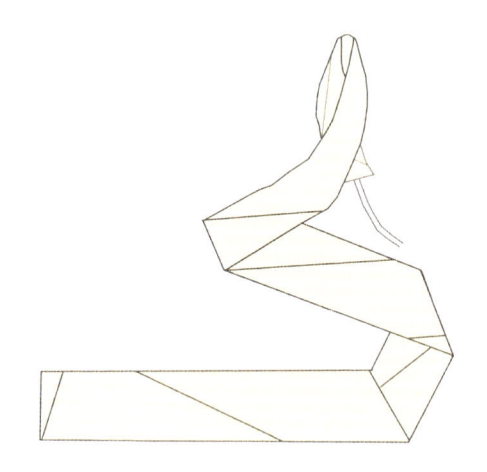

"素缘"模式下"曲裾"式样的领、襟、底摆缘边

以素缘（329-7）为例

◆ "素缘"袖口缘边裁法构拟

1. 取半个幅宽的衣料，两端斜裁出角（斜角约为30度），裁片整体由两边各一个120度—30度—30度等腰三角形与居中3对（6个）等边三角形构成。

2. 将斜角延垂直线对折，以对折后的直边为袖宽。其后部分按螺旋式卷为筒状。

3. 居中翻折为表里两层，居中无接缝的缘边作为袖端，有接缝的两边与衣身的表里缝合。

素缘（329-7）
马王堆 1 号汉墓出土

内襟下摆与底部素缘的衔接
以绮信期绣复衣（329-11）为例，因衣身下摆为弧形，直条的缘边加缝其上会形成自然外扩的形态，穿着时底摆宽缘略呈"喇叭"状

袖口缘边部分的处理方式尤为独特，是采用半幅宽的素纱或素绢直条，两端斜裁出角，再按螺旋方式卷作筒状，最后居中翻折为表、里两层。

衣领、衣身的缘边部分，则因"直裾""曲裾"式样而各不相同。

"曲裾"式样的衣物，缘边部分可以分为领缘、襟缘、底摆缘三部分。马王堆 1 号汉墓 329 号竹笥中与各件衣物收纳在一起的，有一段专为"曲裾袍"制作的完整缘边（考古编号 329-7），只是还未加缝在衣物之上。在内领一端的末尾，还连有一段长线，可能是作为内襟上系挂固定的系带。

根据这一段独立的缘边，对照几件成衣实物可以看出，当时的制衣者是在将衣身主体（包括"衣上襦"和"衣下裙"）都制作完成、连接缝合后，才将另行制作的完整缘边加缝在衣身之上。

尤其独特的一点是，领部与衣襟部缘边形成的夹角原本是比较小的，但在加缝在衣身上时，需要将领部缘边向上提拉，进而将交角拉大。这种做法会使衣领不至于紧贴身体，而为胸部位置留出一定的立体空间。可以看出，当时制衣的裁缝在领部缘边上运用了一种立体成型的巧妙构型思维。

"直裾"式样的衣物，领部同样是使用一条长直条缘边立体成型。而襟缘、底摆缘是另一种式样：下摆拼接长度与"衣下裙"本体相当的一段宽缘，后身下摆作等腰梯形，两襟下摆作不等腰梯形，侧缘也作与衣领宽度相当的梯形。最终穿着上身时，底摆效果会像鱼尾一样向人体的左

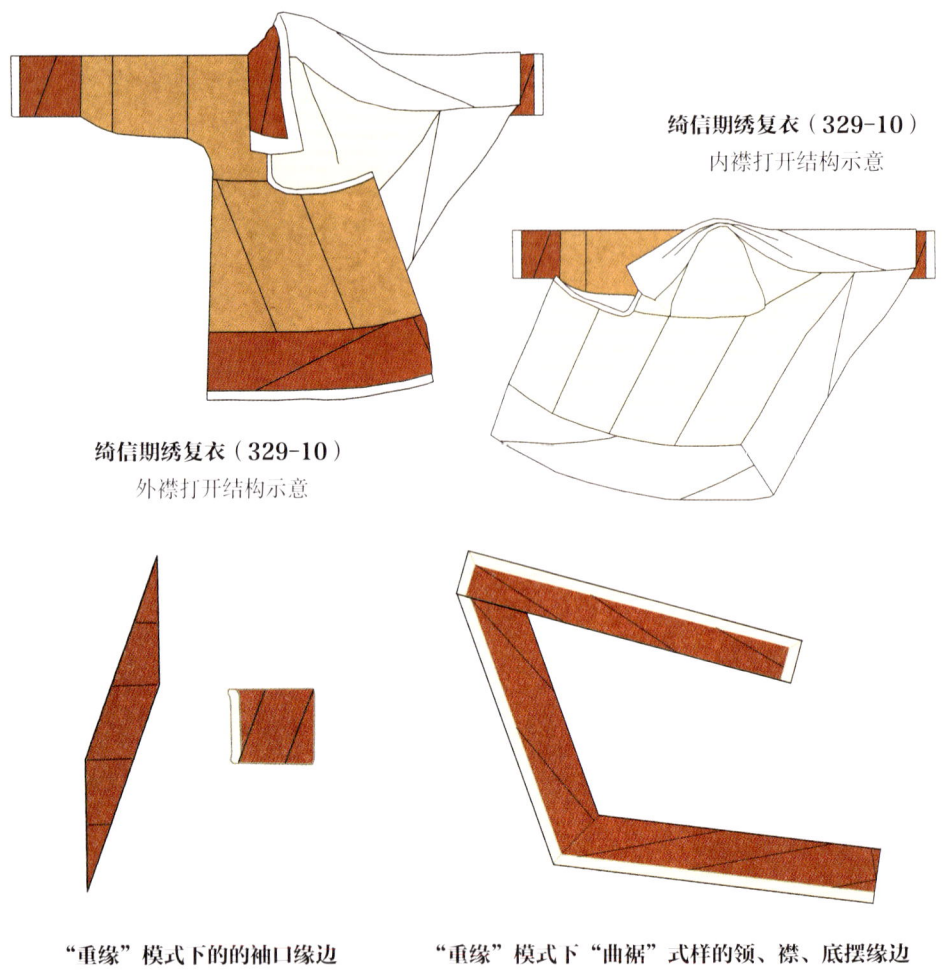

绮信期绣复衣（329-10）
内襟打开结构示意

绮信期绣复衣（329-10）
外襟打开结构示意

"重缘"模式下的的袖口缘边
以绮信期绣复衣（329-10）为例

"重缘"模式下"曲裾"式样的领、襟、底摆缘边
以绮信期绣复衣（329-10）为例

◆ "重缘"袖口缘边裁法构拟

1.取半个幅宽的织锦，两端斜裁出角（斜角约为20度），裁片整体由两边各一个140度—20度—20度等腰三角形与居中2对（4个）40度—70度—70度等腰三角形构成。

2.将斜角延垂直线对折，以对折后的直边为袖宽。其后部分按螺旋式卷为筒状。

3.里衬取更长的半幅素绢，制作方式类似，最终盘旋出的筒状螺旋更长。向外翻折一段素绢与织锦衔接。

赤长寿绣复衣（357-3）领缘
马王堆 1 号汉墓出土

绢地乘云绣枕巾（444）缘边
马王堆 1 号汉墓出土

右两边扩展开来。

第二种模式：重缘

先加镶一段颜色明显、织造精美的"绩缘"（"绒圈锦"缘边），再从里衬翻出一段窄绢接续，形成宽织锦缘边与里衬翻出的窄绢缘边双重的式样。

这一特征出现在马王堆 1 号汉墓中的绮信期绣复衣（考古编号 329-10）、赤长寿绣复衣（考古编号 357-3）以及一件残破的绢面衣物（考古编号 357-5）上。袖口缘边的织锦部分，是使用半幅宽的织锦斜裁出角，再盘旋而成。领缘、襟缘、底摆缘也均是使用正幅斜裁斜拼的技法拼接，再与里衬翻出的素绢窄缘边缝合。

此外，马王堆 1 号汉墓中出土的一件绢地长寿绣几巾（考古编号 439）、一件绢地乘云绣枕巾（考古编号 444）上也使用了绒圈锦与素绢两重缘边，它们在随葬遣策中有明确的记载。依照遣策文字，这种缘边模式当时被称作"绩缘素绫（接）"，这种繁复的缘边很可能与当时的礼制相关。

虽然目前与西汉时期衣冠制度相关的史料记载极其缺乏，但东汉时的不少衣冠制度仍旧延续了旧制。据《续汉书·舆服志》中记叙，东汉官方针对贵族女性嫁衣的材质、色彩和装饰细节进行了详细分等，其中就特别提及，身份在"公主、贵人、妃以上"的贵族女性，她们的嫁衣就呈现"重缘"的装饰特征。马王堆汉墓这三件"重缘"的衣物，显然也彰显着轪侯夫人尊贵的身份。

马王堆 1 号汉墓出土绮信期绣复衣（329-10）
文物与对应穿着形态示意（广领状态）

马王堆 1 号汉墓出土丹绮复衣（329-8）
文物与对应穿着形态示意（折领状态）

第四章 制衣 　131

马王堆 1 号汉墓出土印绘黄纱复衣（329-13）
文物与对应穿着形态示意（折领状态）

马王堆 1 号汉墓出土印绘紫纱复衣（329-14）
文物与对应穿着形态示意（广领状态）

第四章 制衣 133

短制上衣别有名
短衣

在专名为"衣"的长身衣物之外,当时还有不少其他作为上衣的服装款式。它们都比"衣"要短一些,各有专名与用场。有的衣物是更为日常、相对不那么正式的外衣,或是外衣之下的衬衣,或是外衣之上的罩衣。

一、襦

遣策中提到的"襦",可能今人会感到陌生。从文字本身来看,其实"襦"字从衣从需,犹言衣服中的"侏儒",取的是衣服短小的意思。《说文·衣部》:"襦,短衣也。"《急就篇》颜师古注:"短衣曰襦,自膝以上。"都很清楚地写明这是一种款式较短、长度不过膝盖的衣物。

从厚薄上来看,"襦"的式样也有着单、合、复之分,单层者名"单襦",双层者名"合襦",内絮绵者名"复襦"。汉乐府《孤儿行》:"冬无复襦,夏无单衣。"可知复襦是用来当作保暖的冬衣。

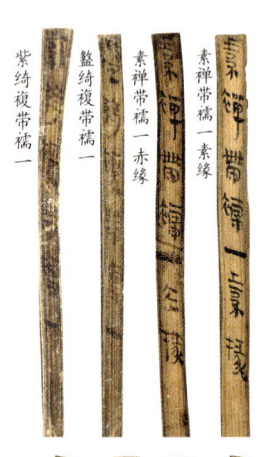

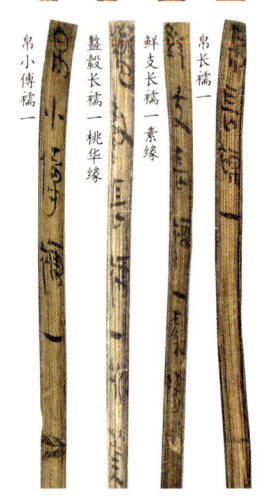

马王堆 3 号汉墓遣策中的"长襦""小傅襦""带襦"

马王堆 3 号汉墓的遣策中也都将襦的厚薄记载得分明。但依据《释名·释衣服》："单襦,如襦而无絮也。"大概东汉时候的人们提到这种衣式,首先想到的是双层加絮的款式,单层的襦才需要刻意在前加一个"单"字以区分。

从款式上来看,马王堆 3 号汉墓遣策记载的襦的款式有"长襦""小傅襦""带襦",只是因该墓出土纺织品都比较残碎,没能见到完整的服饰。马王堆 1 号汉墓出土保存完整的服饰中,也并没有可对应襦的实物。因此这些款式的具体形态难以判明清楚。

好在秦简《制衣》中也具体记载了襦的制作,这种"襦"区别于用在"衣"的上半身的"衣上襦",是一种独立的衣物。简文记载这类襦有大小两种,主要区分在于用料多少;同时,襦的具体款式也分为"有衺(有斜裁衣角)""无衺(无斜裁衣角)"两种。

秦简《制衣》中"襦"

襦

大襦有衺（邪，斜裁），长丈二尺而交输其一尺，各以其衺（邪，斜裁）为上尉（衽，衣襟），袖半幅长五尺，傅之令北二尺，杀其余，以袖兼之，令兼相过五寸，长者居前，短者居后，絭（背缝）长二尺八寸。

大襦毋衺（邪，斜裁），长各六尺，袖半幅长五尺，傅之令北二尺，杀其余，以袖兼之，令其兼相过五寸，长者居前，短者居后，絭（背缝）长二尺八寸。

小襦有衺（邪，斜裁），长丈交输其一尺，各以其衺（邪，斜裁）为上尉（衽，衣襟），袖半幅长四尺，傅之令北二尺，杀其余，以袖兼之，令兼相过五寸，长者居前，短者居后，絭（背缝）长二尺四寸。

小襦毋衺（邪，斜裁），长各五尺，袖半幅长四尺，傅之令北二尺，杀其余，以袖兼之，令其兼相过五寸，长者居前，短者居后，絭（背缝）长二尺四寸。

（为便于识读，冷僻的古字均加注或改为常用字。）

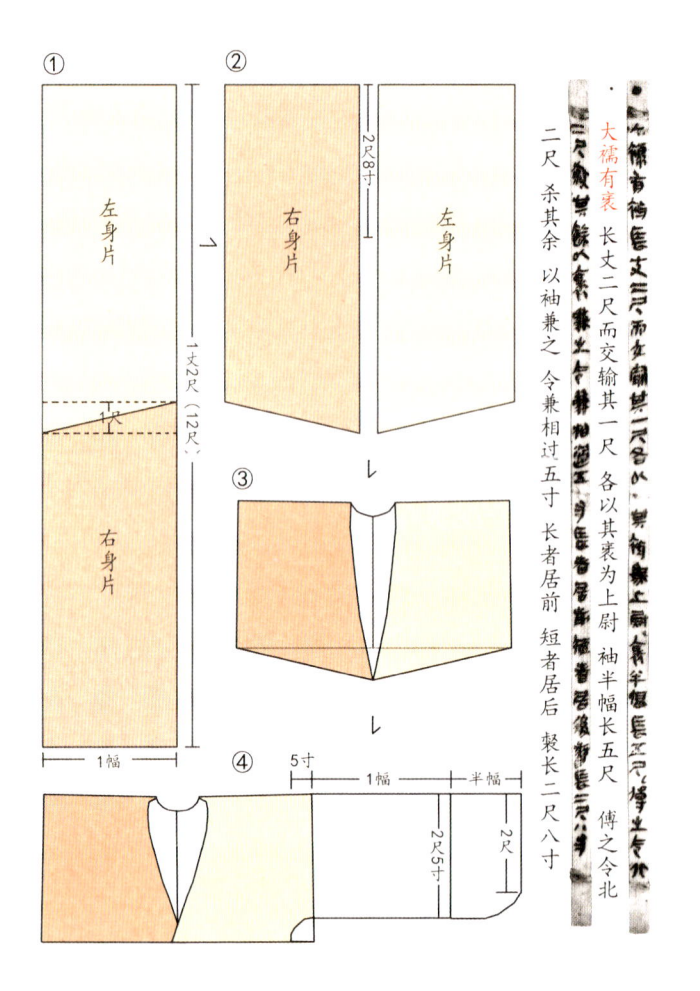

◆ 秦简《制衣》中"大襦有袌"的裁法构拟

1. ①取整个幅宽、长一丈二尺的衣料，居中取一尺宽的长度斜裁，获得两个衣身片。（长丈二尺，而交输其一尺。）

2. ②③两个身片有斜裁的部分作为衣身前片。背部中缝长二尺八寸。（各以其裹为上尉。）（褧长二尺八寸。）

3. ④接袖取半个幅宽、长五尺的衣料，对折后袖口保留二尺宽。衣身部分留出五寸作为向袖口过渡的部分。收窄裁去多余部分。（袖半幅长五尺，傅之令北二尺，杀其余。）（以袖兼之，令兼相过五寸。）

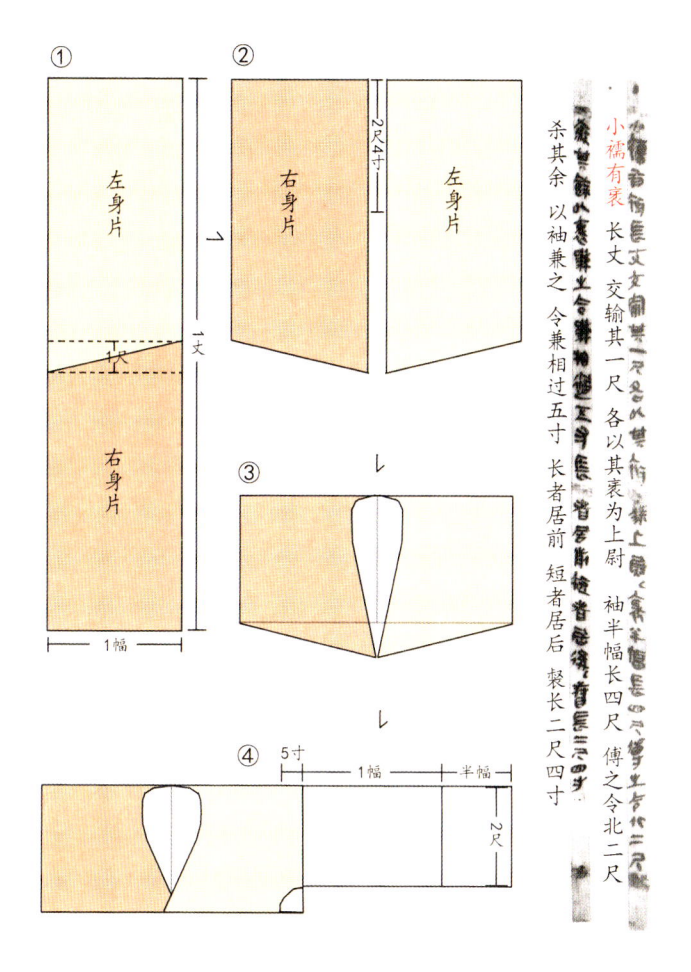

◆ **秦简《制衣》中"小襦有褱"的裁法构拟**

1. ①取整个幅宽、长一丈的衣料，居中取一尺宽的长度斜裁，获得两个衣身片。（长丈，交输其一尺。）

2. ②③两个身片有斜裁的部分作为衣身前片。背部中缝长二尺四寸。（各以其裹为上尉。）（紮长二尺四寸。）

3. ④接袖取半个幅宽、长四尺的衣料，对折后袖口保留二尺宽，衣身部分留出五寸作为向袖口过渡的部分，收窄裁去多余部分。（袖半幅长四尺，傅之令北二尺，杀其余。）（以袖兼之，令兼相过五寸。）

大襦无衰

小襦无衰

大襦毋衰　长各六尺，袖半幅长五尺，傅之令北二尺，杀其余，以袖兼之，令其兼相过五寸　长者居前，短者居后　裂长二尺八寸

小襦毋衰　长各五尺，袖半幅长四尺，傅之令北二尺，杀其余，以袖兼之，令其兼相过五寸　长者居前，短者居后　裂长二尺四寸

◆ 秦简《制衣》中"小襦无衰"的裁法构拟

1. 将整个幅宽、长五尺的衣料居中对折，背部中缝长二尺四寸。（长各五尺。）（裂长二尺四寸。）

2. 接袖取半个幅宽、长四尺的衣料，对折后袖口保留二尺宽。衣身部分留出五寸作为向袖口过渡的部分。收窄裁去多余部分。（袖半幅长四尺，傅之令北二尺，杀其余。）（以袖兼之，令其兼相过五寸。）

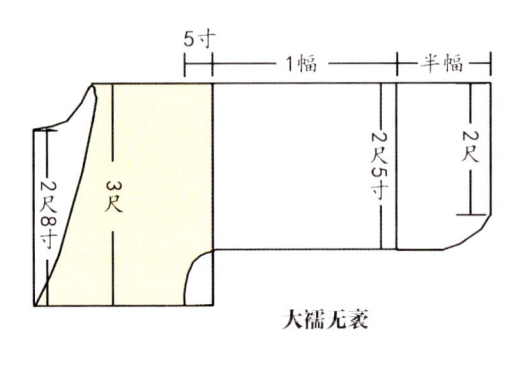

从主身的用料记载来看，"有裦"的衣料长度是"无裦"的两倍。如"大襦有裦"为一丈二尺，而"大襦无裦"为长各六尺；"小襦有裦"长一丈，"小襦无裦"长各五尺。似乎"有裦"的款式要比"无裦"长得多。实际上，两者的衣料用量是相同的。因为主身用料是左右两片，"有裦"款式需要预先取左右身片用料的全长，再居中特意取出一尺长进行"交输"斜切，最终获得两个对称的衣身片。衣身片在两襟均形成延长的斜角，可以再沿着这条斜线连接下身接续成完整的"尉（袵）"（交领下的衣襟部位）。而"无裦"款式主身用料可以直接将整长的用料对半正裁分好，因此简文记载才多出一个"各"字，两个身片用料恰为全长的一半。

至于衣身与衣袖相连的具体形式，应是延续了前文"衣上襦"所记的衣身与衣袖的四个幅宽基础上，再加了两个半幅作为接袖。同时，襦的袖宽、衣长都比"衣上襦"要小一些，可见襦应是穿着在"衣"内的服装。稍长的袖部可以从外衣的衣袖中露出，形成层叠错落的美感。

此外，简文中提及几种襦都使用了"以袖兼之"的构型模式，即衣身用料在与衣袖的衔接部分会留出一段距离加以剪裁，作为袖部的过渡。

通过对秦简《制衣》中"襦"的形态分析总结，可以看出大襦应是袖根宽、袖口收窄的式样，衣身较长，领口也开得较大；小襦则是袖根、袖口近于平直的式样，衣身较短，领口开得较小。简文只记载了衣身与衣袖等核心裁片的制作方式，但根据前

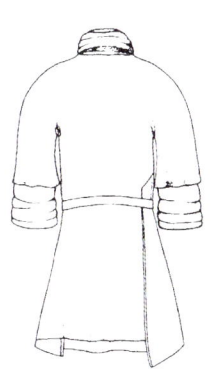

穿襦的男性陶俑
秦始皇陵陪葬坑出土

穿襦的人物

马王堆3号汉墓《导引图》帛画局部

襦的穿着形态构拟

据马王堆3号汉墓帛画绘制

文"衣"的式样来推测,襦应当也都在衣身下端接有一段"衣下裙"部分,只是较"衣"更短。

尤其值得一提的是,襦当中"有裹"的式样。与及地长身的"衣"类服饰不同,这类身长不过膝的襦因使用了斜角衣衽，会使绕身的两襟在下角处自然地垂落，在身后形成如燕尾一般的状态。这种穿着状态，明显表现在秦始皇陵陪葬坑出土兵俑的服装上。

马王堆 3 号汉墓出土《导引图》帛画中，也有多位人物穿着较短的衣物，下摆也微呈斜弧状，这大概就是西汉初年人们日常所穿襦的形象。

二、袭

还有另一类短衣，被秦汉之际的人们称作"袭"。

这种衣物在出土文献中有不少记载，综合来看，在当时"袭"的含义和后世所的理解的"重衣"或"罩衣"不太一样，它与"褺"字同源，又可异写作"褱"，指的应当是一种贴身穿的衣物。

马王堆 3 号汉墓遣策中的记录包括一件"纱縠复前袭"、一件"纱縠复反袭"，均是以双层纱縠制作、内絮丝绵的夹衣，前者还有素绢制作的缘边。此外遣策又有"白縠褱二，素里，其一故"，即两件贴身衣物，都是素绢做衬里，白色纱縠做面的衣物，其中一件还是墓主生前穿过的。

又如湖南长沙望城坡西汉"渔阳"王后墓曾出土了大量木楬[①]，这些木楬原本应是系挂在盛装衣物的箱笥上，其上具体罗列衣箱中叠放的衣物。其中一枚木楬记载"连袭"与袴叠放在一起，另有二枚木楬记载"前袭"与襦、腰衣、裙等叠放在一起。对照推测，"袭"类衣物大概是与这些服装搭配，

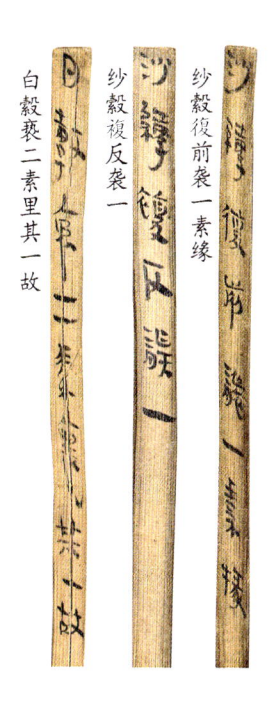

马王堆 3 号汉墓遣策中的"前袭""反袭""袭衣"

[①] 宋少华、李鄂权、郑曙斌：《长沙望城坡"渔阳"王后墓出土木楬签牌的初步整理》，《简帛研究·二〇二三·春夏卷》，广西师范大学出版社，2023 年，第 220—279 页。

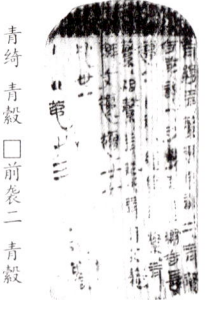

作为一种内搭的服装样式。该墓时代与马王堆汉墓非常接近，墓主身份为汉初吴氏长沙国的某一代王后，她的出身可能颇为高贵，是一位封邑为"渔阳"的汉家公主。①

秦简《制衣》中也记录了"前袭"的制作方法。其中提及这款衣物背缝长度二尺、衣襟长度二尺五寸。衣身整体长度都比简文前面提到的"襦"要短窄许多，应是穿在内层的衣物。在具体制作时，挖领取衣襟片的三寸，再补接一段用料半幅宽、长度与衣襟相当的"羊枳（肢）"（羊腿形）补片。衣袖与衣身相接后，则是有用料半幅宽、三尺长的接

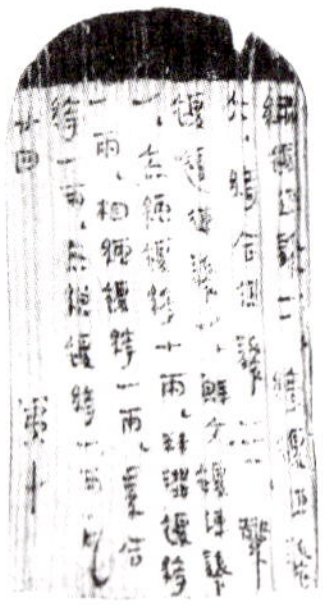

① 黄展岳：《长沙望城坡西汉"渔阳"冢墓主推考》，《先秦两汉考古论丛》，科学出版社，2008年，第54页

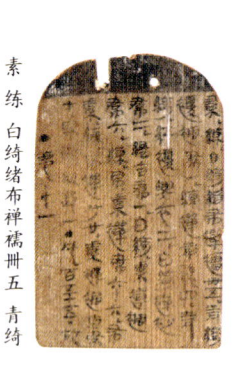

木楬所记"袭"及相关衣物
湖南长沙西汉"渔阳"王后墓出土

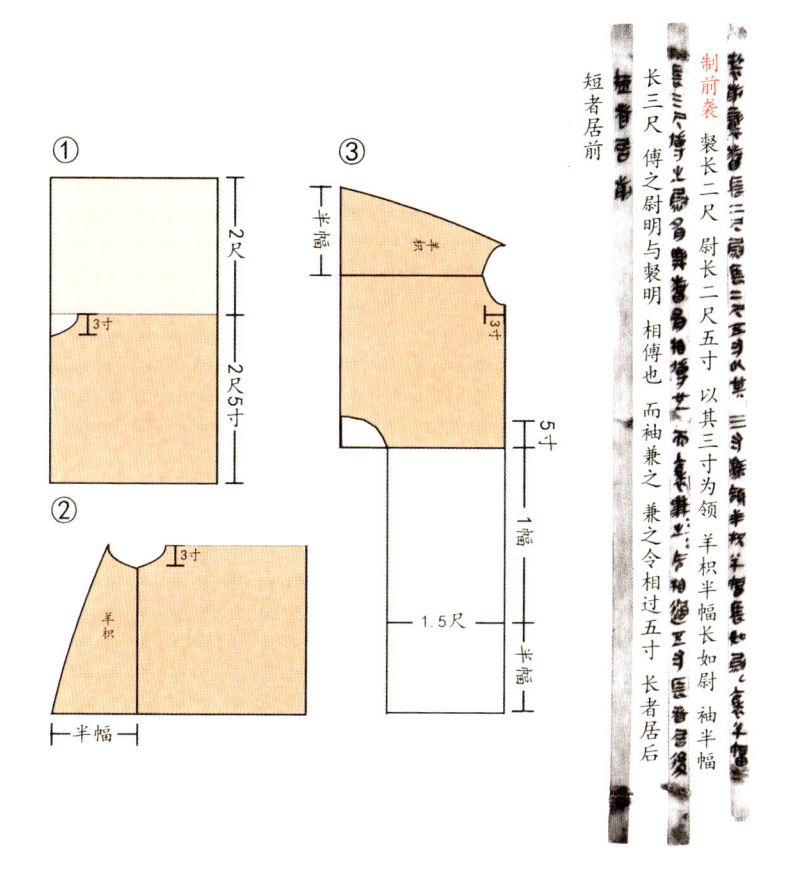

◆ 秦简《制衣》中"前袭"的裁法构拟

1. 取整个幅宽的衣料,取二尺长为后身片,二尺五寸为前襟片。(袭长二尺,尉长二尺五寸。)挖领取衣襟片的三寸为领口。(以其三寸为领。)

2. 前后折叠形成衣身。取半个幅宽、长度与前襟一致的"羊枳"补片,与前襟相缝。(羊枳半幅长如尉。)(傅之尉明。)

3. 接袖取半个幅宽、长三尺的衣料,袖与身片相接。(袖半幅长三尺。傅之……袭明,相傅也。)衣身部分留出五寸作为向袖口过渡的部分,裁去多余部分。(而袖兼之,兼之令相过五寸。)

第四章 制衣

袖。这种领部的奇特结构，大约类似于陕西咸阳塔儿坡秦墓出土骑兵俑像的服饰[1]。长沙“渔阳”王后墓中有一块木楬将“前袭”与一种名为“骑衣”的服装款式记录在一起，似也说明这里的“前袭”可以作为骑装的内衬衣物。“渔阳”王后墓中有一块木楬将“前袭”与一种名为“骑衣”的服装款式记录在一起，似也说明这里的“前袭”可以作为骑装的内衬衣物。

至于前文提及“袭”的其余式样如“反袭”“连袭”等，目前尚没有具体记载与出土文物对照印证，还不能确定具体式样。

① 咸阳市文物考古研究所：《塔儿坡秦墓》，三秦出版社，1998 年，第 127 页。

穿着圆领斜襟式衣物的骑兵俑
陕西咸阳塔儿坡秦墓出土

前袭的穿着形态构拟
据秦简《制衣》并结合陶俑形象绘制

秦简《制衣》中"前袭"的制作方法

前袭　制【前袭】，袤（背缝）长二尺，尉（袿，衣襟）长二尺五寸。以其三寸为领。羊枳（肢）半幅长如尉（袿，衣襟），袖半幅长三尺。傅之尉（袿，衣襟）明与袤（背缝）明，相傅也。而袖兼之，兼之令相过五寸。长者居后，短者居前。

三、胡衣 / 骑衣

马王堆 3 号汉墓遣策中有一枚记载"绪胡衣"，即一件以麻布裁制的胡服。

"胡"是当时人对北方游牧民族的称谓。来自游牧民族的衣物式样，自然也会贯以"胡"名。对照历史文献记载看，胡服在中原的推广，可以追溯到战国后期。当时在偏处北方的赵国，赵武灵王为提高军事实力，率先在国内推广胡服骑射。在胡服骑射的改革后，赵国逐渐强大。《史记·赵世家》中记录了这段故事：

> 王曰："……今吾将胡服骑射以教百姓，而世必议寡人，奈何？"……"吾不疑胡服也，吾恐天下笑我也。狂夫之乐，智者哀焉；愚者所笑，贤者察焉。世有顺我者，胡服之功未可知也。虽驱世以笑我，胡地中山吾必有之。"于是遂胡服矣。

胡服的构成，大概是头戴纱冠，上穿短衣下穿合裆长裤，这样的搭配比起裹衣博带、层层裹束的中原服装样式要简便得多。从此胡服也逐渐为中原所接受，多被用作军人武士的戎装、骑装。在西汉

绪胡衣一

马王堆 3 号汉墓遣策中的"胡衣"

时期，这类衣式依然流行不衰。

大概是为方便骑马而设计，胡式上衣通常是短身式样，衣襟不会像中原传统衣物那样加以延长绕到身后裹系，只是浅浅在身前交叠，以便日常行动。

这类服装见于陕西咸阳杨家湾汉墓出土的彩绘兵马俑身上[①]，短衣的两襟呈尖角形态，在身前交叠。蒙古国诺彦乌拉匈奴墓出土了多件式样类似的服饰实物，如6号墓出土的一件，衣身以毛毡制成，缘边还采用了来自汉地的丝绸。

湖南长沙望城坡西汉"渔阳"王后墓出土的木楬中记载有"皂绪复骑衣三""缥荃单骑衣一""薰绮绣、纱绮绣袷骑衣三"，所谓"骑衣"大概也类似于这类胡衣的短身款式。

马王堆3号汉墓出土的《车马仪仗图》中卫兵、骑兵队列等大多穿着短衣骑装。各地汉墓出土的兵

① 咸阳博物馆编：《咸阳杨家湾西汉彩绘兵马俑》，三秦出版社，2013年

襦衣彩绘兵俑
陕西咸阳杨家湾汉墓出土

交襟胡衣
蒙古国诺彦乌拉匈奴墓6号墓出土

《车马仪仗图》帛画中的骑兵队列
马王堆 3 号汉墓出土

雕衣彩绘骑马俑
山东青州香山汉墓出土

雕衣彩绘兵俑
陕西咸阳杨家湾汉墓出土

俑也多有表现这种衣装样式。尤为有趣的是其穿着的状态——当穿着者站立时，可以将衣襟在身前正常交叠，如杨家湾汉墓出土多件兵俑所呈现的穿着形态，衣襟交叠的状态更接近汉式的襦衣；但是当穿着者骑马时，可以将衣身后摆提起挂

骑衣的日常穿着形态构拟
据帛画与俑像绘制，放下衣身下摆

骑衣的骑马穿着形态构拟
据帛画与俑像绘制，提起衣身下摆

在腰带上，前身两襟也被分开，呈现"入"字形状态，以便两腿在马上分开。如山东青州香山汉墓出土的彩绘骑马俑，正是呈现着这种为骑马而拉开身前衣襟的状态。

四、裯

马王堆汉墓遣策中并未见"裯"这种衣物的直接记载。但马王堆3号墓出土的俑像中，有四件雕衣彩绘女俑是在长身的衣物之外，又穿一件对襟半袖、长度稍短的罩衣。这件罩衣大概就是当时记载中的"裯"。

"裯"早见于楚辞当中。有一篇传为宋玉所作的《九辩》，提及"被荷裯之晏晏兮"。可知这种衣式大概在战国时期的楚国就已经流行了。湖北江陵马山1号楚墓出土了一个盛装衣物的小竹笥，上系墨书竹楬"□以一緅衣见于君"，其中盛放一件非实用的小衣物。这件衣物是用整块凤鸟践蛇纹绣红棕绢面衣料

雕衣彩绘女俑
马王堆3号汉墓出土

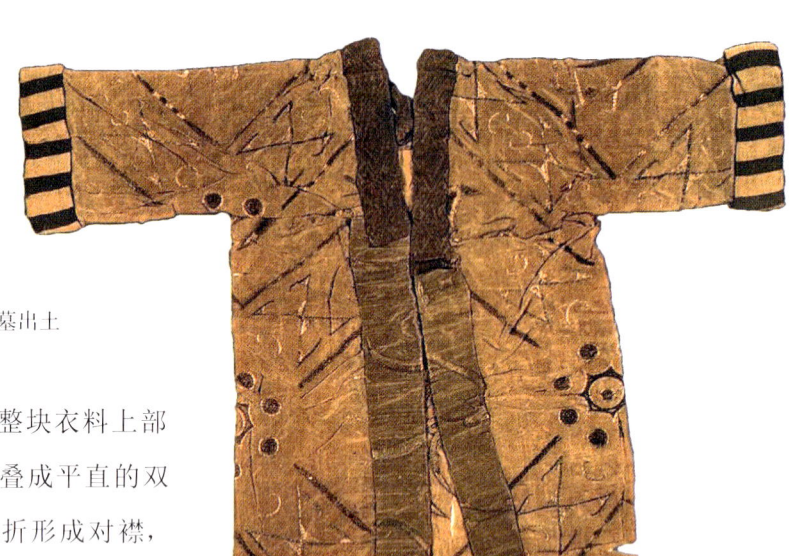

"绣衣"
湖北江陵马山1号楚墓出土

制成,全衣仅在整块衣料上部左右剪开,上部叠成平直的双袖,下部左右内折形成对襟,后领下挖。两襟和下摆缘部用红棕绢绣,袖缘为条纹锦,领缘是大菱形纹锦。这件衣物若按真人比例加以放大,即是半袖对襟的短衣。

在汉朝,"襦"又被称作"袛裯"。《说文·衣部》:"袛裯,短衣。"《方言》卷四:"汗襦,自关而西或谓之袛裯。"可见"袛裯"式样应当与襦衣有相近之处,而且这一名称是当时汉朝首都长安所在的关中一带的俗语。湖南长沙望城坡西汉"渔阳"王后墓出土木楬中有多枚记录了"襦",选用艳丽的衣料制作,又使用绣或画装饰,式样多是复衣(夹层絮绵)与合衣(双层)。

美国波士顿美术博物馆藏传洛阳八里台汉墓所出、时代大约在西汉晚期的壁画,绘制有一组列女古贤故事,其中绘制的古代王侯、后妃等,也都有穿着有对襟的半袖衣物。

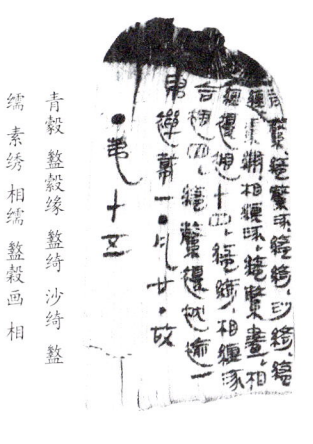

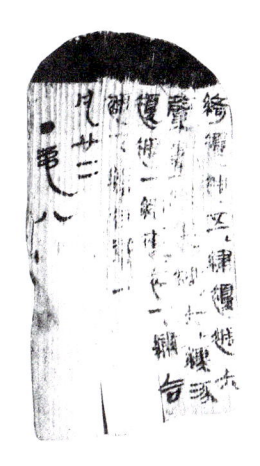

木楬所记"裯"及相关衣物
湖南长沙西汉"渔阳"王后墓出土

外罩对襟半袖短衣的古代王侯后妃
河南洛阳八里台汉墓壁画,美国波士顿美术馆藏

裯的穿着形态构拟

据马王堆 3 号汉墓女俑绘制

袴裤搭配掩合密
裤装

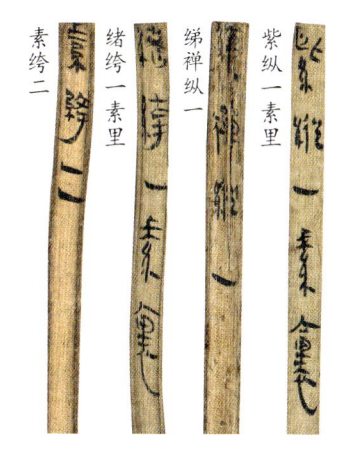

马王堆 3 号汉墓
遣策中的"纵""绮"

素绮二　绪绮一素里　绨禅纵一　紫纵一素里

现代人常对汉代及以前的服饰存在一种误解，认为当时作为内衣的裤装并不完善，因此人们才需要穿着裹系严密的外衣，以防止露出隐私部位。

这一误解的源头大概是来自《汉书·外戚传》中的一处记载："光欲皇后擅宠有子，帝（汉昭帝）时体不安，左右及医皆阿意，言宜禁内。虽宫人使令皆为穷绔，多其带，后宫莫有进者。"据说汉昭帝时的权臣霍光为了让成为皇后的外孙女得宠生子，避免别的后宫女子受帝王宠幸，于是命一众宫人都穿起了"穷绔"。这大概是一种合裆且多系带、不便脱掉的裤装样式。于是有研究者认为，在此之前的汉朝人，大多只是穿着无裆且两个裤管不加缝合的套裤而已。

此外，也有学者认为，合裆的裤装应是来自战国时代赵武灵王为便利骑射所倡导的胡服，认为这类合裆裤装为贵族男性、军人所喜爱，而中原地区的贵族女性仍旧是穿着相当不完善的开裆裤。

马山楚墓出土的一条"绵袴"实物[①]，似乎更

[①] 湖南省博物馆编：《东方既白——春秋战国文物大联展》，岳麓书社，2017年，第196—197页

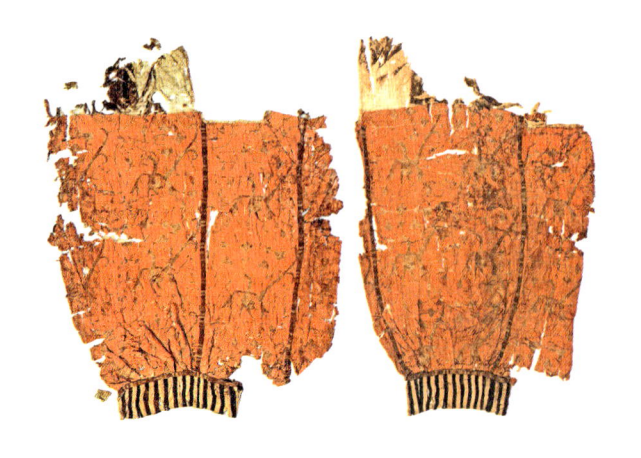

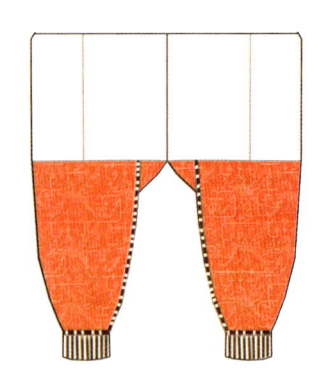

是加深了如今人们的这种误解。这条裤装的式样是由裤腰和裤腿两部分组成，裤腰用灰白色绢，裤腿用凤鸟花卉纹刺绣朱红色绢，里衬用黄绢，裤腿接缝处均嵌有绦带，裤脚收窄，用条文锦做缘边。裤裆位置并不相连，只是在裤腿与腰身衔接处加缝了两块长方形小裆片，最终形成开裆式样。

但对照考古出土的实物来看，可以说以上的认知并不全面，甚至与古人的真实之间存在很大偏差。

在河南三门峡上村岭的虢国国君虢仲墓中，就出土了一条麻布裁制的合裆裤。它是裤腿宽大的短裤式样，与它一起出土的，还有几段麻绳，原本可能是用来固定裤腰所用。[1]据研究者推断，该墓的时代应是在西周晚期。[2]由此可见，在当时的中原地区，实际已经有了发展完备的合裆裤式样。

之所以会让后人产生汉代以前中原地区人们所穿裤装并不完备的误会，反而是因为当时裤装的构成模式比单一的合裆裤更加复杂。当时古人的下装结构，可以分为两种各有分工的裤装：一种裤装负

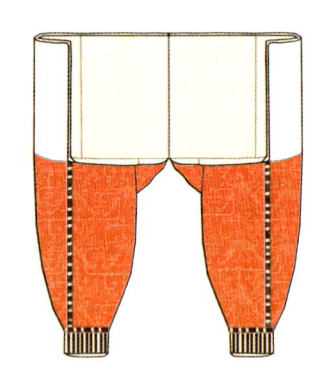

凤鸟花卉纹绣开裆绵袴及复原线图
湖北荆州马山楚墓出土

[1] 李清丽：《虢国墓地M2009出土纺织品及相关问题》，《三门峡职业技术学院学报》2020年第4期。

[2] 唐英杰、李发：《三门峡虢国墓M2009墓主虢仲考》，《中国国家博物馆刊》2019年第10期。

麻布合裆短裤

河南三门峡上村岭
西周晚期虢国国君虢仲墓出土

① 始皇陵考古队:《秦始皇陵园K9901试掘简报》,《考古》2001年第1期。

穿裤的男性

秦始皇陵陪葬坑出土陶俑

② 彭浩、张玲:《北京大学藏秦代简牍〈制衣〉的"裙"与"袴"》,《文物》2016年第9期。该文中所推测袴的式样与本文稍有不同。

责掩盖裆部,一种裤装负责遮去腿部。两种裤装内外搭配,没有丝毫暴露肢体隐私处的风险。之所以外衣依然需要掩合紧密,大概只是符合礼制或审美上不露出内衣的需求,起着实用功能之上更高层级的礼制作用。

作为内衣遮盖隐私部位的裤装,被汉朝人称作"裈"。在距离西周晚期已过去了五百余年的秦汉时代,这类裤装仍基本延续着虢国墓出土的裤装式样。如秦始皇陵陪葬坑出土的百戏俑①,均是赤裸上身,仅在裆部围有一条短裤。马王堆3号汉墓《导引图》帛画中也画有这种合裆的短裤样式。这种裤装相当不正式,于当时的贵族阶层而言只是内衣,平民仆佣才会随意地将其外露。《史记·司马相如列传》中记载汉文学家司马相如与临邛富家卓王孙之女卓文君私奔,夫妇二人在临邛卖酒,"文君当垆,相如身自着犊鼻裈与保庸杂作,涤器于市中"。司马相如所穿的是一条"犊鼻裈",即形态像牛犊鼻子一样的合裆短裤。

而被后人所误解的开裆裤,被汉朝人称作"袴"或"绔"。《说文》:"绔,胫衣也。"《释名·释衣服》:"袴,跨也,两股各跨别也。"袴的重要特征在于两个裤管,它不是用来遮掩裆部的内裤,而是遮盖腿部、裤脚可以露出的外裤。因此,在汉代简牍中,袴也常与鞋、袜一样,用表示"成双"含义的量词"两"来计量。

秦简《制衣》中记录了一种袴的具体制法。根据学者研究②,简文主要描述的是袴身主体以及裆部的制作重点——袴的主体是名为"子"的袴腰部分，用料长二尺，宽二尺五寸，宽上居中取五寸，以"交输"斜裁的方式三分，剪出一块裆片，余下部分作为袴身。裆片随之分别加缝在左右裤身内侧。袴腿部分则根据人的具体身高截取布幅，裤口收窄形成如羊腿一般的收口。

简文中特别提及"人子"（裆片）是两块分别加缝，推测这一式袴同样也是裤裆没有缝合的开裆式样。从最终袴的形态来看，这两块裆片实际是利用了裤腰部多余收省的部分，剪裁方式很是经济节俭，让布幅得到了完整利用。

穿裤的男性
马王堆3号汉墓
《导引图》帛画局部

秦简《制衣》中"袴"

袴　制袴，长短存人。子长二尺、广二尺五寸而三分，交输之，令上为下，下为上。羊枳（肢）毋长数。人子五寸，其一居前左，一居后右。

（为便于识读，冷僻的古字均加注或改为常用字。）

西汉时代的各地用语中，裤与袴都存在多种名谓。在马王堆3号墓遣策记录中，存在"绔（袴）""纵"两种裤装。后者据学者考证，"纵"又通"㡏"，西汉扬雄《方言》中称："裈，陈楚江淮之间谓之㡏。"《释名·释衣服》："裈，贯也。贯两脚上系腰中也。"因此，"纵"即是合裆短裤"裈"的别称。[①]再对照同墓中《导引图》帛画中的人物来看，贴身所穿的合裆短裤可与"裈"对应，而在外的长裤是与上襦搭配，只露出下面宽大的裤脚，可与"袴"对应。

《方言》中还有汉朝人对裤装称呼的多处记载：

穿袴的女性
马王堆3号汉墓
《导引图》帛画局部

① 李家浩：《毋尊、纵及其他》，《文物》1996年第7期。

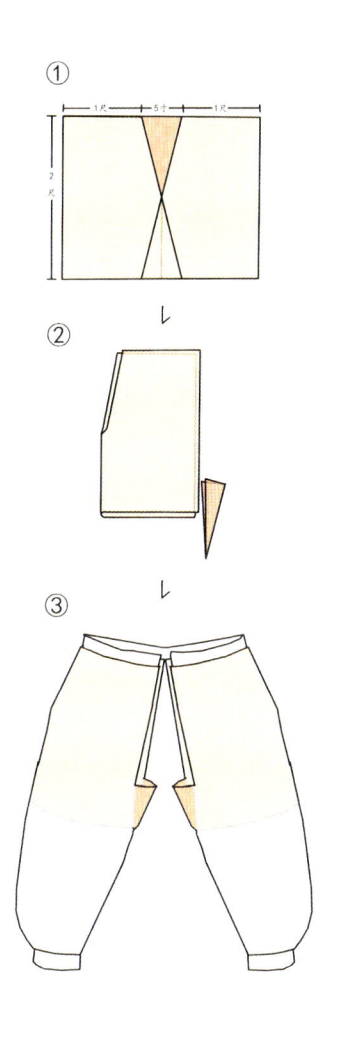

与简牍记载式样相近的袴
湖北荆州夏家台 258 号战国楚墓出土

◆ 秦简《制衣》中"袴"的裁法构拟

1. 取长二尺、宽二尺五寸的衣料，居中取五寸，以斜裁法分成三段。（子长二尺、广二尺五寸而三分，交输之，令上为下，下为上。）

2. 将其中未完全裁断的部分折叠作为袴身。裁出的三角形裆片与左右袴身缝合。（人子五寸，其一居前左，一居后右。）

3. 根据人的具体身长，制作相应长度的袴腿。下端收窄为羊腿状。（长短存人。）（羊枳毋长数。）

第四章 制衣 157

"袴，齐鲁之间谓之䘨，或谓之襱。关西谓之袴。""大袴谓之倒顿，小袴谓之䘨衳。楚通语也。"其中讨论楚地方言时所提到的"大袴""小袴"，实际也反映着汉朝人所习惯的裤装穿着层次。原本是"裈""袴"分工负责掩合裆部与腿部，后来随着"袴"这一名称逐渐发展成为裤装的通称，人们才又将原本的"裈""袴"分别改称为"小袴"和"大袴"。

江苏连云港海州区锦屏山陶湾村黄石崖西汉墓东海太守西郭宝衣物疏中，恰记有"皂大袴一""练小袴一"[1]；尹湾汉墓6号墓东海郡功曹师君兄衣物疏中更是写明："皂纨大袴一。衣衣。""练小袴二。衣。"[2]明确表示墓主身上穿有小袴与大袴。外露的大袴采用官员常用的黑色衣料，而内穿的小袴未加染色，但使用较轻软的练制作，是贴身的衣物。

[1] 连云港市博物馆：《连云港市陶湾黄石崖西汉西郭宝墓》，《东南文化》1986年第2期。

[2] 连云港市博物馆等编：《尹湾汉墓简牍》，中华书局，1997年，第23页。

裈与袴的穿着形态构拟
据马王堆3号汉墓帛画绘制

第五章

时尚

"衣上襦"与"衣下裙"相连的"衣",是战国至西汉时代广泛流行的服装式样。当时流行时装的发展变化,也以这类"衣"为核心。

　　马王堆1号汉墓的"衣"类服饰实物,在维持"衣"这一款式"上下相连"制式的基础上,因"衣下裙"连接后构成的裾式不同,产生了两种风格迥异的款式。若只是用"衣"来称呼,便稍显笼统。考古工作者为便于归类分析,将它们分为"曲裾""直裾"式样,这自然是方便研究叙述的名称,但却并非汉朝时这类衣物的实用称谓。

　　实际上,两种衣式都具备深衣"续衽钩边"或汉朝人眼中"曲裾"(延长的衣领绕到身后)的特征,区别只在于"直裾袍"的"续衽"绕至身后时呈现垂直的方角,而另一类"曲裾袍"的"续衽"使用了更直接的拼接剪裁模式,前襟的"续衽"绕身后呈现为尖角。

　　这两种不同款式的衣式,在汉朝人眼中又是如何划分?马王堆3号墓遣策中有一枚记有"美人四人,其二人楚服,二人汉服",这里提及的"楚服"与"汉服"大概与这两种不同的款式有关。这关系到当时的服饰时尚流变问题。若要具体谈及马王堆汉墓所处西汉初年的服饰时尚,还需要上溯一段时间,从先秦的服装开始看,才能明白其中的发展脉络。

上古深衣有定制
周代

西汉初年的流行的"衣",可以追溯到先秦礼制记载中的"深衣"衣式。

《礼记·深衣》中将深衣的款式特征与各种礼制含义相比附,"古者深衣,盖有制度,以应规、矩、绳、权、衡"。但也因此这段记载不如秦简《制衣》中表述得那般明确。下表先将散落的文字按服装的结构位置加以分类。

	《礼记》中"深衣"的制作方法
总述	古者深衣,盖有制度,以应规、矩、绳、衡。制十有二幅,以应十有二月。
长度	短毋见肤,长毋被土。负绳及踝以应直。
衣下裙	续衽钩边,要缝半下。下齐如权、衡以应平。
衣上襦	格之高下,可以运肘。袂之长短,反诎之及肘。袂圜以应规。曲袷如矩以应方。
缘边	具父母、大父母,衣纯以缋。具父母,衣纯以青。如孤子,衣纯以素。纯袂缘、纯边,广各寸半。
束带	带,下毋厌髀,上毋厌胁,当无骨者。
使用场合	故可以为文,可以为武,可以摈相,可以治军旅,完且弗费,善衣之次也。

深衣是由上下两部分构成的。

东汉经学家郑玄注《礼记·深衣》曰:"名曰深衣者,谓连衣裳而纯之以采也。"孔颖达疏:"凡深衣皆用诸侯、大夫士夕时所着之服,故《玉藻》云:'朝玄端,夕深衣。'庶人吉服,亦深衣,皆着之在表也……称深衣者,以余服则上衣下裳,不相连,此深衣衣裳相连,被体深邃,故谓之深衣。"据此可知,深衣的特征正是"衣裳相连",是因"被体深邃"而得名,其穿着层次是在表层,形态像后世的长袍一样。

具体来看深衣的制作细节,也可以与楚汉时代的服饰实物以及秦简《制衣》中的记载互相印证补充。

首先,深衣用料共计十二幅,而且"完且弗费"(法度完善不浪费)。参照《制衣》与马王堆汉墓服饰中"衣上襦"都是用料四幅,而"衣下裙"用料各有不同的情形,深衣的上襦部分也当是用料为四个整幅宽的布幅,余下八幅是下裳部分的用料,若仍是整宽幅料,会显得过于宽大。郑玄注"制十有二幅"时称:"裳六幅,幅分之以为上下之杀。"他是将十二幅笼统当作了下裳部分的用料,并推测其本身是六个整幅分出的十二片。虽然六幅用料依然很宽,难以成立,但也说明在郑玄看来,裳的部分的"幅"实际是应是每个整幅分作两半。依照这一思路推测,若将八个半幅算作下裳的八幅,实际用料恰好等同于秦简《制衣》中衣下裙"大衺"所用的四个整幅。这种裁剪能够将衣料充分利用起来。

深衣除"衣裳相连"之外的另一典型特征，是"续衽钩边"。郑玄注："续，犹属也。衽，在裳旁者也。属，连之，不殊裳前后也。钩读如鸟喙必钩之钩。钩边，若今曲裾也。"郑玄写明"衽在裳旁"，并进一步将深衣的"钩边"与汉代衣上"曲裾"结构相联系，表明这种结构实际就是将裹束下身的"裳"延长。深衣的衣领不单是用来绕颈，还顺着下裳进一步延长，穿着时这处延长的领边（续衽）可以顺着腰身裹绕至身后，以求形成穿着时"被体深邃"的状态。这种穿着状态不会露出内衣，显得有礼有节，这也与其"可以为文，可以为武，可以摈相，可以治军旅"（可以运用于多种正式场合）、"善衣之次也"（仅次于最正式的祭服和朝服）的情形吻合。

《礼记·深衣》中形容深衣"续衽钩边"的特征，即将衣领沿着下裳部分加以延长，穿着时绕向身后形成勾曲一角。这种特征起着将服装掩合紧密、不致露出内穿的亵（xiè）衣（内衣）的实用功能。此外，这类深衣裁剪还比较俭省合度，"短毋见肤，长毋被土"，即是说实际穿着深衣时短不能露出皮肤，长不能拖曳在地上。

战国时楚地俑像上，可看到这类衣式。延长的衣领绕至身后，呈现出一个直垂而下的方角。当时还流行长短两件衣物套穿，形成错落有致的层次感。

如河南信阳长台关战国早期楚墓出土的几件俑像[1]，均是身上套穿内短外长两件绕领的衣物，在背后形成外层衣物垂下的竖直方角和内层衣物垂下

[1] 河南省文物研究所编：《信阳楚墓》，文物出版社，1986年，第115页。

的直角。同类的服饰形象也见于湖北荆门沙洋塌冢楚墓的一件漆俑[①]，该俑像制作极精巧，发丝、面目、衣装织纹细节都有清晰表现，墓中随葬的竹简文字提及"以其亡母之故""乃归其俑"，因此这件木俑可能不是简单制作的随葬用俑，而是一位战国楚地贵族阶层女性的写真雕塑，其衣装当是反映的楚地贵族间的流行服饰。

① 湖北省文物局编著：《沙洋塌冢楚墓》，科学出版社，2017年，第93页。

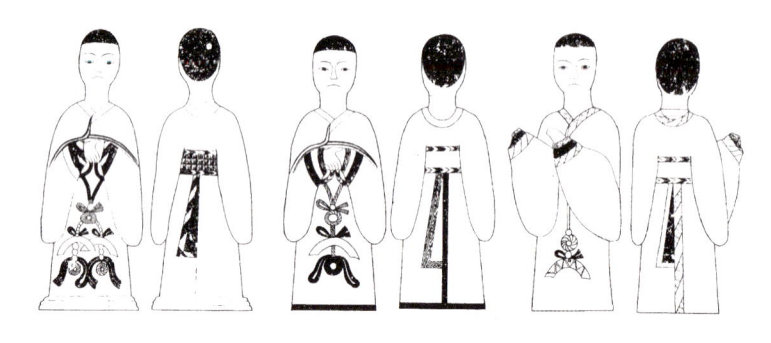

漆俑
河南信阳长台关楚墓出土

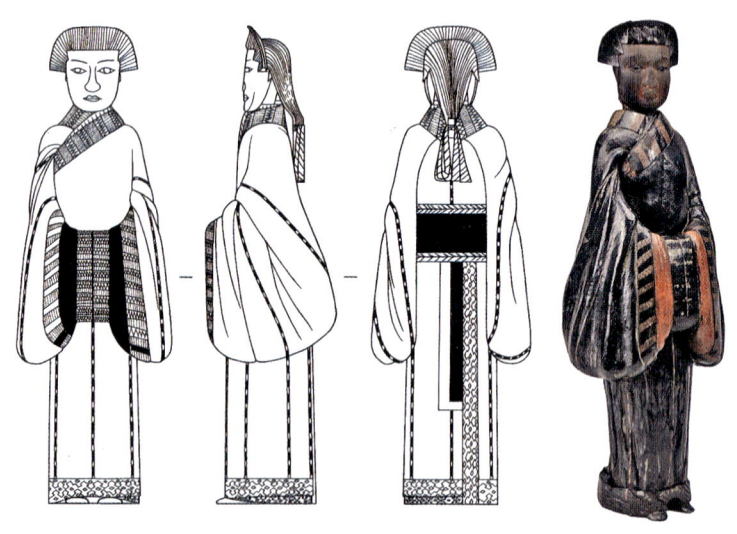

漆俑
湖北荆门沙洋塌冢楚墓出土

战国前中期的流行衣式，将内短外长两层衣物套穿，外层衣物长度及足，内层衣物稍短，延长的衣襟绕至身后，形成错裾相叠的美感。

奢华时装逾规矩
战国

随着周王朝逐渐失却威仪，各国的礼乐冠服制度都在逐渐地懈怠崩坏，"至战国时，各为靡丽之服"的时装风潮大兴，各国贵族所穿的衣物也变得奢侈起来。从目前出土的文物来看，周、秦、齐、魏、中山、楚等国[1]，贵族阶层中都出现了新式样的衣装。这类新款衣装的一大特征，是将衣的长度加以延长，使下摆拖曳在地面。

当时的立体雕塑类文物，将这一时尚表现得颇为直观。如河北平山中山国"成公"墓出土的一件银首铜灯男俑[2]，身穿外短内长的两层衣物，上身领口开张、大袖宽广，腰系附有带钩的窄带，下身内层衣物在身前呈"入"字形交叠，身后曳开呈扇形。湖北荆门包山楚墓2号墓中也出土了一件衣着风格类似的铜灯女俑[3]，遣策记称其名为"烛俑"。铜人头挽右偏发髻，同样是身穿外短内长的两层衣物。内层衣物的两襟下摆在身前分开，在身后曳作扇形。河南南阳夏庄"不见冢"古墓群22号墓出土了两件陶俑，身穿外长内短的两件衣物，将曳地长衣的

[1] 孙机：《深衣与楚服》，《考古与文物》1982年第1期

[2] 河北省文物研究所著：《战国中山国灵寿城——1975～1993年考古发掘报告》，文物出版社，2005年，第115—157页。

[3] 湖北省荆沙铁路考古队编：《包山楚墓》，文物出版社，1991年，第193页。

银首铜灯俑
河北平山中山国"成公"墓出土

二烛鍗

铜灯俑与对应遣策记载
湖北荆门包山楚墓 2 号墓出土

陶俑
河南南阳夏庄"不见冢"22 号墓出土

  战国后期的流行衣式，长身曳地，延长的衣襟绕在身后形成勾曲的斜角，下摆在身前自然分开，身后曳出扇形的拖尾。衣外还可另罩一件短衣，仍继承了以往的错裾式审美。

状态表现得更为明确，腰部以一条宽带加带钩束系，下摆呈现"入"字形开叉，身后同样曳开呈扇形。

对照湖北江陵马山1号楚墓出土的服饰实物来看，这类衣物的形态构成相当巧妙——将衣物平铺时，内外两襟都位于身前，因此这类服装被考古研究者称作"直裾袍"；但实际穿着上身时，因为衣身前身的斜角剪裁与腋下嵌片的存在，两襟领边会自然向相对的一侧产生延长偏斜，沿着人体裹绕到身后。因为衣长远超过人的身长，内外两襟的下摆会在身前自然分开，并且向身后拖曳。最终下摆的实际形态是在身后铺展为扇状，在身前则形成"入"字形交叠状态。而原本绕在身后的整块方角垂直的"续衽"结构，随之也被斜拉成了尖角。

这类曳地衣式已经一定程度上背离了周代深衣"被体深邃"的宗旨，身前两襟分开形成的"入"字形交叠下会直接暴露出原本穿在内层的内衣来。

因此在曳地长外衣下，贵族们或是再加穿一件长度较短、不会将裙摆拖向身后的短衣，或是直接

曳地长衣的平铺与穿着状态
以马山楚墓小菱纹锦面绵袍（N15）为例

在原本内衬的独立的裙上加上装饰，使其承担一部分外衣的功能。这种需要外露的裙装，下摆装饰了一条织锦缘边，式样比后来马王堆1号汉墓出土仅作为内衣的单裙要精致得多。

楚地墓葬出土的绘画中表现这类服装形象的绘画也有很多。湖南长沙战国楚墓出土的两幅著名的帛画《人物龙凤图》与《人物御龙图》中，绘制了当时身着曳地长衣的贵族男女形象。湖北荆门包山2号楚墓出土的彩绘漆奁、严仓楚墓出土的彩绘漆棺上所绘制各种歌舞、宴乐、出行的人物，也均身

彩绘漆奁及展开图
湖北荆门包山2号楚墓出土

《人物龙凤图》帛画及人物局部
湖南长沙陈家大山楚墓出土

《人物御龙图》帛画及人物局部
湖南长沙子弹库楚墓出土

战国中后期的流行衣式，贵族或舞者往往身着曳地的新装，下摆在地面散开如鱼尾。侍奉者为便于行动，则多穿短身衣物。

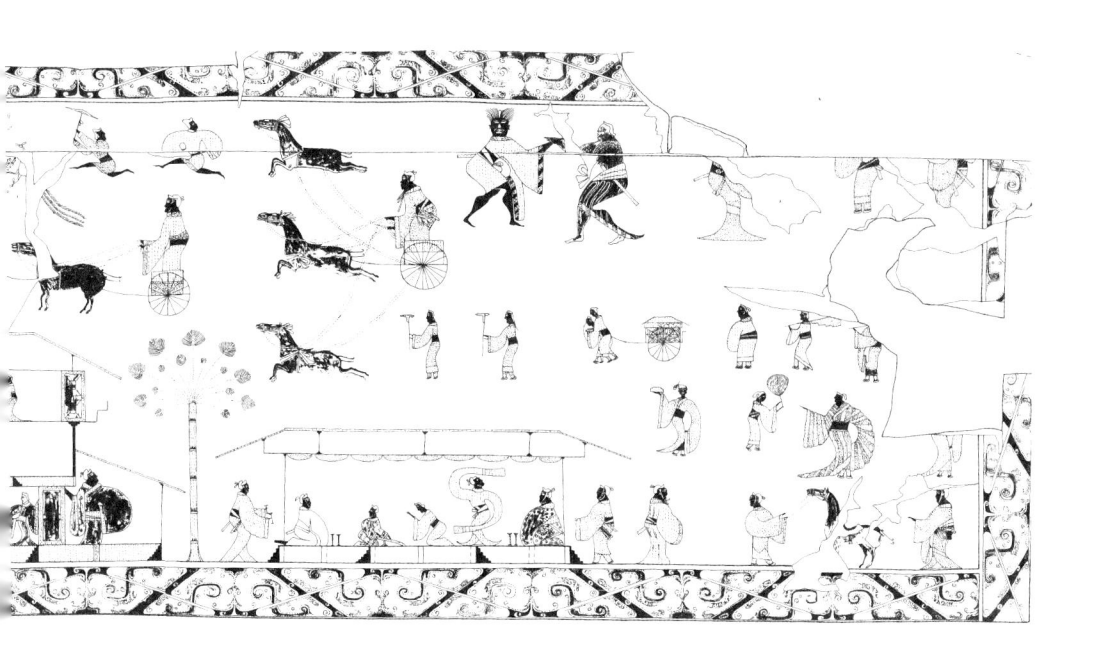

彩绘漆棺线图
湖北荆门严仓楚墓出土

穿有同类时装。①

　　这番时装之风甚至吹到了以质朴闻名的秦地。在秦咸阳宫遗址壁画上，也能见到身着曳地长衣、身后有斜角续衽的人物形象。②

　　然而，当时这种风行于各国的时装终究不合于正式礼仪，并且奢侈的用料也仅限于贵族阶层使用。

　　到了战国后期，一种新款衣式已经在楚地悄然兴起。这种款式又恢复了原先长度适中、不会超出人体太多的状态；但在同时，楚人仍欣赏着原本那些加长曳地款式服装裹身时绕出的弧线，他们充分利用衣料的特性，使用正幅斜裁斜拼的技巧，人为表现出原本绕到身后的"续衽"因衣长曳地导致衣襟拉伸才能形成的斜角。这种新样服式广泛见于战国后期的楚地人俑上，如湖南长沙仰天湖楚墓出土的雕衣彩绘木俑③，又如浙江安吉五福楚墓出土的雕衣彩绘陶俑④。

　　马王堆1号汉墓出土的服装实物中，那些被考古工作者描述为"曲裾式"的衣物，式样正好同这些战国末期楚地俑像所穿的基本一致。此外，马王堆3号汉墓也出土了身着这类服装的彩绘木俑。

　　这种服装的另一特征，是缘边尤其是领部缘边的用料极为宽阔。这实际上也是战国末楚地所崇尚的审美，如汉朝人记述汉以前各地风俗的书籍《风俗通义》中提到战国时的服饰时尚："赵王好大眉，人间半额；楚王好广领，国人没颈；齐王好细腰，后宫有饿死者。"（《太平御览》引佚文）因楚王喜好宽广的衣领，楚国人便都纷纷穿起领宽足够将

① 湖北省博物馆编：《楚国八百年》，文物出版社，2022年，第169页。

② 金维诺主编：《中国美术全集·殿堂壁画（一）》，黄山书社，2010年，第2页。

③ 沈从文：《中国古代服饰研究》，商务印书馆，2017年，第80页。

④ 浙江省文物考古研究所、安吉县博物馆：《浙江安吉五福楚墓》，《文物》2007年第7期。

壁画人物
秦咸阳宫3号宫殿遗址出土

颈脖遮住的夸张服装。对照文物来看，可知这种足以遮盖颈部的宽领实际存在，并非只是夸张的虚言。

大概正是因为这类服装极具地方特色，因此战国晚期楚国以外的别国人也能清晰分辨出"楚服"。如《战国策·秦策五》记载："异人至，不韦使楚服而见，王后悦其状，高其知，曰'吾楚人也'。而自子之，乃变其名曰楚。"鲍彪注："以王后楚人，故服楚制以悦之。"吕不韦让秦公子异人穿着楚服

雕衣彩绘陶俑
浙江安吉五福楚墓出土

雕衣彩绘木俑
湖南长沙仰天湖楚墓出土

战国后期楚地新兴的特色衣式，下身采用立体剪裁成型的思维，直接剪出绕身的斜角宽阔的缘边是来自楚国宫廷的时尚。

面见出身楚国的华阳夫人，果然令她极为高兴满意，甚至认异人为子，改名"子楚"。

汉朝的建立者刘邦以及一众功臣几乎都是楚人，战国时代楚人对衣装的好尚仍持续在汉朝初年的中原各地流行着。马王堆汉墓出土的服装实物甚至依旧维持着楚式夸张宽领的旧时尚，足以见得轪侯夫人自身对楚式衣装的偏好。

而马王堆1号墓与3号墓出土的彩绘雕衣木俑，所穿服装都已改成了汉朝初年流行的窄领窄边新式样，只是下身部分仍旧维持着楚式剪裁的三角续衽。

汉朝初年的各地女性也仍欣赏着这种三角续衽的美感，甚至将其不断加长，在下半身裹绕上层叠的数层，形成一道螺旋形弧线绕身盘旋，尖角最终

宽缘式"楚服"的穿着形态构拟
据马王堆1号汉墓出土服饰实物绘制

雕衣彩绘木俑
马王堆 3 号汉墓出土

雕衣彩绘木俑
马王堆 1 号汉墓出土

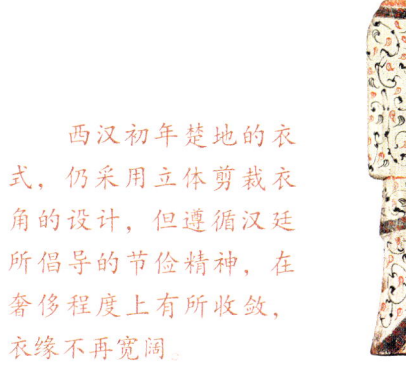

西汉初年楚地的衣式，仍采用立体剪裁衣角的设计，但遵循汉廷所倡导的节俭精神，在奢侈程度上有所收敛，衣缘不再宽阔。

束在腰间。这类服饰甚至开始与同时期的男性服饰结构出现了明显差异。

如山东济南无影山汉墓出土的一件歌舞百戏群俑陶盘[①]，其上的女俑无论是挥袖奋舞的舞姬，还是侧立奏乐的乐姬，所穿衣物的下半身都有盘旋而上绕身的缘边；而陶盘上观舞的男俑衣物的领边绕到身后之后，便直垂而下。湖北云梦大坟头1号西汉墓[②]出土的雕衣彩绘侍俑的情形类似，男俑衣物的续衽只在身侧斜垂，女俑的下半身却裹绕了数层。

这种层层裹束绕身的衣式看似全然不顾人体真实的曲线与比例，腰身也往往束系得很低，实际上却特别能凸显出女性身形的纤长之美。

[①] 济南市博物馆：《试谈济南无影山出土的西汉乐舞、杂技、宴饮陶俑》，《文物》1972年第5期。

[②] 陈振裕：《湖北云梦西汉墓发掘简报》，《文物》1973年第9期。

窄缘式"楚服"的穿着形态构拟
据马王堆1号汉墓出土雕衣彩绘女俑绘制

歌舞百戏群俑陶盘及其上的陶俑
山东济南无影山汉墓出土

雕衣彩绘侍俑（左为男俑，右为女俑）
湖北云梦大坟头 1 号西汉墓出土

汉家俭约再定制
汉初之一

伴随着楚歌楚舞流布汉初各地的楚式服装，以刺绣为衣，以织锦为缘，用料用工都极奢侈，不久就引来了朝廷的注目。

在西汉前期，因为国家初定，社会还未从战乱中恢复，几代帝王都提倡无为、与民无争的治国理念。如司马迁《史记·吕后本纪》中记载道："孝惠皇帝、高后之时，黎民得离战国之苦，君臣俱欲休息乎无为，故惠帝垂拱，高后女主称制，政不出房户，天下晏然。"

当时的服饰穿用自然也崇尚俭朴，甚至对身份较低者加以限制，不许他们穿用奢侈的衣料。《汉书·高帝纪》载汉初禁令："贾人毋得衣锦、绣、绮、縠、纻、罽。"到了汉文帝时，更是一力倡导节俭，《汉书·文帝纪》称其"身衣弋绨，所幸慎夫人衣不曳地，帷帐无文绣，以示敦朴，为天下先。治霸陵，皆瓦器。不得以金银铜锡为饰"。文帝自己衣着俭朴，他所宠爱的慎夫人穿衣也不会曳地。

鉴于此种风尚的流行，一种用料更为节省的新样衣式也在这时出现了。

马王堆 1 号汉墓出土服装实物中另一类被考古工作者称作"直裾袍"的服装，正是在这样的时代背景下应运而生。该款式又改回到古制"深衣"的方角式续衽，用料要比楚式尖角续衽的款式俭省得多。甚至衣物上繁复华丽的纹饰，也不再使用费工且不符合朝廷所倡节俭精神的刺绣来制作，而是采用相对更简易的印绘形式实现。唯独保留的一些楚风是其宽领宽缘。

尤为特色的是这种服装下裳部分的裁制，大概当时人一方面要维持中央朝廷倡导"裙不曳地"的大原则，一方面又倾心于曾经在战国时期风靡一时的曳地长衣的下摆在地面曳开的美感。这些西汉制衣裁缝们仍旧运用如同往昔楚人改制深衣般的思路，直接运用立体剪裁成型手法，将下裳的宽缘制作成上窄下宽的梯形。实际穿着时，这类服装下摆虽未在地面拖曳，却也呈现出如鱼尾一般向左右两边扩展张开的状态。

马王堆 3 号汉墓出土遣策上记载有"美人四人，其二人楚服，二人汉服"。据研究者推测，这项记载对应的应当是墓中出土的四件着衣女俑。[1] 由于俑衣均已残损不存，俑身形态也基本一致，难以直接判断出原本的服装何为"楚服"，何为"汉服"。但联系到马王堆 1 号汉墓出土的两种款式有明显区分的袍服，"楚服"（楚地流行式样的服装）当是前文所论证，早已出现在战国晚期楚地的尖角式续衽的衣式，亦即所谓"曲裾袍"；而"汉服"（汉地，

"美人四人，其二人楚服，二人汉服"
马王堆 3 号汉墓遣策（作者摹）

[1] 徐蕊：《再谈马王堆一号墓雕衣女侍俑和着衣女侍俑》，《艺术设计研究》2021 年第 6 期。

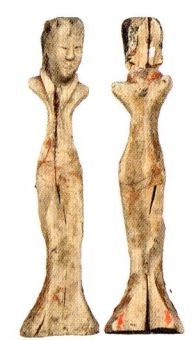

着衣女俑与对应遣策
马王堆3号汉墓出土

特指朝廷所在长安地区流行式样的服装）应为汉朝时新出现，更符合汉朝帝王俭约精神、制作时耗费衣料更少的直角式续衽衣式，亦即所谓"直裾袍"。

类似的"汉服"服饰形象又见于陕西咸阳汉景帝阳陵陪葬墓[1]与山东淄博临淄山王村汉代齐国王陵陪葬坑[2]等多处其他地域墓葬出土的俑像身上，文物例证远远多于尖角式续衽的"楚服"，可见应是当时汉朝各地区流行且符合朝廷规制的衣式。

其中临淄山王村陪葬坑的时代应晚于马王堆汉墓。出土的众多俑像中，有多件彩绘女俑保存完整，外衣的领、袖、续衽缘边以及宽大的鱼尾状的颜色与衣身相异，可以明确看出其服饰结构与马王堆1号汉墓出土的"直裾袍"有明显的继承关系，只是缘边的宽度有所收窄，而下摆的"鱼尾"部分愈加夸张地向左右两边延展开来。

汉景帝阳陵陪葬墓中出土的塑衣彩绘陶俑像，还在"鱼尾"衣外再加穿了一层罩衣。这种罩衣除领缘较低外，整体轮廓与里层衣物几乎一致。然而罩衣的

[1] 陕西省考古研究所编：《汉阳陵》，重庆出版社，2001年，第44—50页。

[2] 山东省文物考古研究所等编著：《临淄山王村汉代兵马俑》，文物出版社，2017年，第38—39页。

下摆却有特异的裁剪方式：一改古礼中深衣"下齐如权、衡以应平"（下摆平齐）的状态，而是刻意将衣身后部与"鱼尾"接触的部分挖空，形成前身长、后身短的倒"凹"形下摆。这种衣式或可称作"短后衣"。之所以出现这样的特征，推想大概原因有二：一是节省用料，符合朝廷所倡导的俭约之风；二是内层衣物的"鱼尾"下摆已愈加向左右宽大撑开，罩衣自身的"衣下裙"需要为里衣的鱼尾状下摆留出空间，不得不裁去后身的下摆部分。

着短后衣的侍从
马王堆3号汉墓《车马仪仗图》帛画局部

塑衣彩绘陶俑
陕西咸阳汉景帝阳陵陪葬墓出土（红线处为罩身单衣缘边）

塑衣彩绘陶俑
山东淄博临淄山王村汉代王陵陪葬坑出土

西汉文景时代朝廷所推崇的衣式，款式符合朝廷规制，用料相对俭省。这类衣式广泛见于汉代各地。

再来回顾马王堆汉墓出土的文物，3号墓帛画《车马仪仗图》中也有多人是身穿短后衣。虽线条已较为漫漶，但衣着上色大致分明，对照阳陵陪葬墓出土陶俑看，应是同一式样的外衣。可见这种短后衣大概是当时较为通行的款式。

汉廷所倡俭约型"汉服"的穿着形态构拟
据马王堆1号汉墓出土服饰实物及阳陵陪葬墓出土彩绘陶俑绘制

第五章 时尚　　183

民间奢侈创新样
汉初之二

汉初时的楚地，原先楚风尖角续衽的旧有时尚流行也并未消歇，甚至在这种原本应符合朝廷要求、俭省用度的"汉服"之上，楚地女性仍要接续上一段长长的尖角续衽用来绕身。马王堆1号汉墓的随葬女俑中，有几身雕琢特别精致的着衣女俑，身穿按真人所穿服装比例缩小的衣物，其下身部分就残存有层层缠绕的缘边。

湖北荆州凤凰山167号汉墓出土的两件雕衣彩绘女侍俑将这类重缘服装表现得尤为直观[1]。其内衬是一件红衣黑缘、直角续衽的鱼尾衣，外罩一层半透明的短后纱衣，下身用浮雕和彩绘表现出一道织锦缘边绕身盘旋而上。这可以算是一种综合"楚服""汉服"设计特点的新款式，用料奢侈，制作也费工。对照墓中出土遣策记载可知，这类俑像身份是墓主的"侍女子""大婢"之属。[2]

之所以出现这种奴婢身着华服的情形，与当时的历史背景有关——随着汉朝国力的恢复，上至贵族，下至百姓，用度都逐渐富足起来。在汉文帝朝

[1] 凤凰山一六七号汉墓发掘整理小组：《江陵凤凰山一六七号汉墓发掘简报》，《文物》1976年第10期。

[2] 湖北省文物考古研究所著：《江陵凤凰山西汉简牍》，中华书局，2012年，第153页。

着衣女俑
马王堆1号汉墓出土
（白线处为残存的织锦缘边）

雕衣彩绘木俑与对应遣策记载
湖北荆州凤凰山 167 号汉墓出土
（白线处为浮雕彩绘的罩身单衣缘边）

西汉文景时代民间在朝廷定制的基础上发展出的奢侈风格衣式，基本轮廓沿用了朝廷定制，设计细节则融合了楚地流行的三角衣襟式样，衣领绕向身后，进而延长出一条夸张的长片，缘边绕身层叠盘旋而上。

后期，贾谊写与文帝的奏疏《治安策》（又名《陈政事疏》，收入《汉书·贾谊传》）中，就详细记载了当时民间商贾富民等富贵之家蓄养的奴婢普遍服饰奢侈、逾越制度的情形：

今民卖僮者，为之绣衣丝履偏诸缘，内之闲中，是古天子后服，所以庙而不宴者也，而庶人得以衣婢妾。白縠之表，薄纨之里，緁（qiè）以偏诸，美者黼（fǔ）绣，是古天子之服，今富人大贾嘉会召客者以被墙。古者以奉一帝一后而节适，今庶人屋壁得为帝服，倡优下贱得为后饰，然而天下不屈者，殆未有也。且帝之身自衣皂绨，而富民墙屋被文绣；天子之后以缘其领，庶人孽妾缘其履：此臣所谓舛也。

第五章 时尚

186　何以汉服　重新发现马王堆汉墓服饰

民间所好奢华型"汉服"的穿着形态构拟
据马王堆 1 号汉墓出土着衣女俑绘制

贾谊是这样形容的：如今买卖的奴婢，都能身穿绣衣，足踏丝履，衣物还要用绦带来缘边。那些曾经古代天子、王后才能穿的衣服，在当世却已穿到了民间奴婢的身上。即便是身份地位很低的庶人、婢妾，也能穿上白纱的罩衣、薄绢的里衣，还能加上华美的刺绣、装饰精致的绦带，这可是以前天子才能穿的服装。过去天子的皇后珍而重之用来给衣领缘边的织物，现在的庶人、婢妾们也已经是随便用来给鞋子镶边了。

当时实际的情况可能更为夸张，如桓宽《盐铁论·散不足》中说："匹夫无貌领，桐人衣纨绨。"贫苦百姓连像样的衣物都没有，富贵之家却可以给陪葬的木俑穿上丝绸衣物。对照文物来看，的确是如此。

在如此背景之下，长安方面的上层贵族因受制于朝廷管辖与礼制约束，服装尚且还能呈现出倾向俭朴的姿态；反倒是身处各诸侯国的贵族、地方官员或民间富人没有严格的制度束缚，于服饰方面就显得要奢侈随意多了。

着衣歌俑
马王堆 1 号汉墓出土

第六章

穿 着

衣物的穿着层次

依照先秦之制，大致可将服装分为日常服装和正式服装内外两部分。

一、日常服装

包括裈、袴、袍、襦、裘等衣物。它们既是人们日常所穿的衣物，又可以作为正式衣装下的内衬。穿在下身的裈袴与穿在上身的襦的具体情形，前文已详细讲述。衣物根据物候变迁、季节冷暖各有不同，除了按厚度、夹层有单复之分外，用材、款式也有一定分别。

冬日有袍、襦（都是表里带有夹层的衣物）或裘（皮毛制作的保暖衣物）。"袍"在《诗经·秦风·无衣》中载："岂曰无衣？与子同袍。……岂曰无衣？与子同泽。"意思是：谁说没衣穿？与你同穿一件袍。谁说没衣穿？与你同穿一件泽。郑玄笺："泽，亵衣，近污垢。"《礼记·丧大记》："袍必有表，不禅；衣必有裳，谓之一称。"郑玄注："袍，亵衣，必有以表之，乃成称也。"可见当时袍还是贴身衣物，面上还需另加其他衣物。

"裘"在《诗经·桧风·羔裘》记载："羔裘逍遥，狐裘以朝。"即穿着羊羔皮袄去游逛，穿着狐皮袍子去朝堂。《白虎通·论裘》："故天子狐白，诸侯狐黄，大夫狐苍，士羔裘，亦因别尊卑也。"这种衣物使用动物皮毛制作，依据材质不同，也各有等次之分、使用场合之别。

夏日则有葛布制成、方便散热透凉的单衣。

根据煮过的葛纤维的精粗程度，当时可以分为较精的绨、较粗的绤两类。《诗经·周南·葛覃》："葛之覃兮，施于中谷，维叶莫莫。是刈是濩，为絺为绤，服之无斁（yì）。"是说，葛藤蔓延生长在山间谷中，繁茂的叶子郁郁葱葱。把它割下来煮过后，织成细布粗布，穿上总不厌倦。毛传："濩，煮之也。精曰絺，粗曰绤。"《论语·乡党》："当暑，袗絺绤，必表而出之。"即是说暑日里穿着葛布单衣的时候，出门必得要另加表衣才合乎礼仪，因此《礼记·曲礼》也有"袗絺绤，不入公门"的说法。

直到汉朝初年，仍旧是类似的衣物搭配组合。根据湖北江陵张家山247号汉墓出土竹简《二年律令》中的《金布律》记载[①]，当时官方对"诸内作县官及徒隶"等地方官府所蓄养的劳工、奴隶的服装进行了规定，特别提及他们的冬衣有"袍"和"绔（裤）"，夏衣则是"单衣"，而且简文中特别提及，"以裘皮绔（裤）当袍绔（裤），可"，即裘衣可以作为袍的替代物来用。

[①] 张家山二四七号汉墓竹简整理小组：《张家山汉墓竹简〔二四七号墓〕》（释文修订本），文物出版社，2006年，第65页。

西汉初年男性的日常服装穿着形态构拟

二、正式服装

贵族阶层衣物在起着遮羞御寒一类的功用之外，还有着美观、礼制等要求。当时他们加在内衣之上的正式服装称作"裼衣"，这是用料较精美华丽的衣物。如《诗经·秦风·终南》："君子至止，锦衣狐裘。"意思是：有位君子到这里，身穿锦衣与狐裘。这是将织锦制作的衣物穿在了狐狸皮毛制作的裘衣之上。《诗经·唐风·扬之水》："素衣朱襮（bó），从子于沃。"即穿着朱红绣领的素衣，与你同去曲沃城。这里的"素衣"加装了红色绣领作为装饰，也是正式的衣物。

此外，在这些华服之上，还可以另加一件"上服"，称作"袭"或"裒衣"（这里的"袭"意为最外层起遮盖衣物作用的罩衣，和当时用作内衣起遮盖身体作用的"袭"不同）。这件衣服往往稍微俭朴一些，可以将裼衣的华丽纹饰掩盖。

至于是否另加"上服"，则视场合的礼仪需求而定。

如《礼记·玉藻》中记载："不文饰也，不裼。裘之裼也，见美也。吊则袭，不尽饰也。君在则裼，尽饰也。服之袭也，充美也，是故尸袭。"郑玄注："裼，主于有文饰之事。"郑玄强调"裼衣"将华丽纹饰露出在外起到的装饰作用。又如《礼记·曲礼》："执玉其有藉者，则裼；无藉者，则袭。"郑玄注："凡当盛礼者，以充美为敬；非盛礼者，以见美为敬。"

大致来讲，若是穿衣者的身份尊贵，或者是处于"非盛礼"的日常场合，可以"袒而露见"，尽量展示裼衣的华丽美观，不必再另加"上服"，称作"见美"；若是需要在君主面前展现谦卑礼敬的态度，或是说处于"盛礼"场合，则要另外加穿一件"上服"将裼衣的锦绣图纹掩盖，称作"充美"，这时原本的"裼衣"成了"上服"之下的中衣。直到西汉时代，贵族阶层基本上仍旧延续着先秦时代的这种穿衣层次理念。

西汉初年贵族男性的"裼衣""见美"穿着形态构拟

西汉初年贵族男性的"上服""充美"穿着形态构拟

素纱在内或在外

对衣着层次有了大致了解之后，就可以具体分析马王堆1号汉墓出土的两件素纱单衣的层次了。

在先秦时代，就已经有了采用轻薄稀疏的织物裁制的单衣。其中以葛纤维织成的织物依照制作精粗不同，分为较精的"绤"、较粗的"绤"。以丝织成的织物，则称"沙（纱）"或"縠"。织物面上有细致的绉纹，因此又有"绉縠""绉纱"等名。

对照具体穿着层次看，先秦至汉代时的单衣有内衬与外罩两大类，其间也存在混淆重叠。为进一步将其意义辨明，需要对照文献来细致陈述。

一、内穿的衬衣

《诗经·鄘风·君子偕老》："蒙彼绉绤，是绁袢也。"意思是：身上所披的细葛衣，是她所穿的消暑内衣。毛传："是当暑袢延之服也。"《说文》："袢，私服，《诗》曰：'是袢也。'"又："袢，无色也。""绁袢"在《说文》中引作"袒袢"，可知这种绉绤制作的无色单衣是夏日里轻薄的内衣。

记录先秦礼制的文献《礼记》《周礼》中，是将"素沙（纱）"一名视为衬穿在贵妇人各种盛装下的衣物（详见下节）。

二、外穿的罩衣

《诗经·卫风·硕人》："硕人其颀，衣锦褧（jiǒng）衣。"即那身材丰满修长的女郎，身穿锦衣外罩单衣。《诗经·郑风·丰》："裳锦褧裳，衣锦褧衣。"即穿着锦裳罩单裳，穿着锦衣罩单衣。华丽的锦衣上另外加上一件罩衣，即所谓"褧衣"。毛传："褧，禅也，盖以禅縠为之。中衣裳用锦，而上加禅縠焉，为其文之大著也。"这种罩衣同样是单衣，以单层的纱縠裁制。

同样记载先秦礼制的文献《仪礼·士昏礼》中称罩衣为"景衣"，《周礼》中称罩衣为"褒衣"。这种罩衣有着防止尘埃沾染身上华服的实用功能，同时因为材质薄透，又不至于掩盖衣装上的花纹。

三、汉代的记载

及至汉代，常为史书文献记载所提及的单衣多是外穿的罩衣。

如《汉书·江充传》："自请愿以所常被服冠见上，上许之。充衣纱縠禅衣，曲裾后垂交输，冠禅纚步摇冠，飞翮之缨。"汉武帝宠臣江充曾凭借自身的新巧服装引来武帝注目，其中包括一件纱縠裁制的单衣。汉朝制度中也有作为外衣的"单衣"存在，如《汉官仪》："武贲中郎将衣纱縠单衣。""谒者皆着缃帻大冠，白绢单衣。"《续汉书·仪礼》："执事者冠长冠，衣皂单衣，绛缘领袖中衣，绛袴袜。"

在汉朝人编纂、收录各种荆轲刺秦王传说的古小说《燕丹子》里，秦始皇也曾穿着一身"罗縠单衣"：

秦王曰："今日之事，从子计耳！乞听琴声而死。"召姬人鼓琴，琴声曰："罗縠单衣，可掣而绝。八尺屏风，可超而越。鹿卢之剑，可负而拔。"轲不晓音。秦王从言掣之绝，超屏风负剑而走。

小说中记载，在荆轲刺杀秦王的紧要关头，秦始皇为了拖延时间，乞求听过琴声再死；而弹琴的女子借着琴声给秦始皇提示，暗示他可以提起长长的罗縠单衣，伺机越过屏风逃命。这个故事虽未必是真的，但确切反映出在汉朝人的观念里，帝王也会穿着一件长身曳地的罗縠单衣在外。

对照西汉前期的雕塑与绘画中的服饰形态来看，无论男女，往往都在最外层穿有一件开领较低且领缘、袖缘都较窄，将内层衣物基本覆盖（只露出内层衣物较宽且重叠的领和袖）的长外衣，这大概就是当时罩在最外层作为"上服"的单衣了。

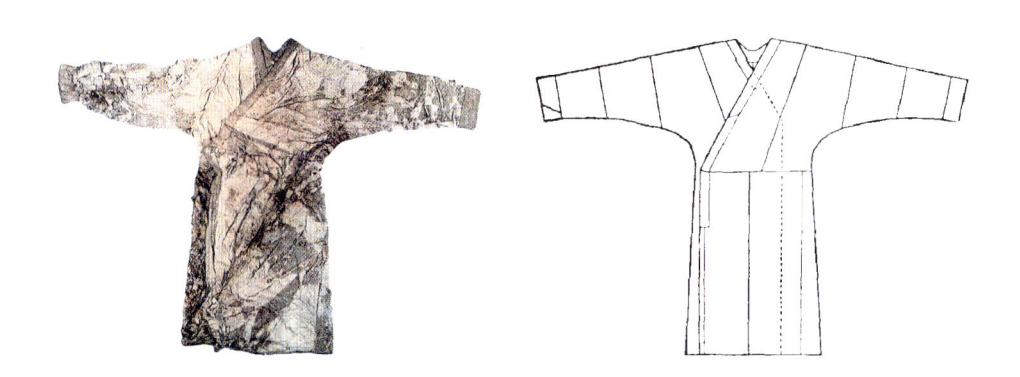

素纱绵袍
湖北江陵马山 1 号楚墓出土

四、实际的情形

马王堆 1 号汉墓中出土了两件素纱单衣，对照文物具体的尺寸比例来看，可能也因其形制不同有着内外穿着的层次分别。

其中一件被今人命名为"直裾式"的素纱单衣（考古编号 329-6），相对褒博宽大的"袍服"而言，要紧窄短小一些。若是将它衬穿在外，上衣部分直通平直的袖形塞入内层衣物垂胡形的袖部就会有所挤压，短小的下裳部分也无法完全盖住内穿衣物的下身，较窄的腰围更是导致两片衣襟在身前就直垂而下，无法绕至身后形成正式服装"续衽钩边"的绕领形式。可以说，当它罩穿在外时，会显得相当窄小拥挤，并不美观。

再看这件单衣的具体剪裁结构，在上半身呈现出斜肩的状态。前文第四章已经提到，类似的斜肩结构实际已见于湖北江陵马山 1 号楚墓的一件素纱绵袍（考古编号 N1）。它们或许都属于先秦到西汉

"直裾式"素纱单衣的穿着形态构拟（作为内衬的"素纱"）

"曲裾式"素纱单衣的穿着形态构拟(作为外罩的"褂衣")

时代贵妇人在盛装之下内衬的"素沙（纱）"之类的衣物。

通过对马王堆汉墓出土的几件盛装进行复织复原与穿着实验，我们发现这类衬穿在下以素纱制作的衣物有着一些实用意义：在炎热的暑日里，人体渗出的汗水一定程度上可以被纱衣隔绝；而在干燥的冬日里，刺绣丝绸不够平整，易与人体摩擦生电，衬穿了软薄的衣物在内也能有效防止静电的产生。

而另一件被今人命名为"曲裾式"的素纱单衣（考古编号329-5），虽也有斜肩结构，但长度比大部分"袍服"都更长，袖口虽有所收窄，也依然宽于"袍服"收窄的袖口，衣袖呈现放宽的垂胡状，也足以包覆内穿衣物的垂胡状袖子。这件单衣存在罩穿在外的可能，或是外罩的"裻衣""褒衣"一类。

马王堆1号汉墓出土的两件素纱单衣尺寸比较
128厘米为"直裾式"素纱单衣尺寸，160厘米为"曲裾式"素纱单衣尺寸

"直裾式"素纱单衣
马王堆 1 号汉墓出土

"曲裾式"素纱单衣

马王堆1号汉墓出土

第七章

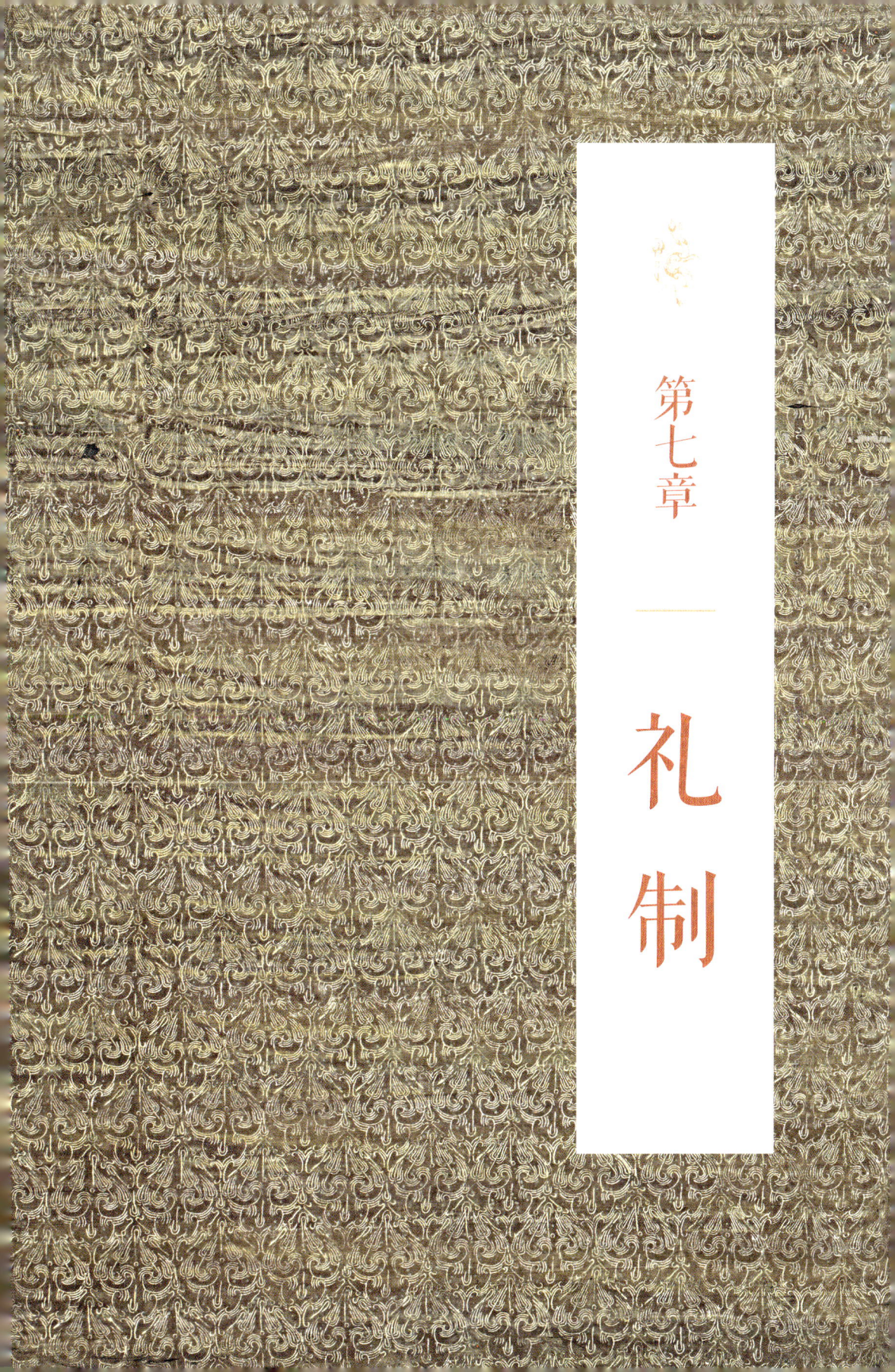

礼 制

夫人礼服承旧制

马王堆1号汉墓墓主辛追身为西汉初年长沙国丞相、轪侯利苍之妻，身份处在汉代贵族阶层中的"列侯"一级，她的随葬衣物自然也应当符合相应的礼制规定。可惜传世史料中对汉初的礼制记载不详，难以说得具体。但马王堆汉墓所处的西汉初年毕竟离先秦时代并不算久远，参照相关礼制记载，可以发现这些衣物继承延续着不少旧制。

以下需要对照的历史文献是儒家经典《周礼》与《礼记》。但在进行文本对照之前，首先需要大致说说这些文本的性质。

《周礼》原名为《周官》，这一历史文献，记叙的是西周时代的各种国家典制，汉朝的经学家以为该书是周公所作，但这很可能只是儒家为提升其地位的一种托名附会。实际上《周礼》的文本出现得很晚，其性质也比较复杂。目前主流的研究认为该书产生于战国时代，甚至有学者判断该书产生的时代可能要晚至西汉初年。[1]而《周礼》中的记载，也并不完全是西周时期实际存在的制度，而是一种

[1] 彭林：《〈周礼〉主体思想与成书年代研究》（增订版），中国人民大学出版社，2009年，第170—186页。

后世儒家学者搜罗整理各种制度，通过编列前后、排比次序等工作，拟托西周形成一种宏大完备的理想化制度蓝图，未曾实际执行。用汉武帝的话来评价，这是一部"末世渎乱不验之书"（贾公彦《序周礼废兴》）。但这份理想蓝图并非是完全凭空想象，本身有其参照凭借者，其中一部分可能是真实的周代古制，一部分则是战国时代各国贵族生活的实际情形。

类似的情况也出现在《礼记》的文本中，它记叙的是先秦礼制的具体情形，但其中不少篇目仍属于战国时代儒家学者的追述甚至叠加构建，各篇目汇编、定本的时代也是晚至西汉时期。

简单来说，这类古籍文本的成书年代实际并不会远到古早的西周或春秋时代，所以无论是战国还是西汉，都距离马王堆汉墓的时代相当近。因此在传世史籍对西汉礼制记载缺失的情况下，这类儒家理想化的礼制记载可以起到有益的补充参照作用。具体到马王堆汉墓的服饰来看，就有不少可以与文献记载中的礼制对照。[①]

《周礼》中记录周王后有"六服"，包括"袆（huī）衣、揄翟、阙翟、鞠衣、展衣、缘衣"六种，分别穿用于不同场合的礼服盛装。此外，又还列有一项搭配的衣物"素沙（纱）"。

诸侯以下各级贵族女性的盛装也同样有着相应规定，如《礼记·杂记》中记载："（卿）内子以鞠衣、褒衣、素沙；下大夫（之妻）以襢衣，其余如士……（诸侯伯）夫人税衣、揄狄、狄税、素沙。"这里

[①] 已有研究者注意到，马王堆1号汉墓棺内墓主所包裹的衣衾基本符合《仪礼》《礼记》所记的丧葬相关礼制，见陈直：《长沙马王堆一号汉墓的若干问题考述》，《文物》1972年第9期；范志军：《长沙马王堆女尸所穿裹衣衾探析》，《中国文化研究》2005年第4期。

的"狄"字通"翟","税"字又作"缘"字,"襢"又通"展"字。这段文字的传本在汉代可能已因简牍烂脱而出现了不少颠倒错讹之处,但东汉经学家郑玄在注解此文时作了详细的补充说明:

王后之服六,唯上公夫人亦有袆衣,侯伯夫人自揄狄而下,子男夫人自阙狄而下,卿妻自鞠衣而下,大夫妻自展衣而下,士妻税衣而已。素沙,若今纱縠之帛也。六服皆袍制,不襌,以素纱里之,如今袿袍襈重缯矣。"褖衣"者,始为命妇见加赐之衣也。其余如士之妻,则亦用税衣。

依照本段记载,可以将东汉人眼中的先秦贵族女性礼服盛装的等次大致排列如下:

等级	盛装	内衬	外罩
王后	袆衣、揄翟、阙翟、鞠衣、展衣、缘衣		(未提及)
公夫人	袆衣、揄翟、阙翟、鞠衣、展衣、缘衣		
侯伯夫人	揄翟、阙翟、鞠衣、展衣、缘衣	素沙(纱)	褖衣 [命妇见,加赐(裼)之衣也]
子男夫人	阙翟、鞠衣、展衣、缘衣		
卿妻	鞠衣、展衣、缘衣		
大夫妻	展衣、缘衣		
士妻	缘衣		

相较于这一套至少在战国时代之后才逐步编排整齐、构想完整的礼服制度,还有一类实际上更为高古的文本可供对读——以歌诗乐章传递、最终在

① 黄德宽、徐在国主编:《安徽大学藏战国竹简（一）》，中西书局，2019年，第129页。

春秋时代编撰成书的《诗经》。关于这类服饰的文献记载，见《诗经·鄘风·君子偕老（寿）》，其中所描述的贵妇人服饰制度要简易得多。

据安徽大学藏战国简牍本《诗经》录文如下①：

君子偕寿，副笄六珈。
（本该与君子白头到老，发髻上玉饰簪头雕琢精美。）
委委迤迤，如山如河，象服是宜。
（她气度如山河般婉顺和易，穿上贵夫人的华服正是合宜。）
子之不淑，云如之何？
（可叹她命运不幸，说这些又能如何？）

玼其翟也。
（她的翟衣如玉般美好。）
鬒发如云，不屑髢也。
（天生的秀发如云，不屑于借助假发补充。）
玉瑱象掃也，扬且皙也。
（玉耳饰和象牙发簪，更显她广额白皙。）
胡然天也，胡然帝也！
（她怎么这样美丽，她怎么这样美丽！）

瑳其展也。
（她的展衣如玉般美好。）
蒙彼绉缔，是亵袢也。
（绉纱细葛的单衣，是轻薄近身的内衬。）

第七章 礼制 209

子之清扬，扬且颜也。

（她品性沉静清雅，正如她的端丽容颜。）

展如人也，邦之媛兮！

（展衣正应该衬她，她是邦国的美人啊！）

该诗篇据说讲的是春秋时期卫宣公为卫国太子伋迎娶齐女为妻所引发的后续事件。首章以"象服是宜"来领起后文，"象"又从"衣"，写作"褖服"。《急就篇》"褖饰刻画无等双"，颜师古注："褖饰，盛服饰也，刻画裁制奇巧也。"可知"象服"即有华丽精巧装饰的盛装。在诗人眼中，这位出身高贵、气度高雅的齐国国君之女，本就应该穿上盛饰的华服。可惜她却遇人不淑，所托非人——卫宣公见她

楚国竹简本《诗经》中的《君子偕老》
安徽大学藏战国简牍

① 扬之水:《诗经名物新证》,北京古籍出版社,2000年,第403页。

美貌,强行将她霸占,以致后世只将她称作"宣姜"。

对于"不淑"一句,后世腐儒往往强加附会,说这是卫国夫人宣姜因为美貌而"淫乱失道"的"不淑"。实际"不淑"在当时是"不幸"的意思,《诗经·王风·中谷有蓷》的"遇人之不淑矣",说的已相当清楚明白。《礼记·杂记上》写邻国吊丧,来客说:"寡君使某,如何不淑!""如何不淑"就是"何以这样不幸"。①这里是诗人在为宣姜扼腕叹息,她的命运这样不幸,赞美她的盛装又有什么意义?

可诗人仍旧是想要把这位"邦之媛也"的不幸女性曾经的美丽衣装记录下来。因此罗列的盛装有两等,即后两章领首句"玼其翟也"中的"翟衣","瑳其展也"中的"展衣"。可以说,《周礼》之类文献中的记录虽有相合之处,但将服装细分出详密有序的六个等次,并不能反映春秋时代的实际情况。

再看马王堆1号汉墓中出土轪侯夫人的"衣"类服饰实物,才是有不少可以用《周礼》《仪礼》记载中侯伯夫人一级所穿的盛装来约略大概对应。这也算是关于这两种传世文献成书时代的考古文物旁证。

联想到轪侯夫人青年丧夫、中年丧子的人生,即便与《诗经》时代已经间隔了数百年,面对种种绮罗锦绣盛装背后的不幸命运,仍旧可以说:"子之不淑,云如之何?"

《葬律》简牍对彻侯一级葬制的记载
湖北云梦睡虎地77号墓出土

一、礼服入葬

在具体分析軚侯夫人的衣物之前,需要对当时的丧葬礼制中使用到的衣物有一定了解,以确认軚侯夫人的随葬衣物中是否会有各类礼服盛装。

根据当时的礼制与法律条文记载,贵族去世后,尸身将穿着、被包裹上各式衣物和衾被,再收敛入棺中。湖北云梦睡虎地 77 号西汉墓[1]与荆州胡家草场西汉墓[2]出土律令简牍中的《葬律》,对此有相同的记载:

[1] 湖北省文物考古研究所、云梦县博物馆:《湖北云梦睡虎地 M77 发掘简报》,《江汉考古》2008 年第 4 期。彭浩:《读云梦睡虎地 M77 汉简〈葬律〉》,《江汉考古》2009 年第 4 期。

[2] 李志芳、李天虹:《荆州胡家草场西汉简牍选粹》,文物出版社,2021 年,第 86 页。

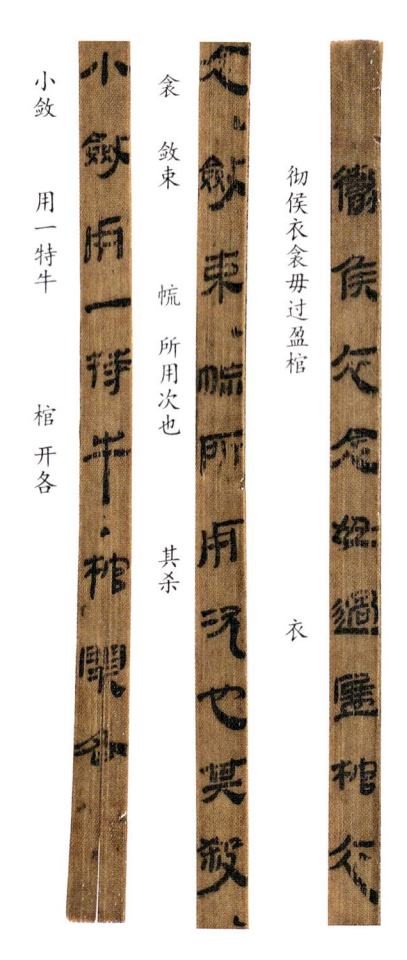

《葬律》对彻侯一级葬制的记载
湖北荆州胡家草场西汉墓出土

> 彻侯衣衾毋过盈棺，衣衾、敛束、帧所用次也。
> 其杀：小敛用一特牛。棺、开各一大牢……

这段话的意思是：彻侯下葬使用的衣被不能满出棺外，所用衣被、绞束及棺罩，要符合彻侯所在的等次。葬礼过程中要为死者举行几次杀牲祭奠：小敛用牲是一特牛，大敛入棺和启殡用牲是一大牢。

这些律令的颁布使用时代，正是马王堆汉墓所处的时代。軑侯夫人的身份处于"彻侯"一级，所采用的葬制自然应当遵循官方法律，且与自身身份相符。按照礼制规定，贵族死后会经过"袭"（直接将衣物穿在死者身上）、"小敛"（用衣物包裹尸身）、"大敛"（简牍称作"棺"，指再次用衣物包裹尸身，移尸入棺）三个步骤。

马王堆1号汉墓棺内的层层衣物，正与这些步骤一一对应：

1. 墓主身上所穿衣物：一件信期绣复衣与一件麻布单衣。

2. "小敛"所用衣物：先用一层麻布单被包裹尸身，接着再包裹上各种衣物、衾被。

3. "大敛"所用衣物：先用一层麻布单被包裹"小敛"的衣衾包裹，再继续包裹上各种衣物、衾被。最外层衾被上横向捆扎束带系结。

4. "大敛"之上，以不满出棺外为限定，还可以继续放置衣物。

马王堆1号汉墓棺内
衣衾包裹上覆盖的
赤长寿绣复衣（N1）

这些步骤中服饰的具体包裹层次，也可以在儒家典籍中找到线索。《仪礼·士丧礼》对"小敛""大敛"这两部分衣物包裹时的具体层次记载很分明：

"小敛"次序是"商祝布绞衾，散衣，祭服。祭服不倒，美者在中"，即：商祝铺设绞衾、散衣、祭服。铺祭服时不能颠倒错位，其中好的衣服要铺在里边。

"大敛"次序是"君襚、祭服、散衣、庶襚，凡三十称。……不必尽用。……商祝布绞、细纻、衾、衣，美者在外，君襚不倒"，即：国君赠送的衣服、祭服、散衣，死者亲朋赠送的衣服，一共三十套。……但无须全都用上。……商祝铺设绞衾、衣物，最好的铺在最上面。铺国君赠送的衣衾不能颠倒错位。

前后对比，可以发现"小敛"和"大敛"时使用的包裹衣物，都涉及"祭服"与"散衣"，也就是说死者的盛装礼服和家常衣物都会敛入棺中的衣衾包裹之中。小敛时祭服为主的精美衣物在内，平常穿的衣物在外；大敛时与之相反，精美的在外。因为棺中容量有限，大敛时死者的衣物不会全都用在衣衾包裹中，余下的会以竹笥盛放，随葬入墓。

马王堆 1 号汉墓的实际情况与记载一致——小敛部分以服装为主，且在包裹次序上是更为精美的罗绮地衣物在内，绢地衣物在外；从衣物上的刺绣纹饰来看，也是在内的几件绣得更为精美。而大敛时包裹用的衣物不多，但各类刺绣衾被依旧遵循了礼制，绢地衾被在内，更为精美的绮罗地缋缘的衾被在外。此外，编号 N1 和 N2 的两件

马王堆 1 号汉墓棺内衣衾包裹上覆盖的印绘黄纱复衣（N2）

"毫君衣" "陈君纺衣"
湖北荆门包山 2 号楚墓出土签牌

赤长寿绣复衣（N1）残片局部
马王堆1号汉墓
内棺中最外层衣物

① 湖北省荆沙铁路考古队：《包山楚墓》，文物出版社，1991年，第93页。

② 史树青：《长沙仰天湖出土楚简研究》，群联出版社，1955年，第22、30页。原书对简文的释读稍有不同

衣物，并不像大敛的其余衣物那样包覆入衣衾包裹之中，而是在衣衾包裹上面独立放置。它们或许可以类比礼制中的"君襚"（国君所赠衣物），是比轪侯夫人身份更为尊贵者为助丧送来的衣物，因而被特意放置在衣衾包裹最上方。贵人助丧赠衣的情形，还见于时代更早的湖北荆门包山2号楚墓。墓主的内棺盖上放有多件丝织衣物，衣中夹有两枚签牌①，上有墨书文字"亳君衣""陈君纺衣"，说明这些衣物应当都是墓主去世后，来自亳君、陈君等贵人的衬赠衣物。湖南长沙仰天湖25号楚墓中出土的竹简中，也记有"舞阳公一纺衣""中君之一缇衣"等②，记录的同样是贵人衬赠给死者的衣物，只是因为墓葬早年被盗，不知竹简原始的位置。

马王堆1号汉墓的墓主身份贵为列侯家的太

马王堆1号汉墓棺中"小敛"衣物与衾被（由内到外）

考古编号	考古定名	据遣策记载模式重构名称
N29	麻布包裹层	
N17	朱红色罗绮丝绵袍（曲裾）	丹绮复衣一，素缘，缥绶绦饰
N14	黑色罗绮地信期绣丝绵袍（曲裾）	绮信期绣复衣一，缬缘素接
N13	绢地乘云绣丝绵袍	乘云绣复衣一，素缘
N20	绢地信期绣单衣	信期绣单衣一，缬缘素接
N12	绢地方棋纹绣单衣（曲裾）	连骑绣单衣一，素缘
N11	绢地信期绣单衣（曲裾）	信期绣单衣一，素缘，缥绶绦饰
N18	绢地方棋纹绣单衣	连骑绣单衣一，素缘
N10	绢地茱萸纹绣单衣	薰绣单衣一

第七章 礼制

马王堆 1 号汉墓棺中"大敛"衣物与衾被（由内到外）

考古编号	考古定名	据遣策记载模式重构名称
N26	麻布包裹层	
N9	罗绮地信期绣夹衣（曲裾）	绮信期绣合衣一，素缘
N8	绢地乘云绣单衣（曲裾）	乘云绣单衣一，素缘
N7	罗绮地信期绣丝绵袍（曲裾？）	绮信期绣复衣一，赤缘，缥缓绦饰
N5	印花敷彩黄纱绵衾	
N4	绢地长寿绣绵衾	
N3	绮地乘云绣绵衾之二	
N3	绮地乘云绣绵衾之一	
N2	印花敷彩黄纱丝绵袍（直裾）	印绘黄纱复衣一，素缘
N1	绛红色绢地长寿绣丝绵袍(曲裾)	赤长寿绣复衣一，素缘

夫人，比她身份更尊贵而且有机会参与"君襚"的，唯有长沙国王室或是汉朝皇室这两个层级。

本书第三章已经讨论了衣物上的绣样，N1 赤长寿绣复衣使用的绣样在马王堆 1 号汉墓的刺绣品中仅有这一例，但这却是一款在各地高等级汉朝贵族墓葬中有多例出土的经典绣样。那么这件衣物（或其用料）很可能就是来自长安朝廷，是由服官统一制作，再以皇帝名义赐下用于助丧的。N2 印绘黄纱复衣本身裁得很短小，并不像是为墓主量体裁衣的定制品，可能也是一件由朝廷官方统一生产制作再由君王赐下助丧的服饰。

"舞阳公一纺衣""中君之一缇衣"
湖南长沙仰天湖 25 号
楚墓出土竹简

① 萧璇、陈昆主编：《楚艺术全集·丝织与刺绣卷》，湖北美术出版社，2019年。

再将"大敛""小敛"的衣物进行对照，可见其中不少应当都是属于轪侯夫人的礼服，几件罗绮地刺绣"信期绣"纹样的衣物，更是属于比较高级的祭服一类。

二、翟衣（饰鸟衣）

这是用羽毛华丽的"翟"鸟作为纹饰的高等级衣物，分别用于三种不同的祭祀场合。据东汉董巴《大汉舆服志》记载："上古穴居衣毛，未有制度，后世圣人易之以丝麻，观翚翟之文、荣华之色，乃染帛以效之，始作五采，成以为服。"（《太平御览》卷六八九《服章部》引）汉朝人已经写得很清楚明白，上古人类是从自然中野鸡等鸟类的华丽羽毛获得灵感，进而设计出了鸟类装饰的衣物。

如今虽没有见到这类明确为"翟衣"的先秦时代服装实物，但仿效飞鸟灿烂的羽毛、在服装上装饰各种华丽的鸟形纹样，的确是战国时期广为流行的时尚。如湖北江陵马山1号楚墓出土的服饰①，大多都绣有各样羽饰华美的鸟类，将这般流行展现得十分清楚。

对照马王堆1号汉墓棺内衣衾包裹出土的服饰看，在遣策中明文记载的绣样，包括"信期绣""乘云绣""长寿绣"三种，实际这些绣样也表现着抽象化的流云或藤蔓枝叶间隐现的神鸟身姿，大概也是属于"翟衣"之类，只是其等次应属于侯夫人一级，低于王后。这三种绣样之间，可能也存在等次或应

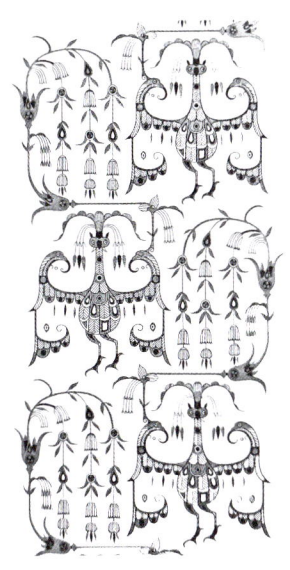

凤鸟纹刺绣
湖北江陵马山1号楚墓出土绵袍（N10）纹样

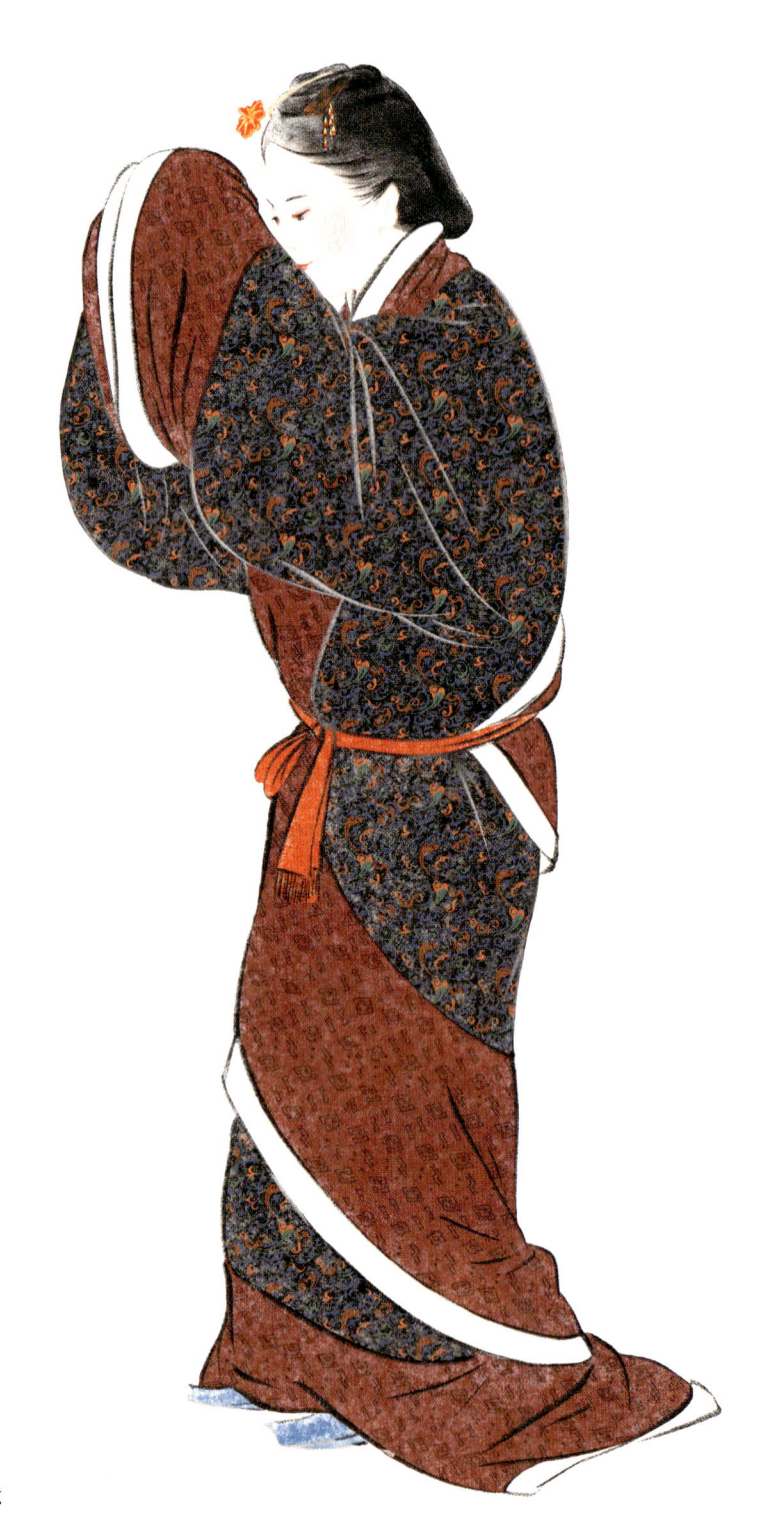

"袆衣"穿着示意

"揄狄"穿着示意　　　　　　　　　　　"阙狄"穿着示意

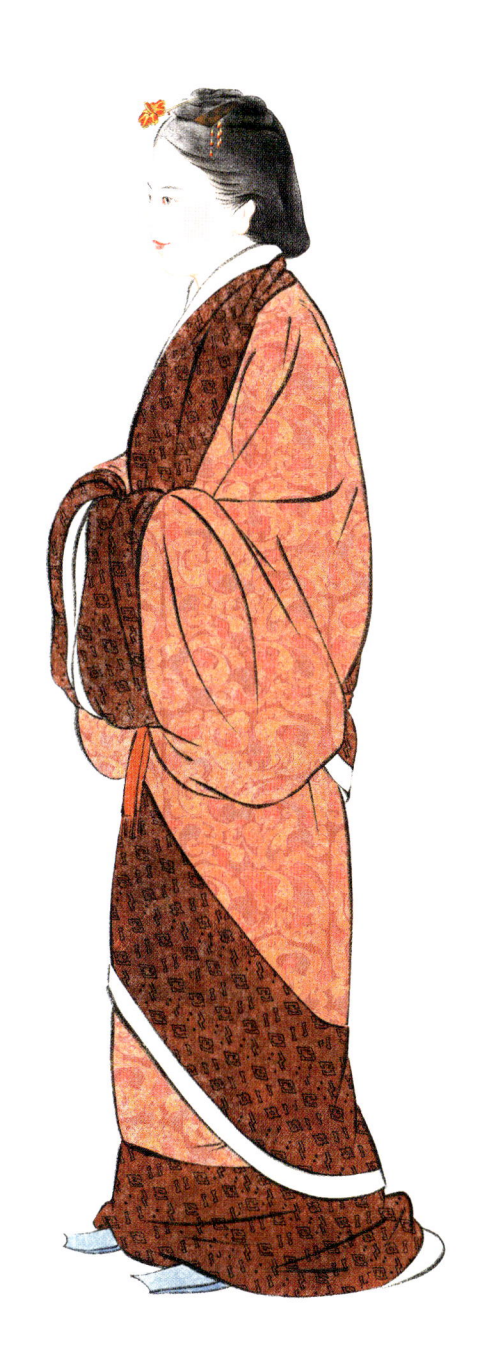

第七章　礼制　　219

赤长寿绣复衣（357-3）的形态

袖口处残片

内襟处残片

褐黑色罗绮信期绣复衣（N14）残片的形态重构

用场合之别，但具体情形尚难以判明。

按使用的场合等级不同，"翟衣"又可以细分为"祎衣""揄翟""阙翟"三种，即所谓"三狄（翟）"，郑玄注称"此三者皆祭服。从王祭先王则服祎衣，祭先公则服揄翟，祭群小祀则服阙翟"。郑玄进一步推测三种翟衣的色彩，是"阙狄赤，揄狄青，祎衣玄"。

等级最高的"祎衣"为玄色。玄是一种黑中带赤的色彩，《说文·玄部》："玄，幽远也。黑而有赤色者为玄。"《诗经·小雅·何草不黄》："何草不玄。"东汉郑玄笺："玄，赤黑色也。"这种色彩比较接近燕子羽毛的色彩，因而燕子在先秦时被称作"玄鸟"，如《诗经·商颂·玄鸟》："天命玄鸟，降而生商。"夜晚天空的深黑色彩也被当时人视作玄色，即《易经》"坤"卦的卦辞"天玄而地黄"。在汉朝人眼中，一方面玄色高于当时流行的五行学说中认定的青、赤、黄、白、黑等五个正色；另一方面，他们又将玄色和黑色混淆，如汉初孔鲋编撰的《小尔雅》中说："玄，黑也。"

在棺中衣衾包裹"小敛"部分的服饰之中，一件褐黑色罗绮信期绣复

"展衣"穿着示意

衣（考古编号N14，考古定名为"黑色菱形纹罗地信期绣丝绵袍"），衣身是以罗绮做底再绣上了信期绣纹饰。据研究者分析，这种黑色是以含有单宁的壳斗一类染料加上染媒染出的[1]，无论是其黑褐的色彩，还是其抽象的燕子刺绣纹饰，都合于"玄"的定义。它可能就是"翟衣"中的"褘衣"。这件衣物虽然目前已残碎为多片，但若干残片仍保留了比较明显的结构特征。它的缘边采用了"缋缘素接"（绛红色绒圈锦接以素绢）的形式制作，下身的裁片是利用正幅衣料斜裁斜拼的楚式立体剪裁手法。

等级次一等的"揄翟"是青色。但马王堆1号汉墓的服饰中，目前没有见到青色的衣物。这可能是因为衣衾年久，让青色变色或褪色的缘故。衣衾包裹中有多件呈黄褐色的衣物，其中或许就有这种青衣存在。但具体哪一件可能曾经是青色，还需要研究者做进一步的染色成分检测分析。

第三等的"阙翟"是赤色，也就是深红色。衣衾包裹最外层覆盖的一件赤色长寿绣复衣（考古编号N1，考古定名为"绛红绢地长寿绣丝绵袍"）可以对应。又如墓中随葬的考古编号为357号的竹笥中，也叠放了一件"绛紫色"长寿绣复衣（考古编号357-3），但经研究者对染料成分科学鉴定后发现，这件衣物是用染红的茜草加染媒染制而成[2]，那么它原本的色彩大概也是深红色。

[1] 刘琦等：《马王堆一号汉墓内棺出土"黑色菱形纹罗地信期绣"的科技分析》，《文物天地》2024年第4期。

[2] 董鲜艳、蔺朝颖：《西汉绛紫绢地"长寿绣"丝绵袍制作工艺考析》，《文博》2022年第1期。

三、鞠衣（黄衣）

在"三翟"以下，又有"鞠衣"。

郑玄注《周礼》形容其具体的情况是："鞠衣，黄桑服也。色如鞠尘，象桑叶始生。《月令》：三月荐鞠衣于上帝，告桑事。"可知这是运用于"蚕礼"这种祭祀场合的衣物。"鞠"字通"曲"，即酒粬，鞠尘是酒粬中所生的黄色霉菌，这里是形容服装的色彩如同鞠尘一般，当时用这种色彩来象征桑叶初生的物候。汉代的亲蚕礼，是由皇后主持、众命妇参与的国家大典。在季春之月，由皇后带领着参与采桑养蚕、拜祭蚕神，以期天下的蚕桑纺织农事顺遂。

马王堆1号汉墓的衣衾包裹中，覆盖在最外层的一件印绘黄纱复衣（考古编号N2，考古定名为"印花敷彩黄纱丝绵袍"）或即对应着"鞠衣"。与它款式、颜色、纹样接近的，还有墓中随葬的考古编号为329号的竹笥中的两件衣物（考古编号329-12、13）。

"鞠衣"穿着示意

汉代鎏金铜蚕
河北定州静志寺塔基地宫出土

印绘黄纱复衣（329-12）的形态

衣上的纹样由抽象的枝叶花蕾植物形象组成，主体枝叶之间还特意用粉白色点染出附着于叶片的白线、白点，或许是象征着春季栖息在桑树嫩叶中的幼蚕。

四、展衣（丹衣）

"展衣"是"以礼见王及宾客之服"，又作"襢（zhàn）衣"。

丹绮复衣残片（N17）的形态重构

对于展衣的具体色彩，汉朝人的解释已出现了分歧。如针对《诗经·鄘风·君子偕老》中"瑳兮瑳兮，其之展也"（鲜洁明丽的，是她所穿的展衣）一句的注解，有说展衣是朱红色的，也有说白色的。

提出展衣为朱红色的说法，是认为"展"字通"襢（zhàn）"，指染作丹红色的纱縠制作的衣物。毛传："《礼》有展衣者，以丹縠为衣蒙覆也。"《说文·衣部》："襢，丹縠衣。"

提出展衣为白色的说法，是认为"展"字通"襢"，为白衣，郑玄笺："后妃六服之次，展衣宜白。"《释名·释衣服》："襢衣，襢，坦也，坦然正白，无文采也。"白色这种说法的出现，大

第七章 礼制　　225

概是因为汉朝人在这一套礼服体系的色彩等次中加入了当时流行的五行学说，认为在等级最高的玄色袆衣之下，其余五种礼服是按春青、夏赤、季夏黄、秋白、冬黑这五季五色排列，排列到展衣刚好是白色。但前文提及的黄色鞠衣明显就不是在夏季穿着，而是用在春季养蚕之际。可见展衣为白色这种说法未必符合马王堆汉墓所处时代的实际情况。

对照马王堆1号汉墓衣衾包裹的情形，位于小敛部分最内层的一件丹绮复衣（考古编号 N17，考古定名为"朱红色罗绮丝绵袍"）最符合相关记载。同类衣物还有1号墓棺外随葬的竹笥中的一件（考古编号 329-8）。

但棺内的这一件式样有一处独特的细节——它虽然是用素绢做缘边，比起那些"缋缘素接"的重缘款式的服装而言没有那么华丽，但在缘边素绢与朱红色罗绮的衔接部位，都嵌有一种特殊的绦带"纁缀绦"作为装饰。它显然比棺外竹笥中随葬的那件同类衣物更为贵重。

五、缘衣（纁缘衣）

"缘衣"，又写作"褖衣""税衣"。郑玄注《周礼》时称其是"御于王之服，亦以燕居"。

参考《仪礼·士丧礼》的记载，男性贵族死者所穿的衣物包括三层，分别是爵弁服、皮弁服、缘衣。前两者都是用冠饰为名，以指代死者生前所戴用这种冠饰时所搭配的正式服装，爵弁服为纯衣纁裳，

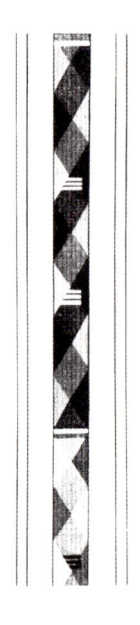

纁缀绦纹样

皮弁服为白布衣素裳，缘衣为黑衣裳赤缘。

而女性贵族死者生前并无冠服，死后穿着的服装层次也有所简省。如《礼记·杂记》中记载孔子的弟子之一子羔死后穿着情形是"茧衣裳与税衣纁袡为一，素端一"，被曾子讽刺是"袭妇人之服"，说他是穿了女装下葬。这也说明，按照礼制，当时女性死后穿的衣物应包括一件缘衣以及一件素色的布衣。这件缘衣是纁色缘边，纁色就是将茜草三次浸染所得的一种绛红色。

这样的记载恰好和马王堆1号汉墓的情形一致：轪侯夫人实际穿着在身的，包括一件信期绣绮复衣（考古编号N32，考古定名为"信期绣罗绮绵袍"）与一件绪单衣（考古编号N30，考古定名为"细麻布单衣"）。其中信期绣绮复衣的衣身为黄褐色罗绮地上绣"信期绣"纹饰，缘边使用绛红色绒圈锦与素绢结合的"缋缘素接"重缘式样。

文献记载中没有明确提及"缘衣"衣身的颜色。但既然王后的"缘

"缘衣"穿着示意

衣"是"御于王之服",可以类比《仪礼·士昏礼》中记载当时贵族女性出嫁所穿的"纯(黆)衣纁袡",黆是一种介于黄黑之间的颜色,《说文·黑部》:"黆,黄浊黑。"轪侯夫人所穿的这件信期绣复衣的黄棕色,或许就是黆色。

此外,前文引用的《礼记·杂记》中提到"狄(翟)税"一词,郑玄将其理解为"上到翟衣,下到税衣"多种衣物的一种省略称呼。但从马王堆汉墓的实例来看,或许仍是专指"税衣",只是其上也加了华丽的飞鸟装饰,因而美称"狄(翟)税"。

六、素沙(内衬)

"素沙"即"素纱",它并不属于以上贵妇人的"六服"盛装,却也和这些盛装密切相关。按文字记载来推测,这是衬穿在盛装里层的衣物。

郑玄注《周礼·世妇》:"妇人尚专一,德无所兼,连衣裳不异其色。素沙者,今之白缚也。六服皆袍制,以白缚为里,使之张显。"所谓"袍",在先秦时期原指内衣,但在郑玄所处的东汉时代,"袍"一名已被用来泛指外穿的长身式样的衣物,因此,郑玄用其来形容先秦的服制。贾公彦疏:"素沙者,此非服名。六服之外别言之者。此素沙与上六服为里,使之张显。但妇人之服不殊裳、上下连。则此素沙亦上下连也。"汉唐时学者将"素沙(纱)"误作袍服的里层,但依旧清楚认识到,"素沙(纱)"这一层次是衬在先秦时代贵妇人的盛装之下的。《礼记》依照尊卑顺序罗列各等次服装时，最末也都列有"素沙（纱）"一名。

前文已经提及，马王堆1号汉墓中出土的"直裾式"素纱单衣，因衣身相对而言显得紧窄短小，可能就是穿在宽大华丽衣物下的衬衣，即礼制中所谓"素沙（纱）"。

七、褒衣（罩衣）

"褒衣"也在六服之外。

推想先秦时代这种衣物的具体穿着情形，大约是身份等级较低的女性在拜谒地位更尊贵者时，还需再穿着一件"褒衣"将华丽衣服的纹饰掩起。这种作罩衣用的"褒衣"同样也可算作一种单衣。

马王堆1号汉墓另一件"曲裾式"素纱单衣，可以罩穿在外，在防护衣面华丽饰纹不致沾染灰尘的同时，还又使之彰显的作用，大概属于"褒衣"一类。

軑侯礼服应新制

马王堆 3 号汉墓墓主的身份，应是第一代軑侯利苍夫妇之子利豨，在利苍去世后承袭父亲的爵位，成为第二代軑侯。

前文已讲解了第一代軑侯夫人的服饰，不少地方与儒家经典《周礼》与《礼记》等相对应，体现着战国以来贵族阶层的服饰制度。

而第二代軑侯利豨墓中虽没有保存完整的服饰出土，但帛画上绘制了较为具体的服装。与 1 号汉墓軑侯夫人服饰多继承、体现战国旧礼制的特征有所差异，3 号汉墓帛画中的服装，展现出了不少秦汉以来新建立起来的冠服制度的新意。

T 形帛画局部
马王堆 3 号汉墓出土

一、祭服（袀玄）

司马迁在《史记·秦始皇本纪》中记载："方今水德之始，……衣服旄旌节旗皆上黑。"秦朝建立后，秦始皇依照当时流行的五行学说，自以为得"水德"，朝廷构建的制度中也处处体现"水"的

秦半两钱
"半两"重十二铢,体现了秦尚六计数

① 《太平御览·服章部》引,原"袀玄"讹为"初玄","秦故"讹为"掌故"。据《续汉书·舆服志》改。

《朝律》中关于"袀玄"的记载
湖北荆州张家山336号汉墓出土

元素,崇尚与之相符的黑色。具体来说,如以十月(亥月,属水)朔为岁首;衣服旗帜等都以黑色为贵;计数也尚六(阴数),六尺为一步,驾车为六马,车宽六尺,符长六寸,冠高六寸;庶民用黑布包头,称为"黔首";号黄河为"德水"。

甚至秦始皇运用在礼仪祭祀这类重要场合的服装,也不是现在人们普遍认知里帝王头戴前后垂有珠旒的冕冠、身穿饰有十二文章的冕服的形态,而是一种新产生的服制——"袀(jūn)玄"。秦始皇将旧有的礼制服饰悉数废除,选用了这种新款秦式礼服,如董巴《大汉舆服志》中记载:"秦以战国即天子位,灭去礼学,郊祀之服皆以袀玄。汉承秦故。"①

所谓"袀玄",正如其名一样,是指上衣下裳都是玄色。《仪礼·士冠礼》:"兄弟毕袗玄。"郑玄注:"袗,同也;玄者,玄衣玄裳也……古文袗为均也。"《淮南子·齐俗训》:"尸祝袀袨。"高诱注:"袀,纯服;袨,墨斋衣也。"这种"袀玄"仍属于上下相连的深衣一类。联系前文提到的秦简《制衣》的简文来看,秦人流行的"衣"的制式,正是"衣上襦""衣下裙"分别裁制再加以连接的服制。

西汉官方仍旧继承了这种礼服。湖北荆州张家山336号汉墓出土律令简牍中有一篇《朝律》,记载的是汉文帝初年施行的岁朝仪式制度,即年初十月朔日(汉初以十月为岁首)举行的贺岁大礼的相关规定。前来朝贺的诸侯与文武官员,均是穿着"袀玄"作为正式礼服。

绛缘领袖中衣穿着示意

"袀玄"（皂单衣）穿着示意

身着袀玄的墓主（右侧）
马王堆 3 号汉墓《车马仪仗图》帛画局部

《续汉书·礼仪志》中记载东汉制度："执事者，冠长冠，衣皂单衣，绛领袖缘中衣，绛袴、袜，以行礼，如故事。"所谓"如故事"，指的就是东汉仍奉行西汉时期的旧制度。《续汉书·舆服志》中"长冠"条具体记载了这类礼服的内衬衣物："皆服袀玄。绛缘领袖为中衣，绛绔、袜，示其赤心奉神也。"两相对照，可以知晓"袀玄"即是"皂单衣"，这是一件上衣下裳相连而成、穿在最外层的单衣。袀玄内衬的中衣的领袖缘边为绛色，搭配的绔、袜也为绛色，取的是"赤心奉神"的寓意。马王堆3号汉墓出土的《车马仪仗图》帛画中，所绘的墓主形象正是头戴长冠，身穿露出绛色领缘袖口的中衣，外罩袀玄。

二、常服（五时色）

在东汉时代的礼制相关记载中，有不少涉及对西汉时期服饰制度的追记。其中不少文本可以与马王堆3号汉墓出土帛画中的人物形象对照。

在汉朝，因五行学说的流行，人们的观念并不像现在那样将一年分为春夏秋冬四季，而是在四季之外再增加了一个"季夏"，合计为"五时"来和五行对应。与之配合，有着所谓"五时服色"的说法。皇帝百官的衣服色彩，会随着季节的变迁而变化。

所谓"五时色"，依唐代李贤所注："五时衣，谓春青、夏朱、季夏黄、秋白、冬黑也。"《续汉书·礼仪志》中也对这套服色的改变有详细的记载：

春："立春之日，夜漏未尽五刻，京师百官皆衣青衣，郡国县道官下至斗食令史皆服青帻，立青幡，施土牛耕人于门外，以示兆民，至立夏。"

夏："立夏之日，夜漏未尽五刻，京都百官皆衣赤，至季夏衣黄，郊。其礼：祠特，祭灶。"

季夏："先立秋十八日，郊黄帝。是日夜漏未尽五刻，京都百官皆衣黄。至立秋，迎气于黄郊。"

秋："立秋之日，夜漏未尽五刻，京都百官皆衣白，施皁（皂）领缘中衣，迎气白郊，礼毕，皆衣绛，至立冬。"

冬："立冬之日，夜漏未尽五刻，京都百官皆衣皁（皂），迎气于黑郊。礼毕，皆衣绛，至冬至绝事。冬至前后，君子安身静体，百官绝事，不听政，择吉辰而后省事。绝事之日，夜漏未尽五刻，京都百官皆衣绛，至立春。诸五时变服，执事者先后其时皆一日。"

以上记载与李贤所注大致相同，只是秋冬两季的服色却另出了一个"绛色"。这究竟是后世传抄《续汉书》文本所产生的脱漏讹误，还是李贤注解有误，现在已难以说清。但大致可以明确，的确是存在这种服装按季换色的现象。

除了在特定"迎气"等祭祀礼仪场合会用到"五时色"的"祭服"外，在很长一段时间内，皇帝、贵族、官员们平时比较正式的穿着，也同样是顺应着"五时色"。后者可以算在区别于"祭服"外的"常服"之列。

不过，有一点需要额外注意——这种"随五时色"的服制，只是后来东汉人回望西汉时期，总结出的一种最终结果。无论是承接秦制的"袀玄"黑衣，还是五行学说带来的"五时色"，都不是一开始就完全明确的制度。

对照历史记载来看，西汉关于"正朔"的问题一直就存在争议，导致官方实际所崇尚的服色也有过多次变更。最初刘邦起事时，编造了赤帝子斩杀白帝子的传说，于是"由所杀蛇白帝子，杀者赤帝子，故上赤"（《史记·高祖本纪》）。汉朝建立后，又继续继承秦的正朔，继续崇尚水德代表的黑色，由丞相张苍推行如故。《史记·张丞相列传》："自汉兴至孝文二十余年，会天下初定，将相公卿皆军吏。张苍为计相时，绪正律历。以高祖十月始至霸上，因故秦时本以十月为岁首，弗革。推五德之运，以为汉当水德之时，尚黑如故。"

直到汉文帝十四年（前166年），鲁人公孙臣上书，称秦为水德，"言方今土德时，土德应黄龙见，当改正朔服色制度"。然而原先坚持"水德"的张苍却不好改口，坚持汉袭秦为水德，"始明正十月上黑事"。张苍原占了上风，然而第二年就"黄龙见成纪"，汉文帝又召见公孙臣，"申明土德事"，开始商量改易服色的事宜。然而，其间却发生了赵人新垣平伪造符瑞欺诈汉文帝的事件，服色之争被长期搁置（《史记·孝文本纪》《史记·历书》）。

马王堆汉墓所处时代，正处在汉廷官方还对服色问题争论不休的时间线上。根据这些记载结合帛画中的若干形象来推测：若是正式场合下，軑侯会穿着"袀玄"；若是在日常场合下，軑侯所穿衣物的色彩也会随着季节改变。只是严密的制度还未完全形成，大可以随意一些。

服色问题被拖延到了汉武帝时期，中间多有反复争执，最终是在太初元年（前104年）"汉改历，以正月为岁首，而色上黄"（《史记·封禅书》），

春　　　夏　　　季夏

秋　　　冬

"五时衣"的穿着示意

西汉的服色之争总算是告一段落。其后西汉末、东汉又陆续有汉朝为火德尚赤的说法，不过在衣冠服饰制度上大体还是承续西汉之制。

为了便于理解，这里还需要略微展开讲讲在马王堆汉墓所处时代之后，产生的一些服制变化——汉朝时逐渐在"祭服"（运用于重大祭祀礼仪场合的礼服）和"常服"（寻常正式场合穿的衣服）这两者之间，产生了一个还不算很清晰的"朝服"概念。"朝服"与"祭服""常服"三个概念在当时常常有交叠、混淆，并不算十分明确的划分。

依照《续汉书·舆服志》在"通天冠"一条下附当时的朝服制度，皇帝的服制为：

服衣，深衣制。
有袍，随五时色。
（袍者，或曰周公抱成王宴居，故施袍。《礼记》："孔子衣逢掖之衣。"缝掖其袖，合而缝大之，近今袍者也。今下至贱更小吏，皆通制袍。）
单衣，皂缘领袖中衣，为朝服云。

原文窜入了古人针对"袍"这一名词的注解，因此显得有些紊乱。但是我们能够明确，"贱更小吏"肯定没有官员阶层以上才有的朝服，这里可以稍作整理句读，将相关注文明确地从原始文本中解析出来——几层衣物都是所谓的"深衣制"，其中有袍，是根据五时改变色彩；以单衣、中衣搭配，就形成了一套"朝服"。

在外的单衣大概没有特别限定，但西汉时代应当多是采用质地轻薄透明的纱罗材质来制作，可以透出中衣的轮廓、色彩，即汉朝传说中秦始皇所穿的"罗縠单衣"，或是江充朝见汉武帝时所穿的"纱縠单衣"。内衬的中衣，大概因为长期都罩在单衣之下，已经逐渐被人们称作"袍"（这个名称在先秦时代还是指称内衣）。袍的色彩也是随季节改变，"随五时色"，有着顺应天时的寓意。

比较明确的穿搭层次，见于陕西靖边杨桥畔渠树壕新莽时期墓葬的壁画——在一幅当时人所绘制的古代故事"二桃杀三士"图中，齐景公头戴高冠，身上内为绿衣，外侧还以朱线勾出一件透明无色的衣物。这个穿着层次与马王堆汉墓的服饰是一致的。

著名的河南安阳西高穴曹操高陵中也出土有记录随葬衣物的石楬，其中一枚写有"黄绫袍锦领袖一"，大概也是指一件曹操所穿的"随五时色"的袍，领口、袖口缘边是使用织锦。

穿青袍外罩单衣的齐景公
陕西靖边杨桥畔渠树壕新莽墓壁画

"黄绫袍锦领袖一"石楬
河南安阳西高穴曹操高陵出土

总体而言，汉代的服色制服、分等分类大概也是随时代变迁有所调整改变的。

早期的朝服大概如张家山汉墓竹简《朝律》中提及，仍旧沿用祭服"袀玄"的一身黑衣，后来才逐渐变成"随五时色"的袍外罩单衣的形式。《续汉书·舆服志》中记载"迎气五郊，各如其色，从章服也"，说的是"五时朝服"，这里"朝服"似乎又是一种特殊的祭服，用的却是常服那般五时的颜色。又《汉书·萧望之传》中记录京兆尹张敞自言："敞备皂衣二十余年。"如淳注："虽有五时服，至朝皆着皂衣。"这里似乎又表明西汉时官员虽置办了五时色彩的衣物，却仍旧习惯于把黑衣当作朝服。

值得一提的是，《续汉书·舆服志》中还记载皇帝、皇后下葬时的随葬衣物，"五时朝服各一袭，在陵寝；其余及宴服，皆封以箧笥，藏宫殿后阁室"。马王堆3号汉墓的各类衣物，或许也依从着类似的规矩。

当然，其中的详情还有待湖南博物院的考古工作者对相关纺织品文物的进一步整理分析，才能最终得以判明。

非衣之名新解释

"非衣"这个名称，来自马王堆汉墓中的遣策记载。如1号汉墓出土遣策包括一枚记物简写着"非衣一，长丈二尺"，又有一枚总结简写着"右方非衣"。3号汉墓出土遣策也有一枚同样写着"非衣一，长丈二尺"。

关于"非衣"是什么，历来研究者存在不同的看法。

较为通行的观点，认为"非衣"即是两座墓中出土时盖在棺上的T形帛画。虽然这两件帛画实物尺寸与遣策记载并不一致，但遣策记载尺寸与实物不符的情况在马王堆汉墓其他文物上也有出现。如古文字学者唐兰先生认为：

非衣是盖棺的衣，就是出土时盖在柂棺（里棺）上的帛画。……非衣应读为扉衣，指门扉的衣，等于柳衣、墙衣。从死者来说，棺好像屋子，棺盖像是门扉，盖在棺上的无帱等于门帘，所以这里就称为非衣。[①]

[①] 唐兰：《唐兰全集（四）·论文集下编（一九七二—一九七九）》，上海古籍出版社，2015年，第1573—1574页。

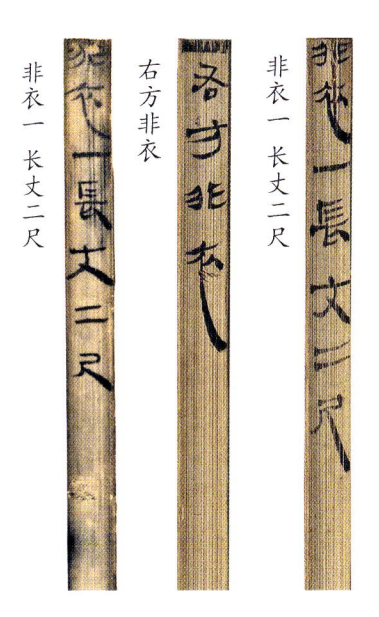

记载"非衣"的相关遣策
右二简：马王堆1号汉墓出土
左一简：马王堆3号汉墓出土

但是，也有不少学者认为，这类T形帛画实际上属于是历史文献记载的"铭旌"。[1]依照记载，这是一条负责引导死者灵魂的旌旗，其上书写有死者的名字或画有死者的形象，被用作生者向死者供奉的象征。因此T形帛画应当是"铭旌"，与遣策记载的"非衣"并不能对应。

"非衣"既名为"衣"，那么它究竟是什么，也是本书需要思考、解读的问题之一。我们仍旧可以试着从实际的衣物中找找答案。但在解说具体衣物时，需要先看看与之相关的放置情况。

马王堆1号汉墓出土的多件衣物实物中，除了棺中的衣衾包裹的、叠放收纳在竹笥当中的，还有一类特殊的衣物，被单独放置在墓室的北边厢。值

[1] 马雍：《论长沙马王堆一号汉墓出土帛画的名称和作用》，《考古》1973年第2期。

得关注的是北边厢发掘时的情形——内部四壁张挂丝织帷幔，底部铺竹席，厢内左边陈设屏风、凭几、绣枕、拐杖、漆妆奁、坐垫等起居家具物事，围出一个"主座"来。座前是一张摆有各种杯盘饮食的食案。厢内右侧是各类象征仆婢侍女、歌女舞姬的木俑，仿佛正准备着为堂上宴享的主人提供服务。

我们可以对照看看楚汉时代人们对室内布置的描写。如湖北江陵张家山247号汉墓出土竹简《奏谳书》中一则侦探案例对君夫人食室的细节观察是："臣又诊夫人食室，涂溉甚谨，张帷幕甚具，食室中毋蔡，而风毋道入。"意思是：我查看了夫人用餐的房间，屋顶墁得整齐，四面张挂的帷幕很严实，室内很干净，没有发现杂草，风也没有路径吹进来。

又如楚辞《招魂》中也对死者生前的居室有极尽华丽的文学化描写：

经堂入奥，朱尘筵些。

砥室翠翘，挂曲琼些。

翡翠珠被，烂齐光些。

蒻阿拂壁，罗帱张些。

纂组绮缟，结琦璜些。

室中之观，多珍怪些。

兰膏明烛，华容备些。

君夫人"食室"相关记录
湖北江陵张家山247号汉墓出土《奏谳书》

上述描写的意思是：

走过前堂入内室，朱红竹席铺在地。

玉室墙上插翠羽，张挂帐钩琼玉质。
翡翠珍珠缀被面，华光交辉共灿烂。
细软丝绢拂墙壁，张挂帷帐轻罗质。
精致织物为丝带，系挂结束美玉饰。
室内陈设尽可观，珍奇怪异难言说。
香兰脂膏明烛光，侍奉美人已齐备。

对比来看，马王堆 1 号汉墓北边厢这个张挂帷幕、铺设席面、摆放家具与装饰、罗列仆从和侍女的空间布置，显然也是象征着軑侯夫人生前的居室。而与本节内容密切相关、尤其需要提到的是，在这个居室的"主座"位置上，摆放着一套完整的衣物：

1. 其中形态比较明确的，是一件"信期绣紫杯纹绮合衣"（考古编号 437，考古工作者将其定名为"绛紫色菱形纹罗地信期绣夹袍"），虽已残缺较甚，但基本能看出这是一件双层但没有絮绵的"合衣"，它的衣身用料是刺有"信期绣"纹样的绛紫色杯纹罗绮，领袖与下摆的缘边则是较宽的素绢。它的形制与同墓出土的"曲裾袍"式样基本一致。

2. 附着在它之上的，实际上还有另一件"隐身"的衣物——之所以这样说，是因为在这件宽缘合衣之上，考古工作者还发现残存有另外几道绒圈锦缝制的窄缘边，它们明显不是宽缘合衣本体的组合部分，更可能是套穿在其外的另一件衣物。现在可见的实际衣物构件，包括一道绒圈锦质地的长缘边（长 198 厘米，宽 7.5 厘米，可能是衣物的领缘）、两道绒圈锦质地的短缘边（长 62 厘米，宽 7.5 厘米，

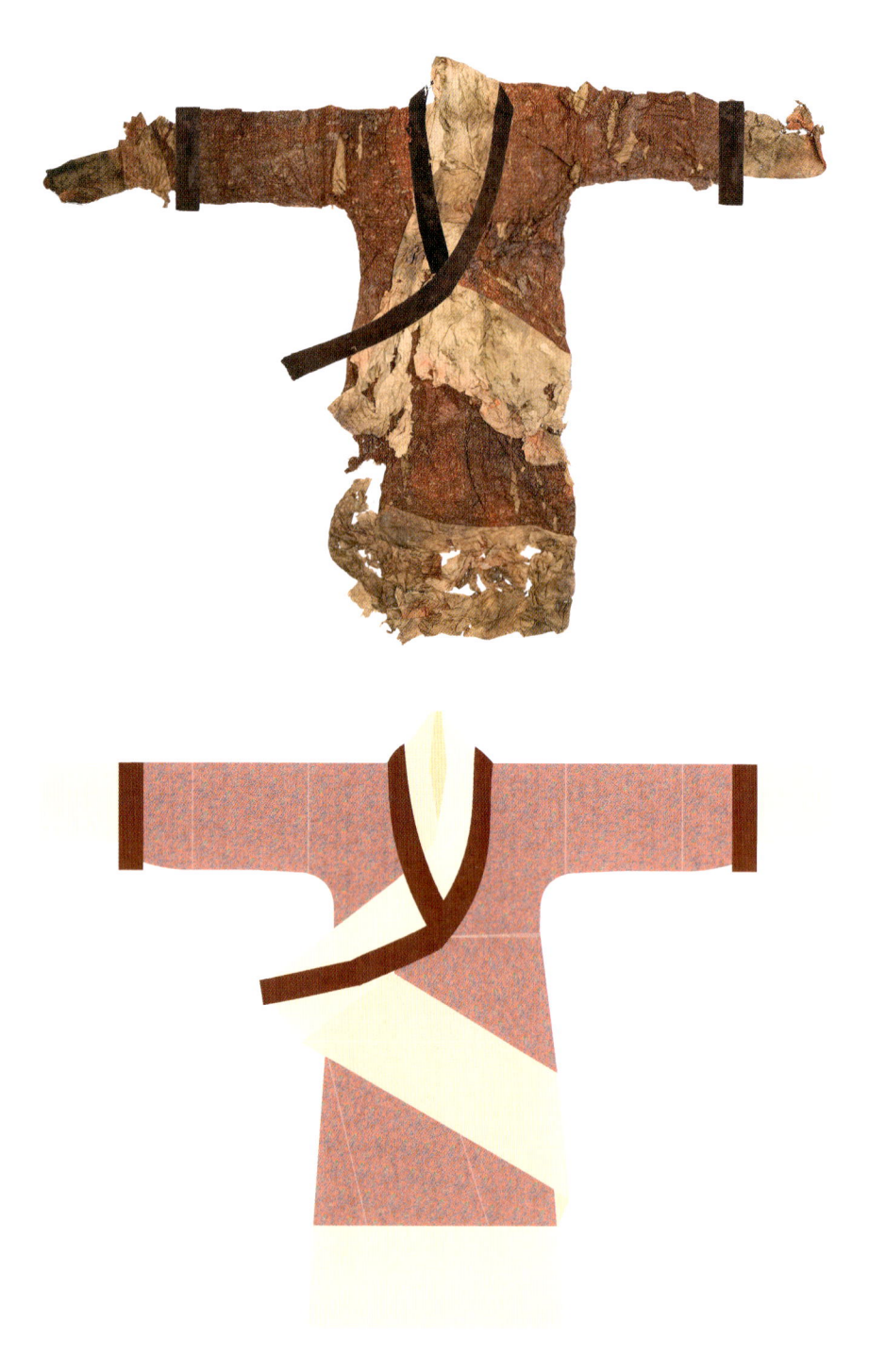

马王堆 1 号汉墓北边厢"主座"上的"信期绣紫杯纹绮合衣"
及其上附着仅存缋缘的衣物的原状构拟图

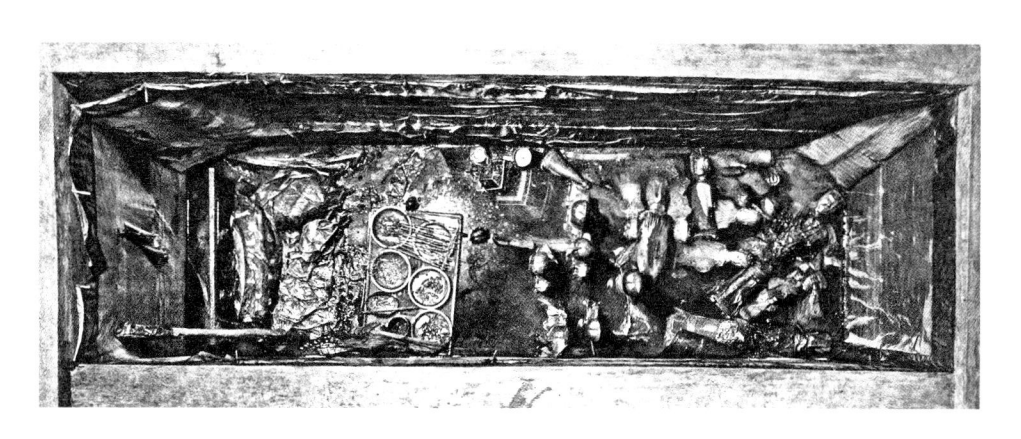

马王堆1号汉墓北边厢考古发掘情景

是衣物的袖缘，对折后即为31厘米的袖口宽）。至于这件绒圈锦缘（依照遣策记载称作"缜缘"）的衣物完全失去的衣身部分，显然要比内里衣物使用的绮罗、素绢要更为纤薄易损，才会最终几乎消失不见。对照同墓的织物来看，最有可能的衣身用料就是类似两件素纱单衣所使用的那种薄如蝉翼的素纱织物。

在此推论下，北边厢"主座"上的衣物看起来并不是简单叠放入墓的，而是保持了比较明确的内外穿搭层次，包含穿着在内的一件"信期绣紫杯纹绮合衣"与套穿在外的一件"素纱单衣"。它们表达的并非类似几件竹笥里叠放的衣物那样的"存储"意义，而是有着"穿着使用"的意味，作为墓主的某种"象征"或"寄托"而存在着。要具体明确其功用，依然可以对照《礼记》《仪礼》等儒家文献，这些文献中有对先秦贵族丧葬礼制的理想化记载。而汉初贵族葬礼依然延续着其中不少繁琐细致的礼仪步骤。

其中，在墓主人刚去世之后，就会有一个以衣物"招魂"的仪式。据《仪礼·士丧礼》中记载："（复者一人）升自前东荣，中屋，北面招以衣，曰：'皋某复！'三。降衣于前。受用箧，升自阼阶，以衣尸。"负责招魂的人登上东面屋翼，站在屋脊中央，面向北方，用衣服招魂，喊道："哎——某某归来！"连喊三次。接着将衣服从前面扔下。屋翼下面一人用衣箱接住，从东阶上堂用衣服盖住死者尸体。

所谓"复"，意在将死者的灵魂召回。汉代经学家郑玄的注解是："复者，有司招魂复魄也。"招魂仪式被称作"复礼"，负责招魂者称为"复者"，而在招魂仪式中使用到的衣物，也名为"复衣"。需要注意这里的"复衣"并不是前文提到的汉朝人常说的那种双层絮丝绵的衣物，而是说"回复魂魄"的衣物。

《礼记·丧大记》记载："始死，迁尸于床，幠用敛衾，去死衣。"即在人去世后，将尸身迁移到床上，用敛衾将尸身覆盖，脱去死衣。郑玄注解："死衣，病时所加新衣及复衣也。"可见"死衣"既指死者生前病时所换新衣，也指举行复礼时所用到的"复衣"。

复衣也是选用墓主生前穿用过的旧衣，但在此时的意义相当重要。它被视作招来的墓主魂魄的寄托，不会再穿回墓主身上，也不会用于后续入敛之礼。《礼记·丧大记》："复衣不以衣尸，不以敛。妇人复，不以袡。"招魂所用的衣服，不再用来穿到死者身上，也不用来做敛衣。为妇人招魂，不用其嫁时所穿礼服。也就是说，这类招魂用的衣物不会出现在墓主的棺中。而且为妇人招魂的衣物，不会使用她出嫁时的衣物，而是她生前日常穿用的衣物。

楚辞《招魂》中同样有描写招魂用的衣物：

秦篝齐缕，郑绵络些。
招具该备，永啸呼些。
魂兮归来！反故居些。

上段话的意思是：

秦地产的竹筐盛放着齐地织造的衣物，其上还要覆盖上郑地的丝绵。
招魂的用具已经齐备了，长久的呼喊声响起。
魂魄啊，回来吧！快返回到故居吧。

而"复衣"附着死者灵魂后，又该如何处理？马王堆1号汉墓北边厢的这两件套穿的衣物即给出了明确的答案——它们被珍重地对待，放置在象征轪侯夫人生前居室的空间内的"主座"位置上，仿佛轪侯夫人的灵魂仍穿着这些衣物，在这处室内空间中生活、宴乐。

汉朝女子最隆重的嫁衣盛装，依《续汉书·舆服志》记载为"重缘"款式，这种特征已见于棺内衣衾包裹和随葬衣笥内的衣物，缘边由较宽的绒圈锦（"缋"）与较窄的素绢组合而成。而"主座"上的衣物主体"信期绣紫杯纹绮合衣"则是素缘，符合礼制中妇人招魂不用嫁衣的规定。而外罩的素纱单衣，则是起着隔绝灰尘、保护内层衣物不被损坏脏污的实用功能——这也进一步说明内层衣物的重要性。

类似的情况，也出现在马王堆3号墓的北边厢。在下铺竹席、四壁挂帷帐的"起居空间"内，以屏风、几、案、障扇、兵器架等器物围出了一个"主座"，其上仍旧放有衣物。主座身后列有四个雕衣女俑，大概她们是负责打扇、捧香、执栉、

帷幕

木杖

屏风

五子奁（夹袱包裹）

绣枕（覆枕巾）

九子奁（夹袱包裹）

漆几（覆几巾）

衣物（下有茵褥）

绣香囊

食案

屏风

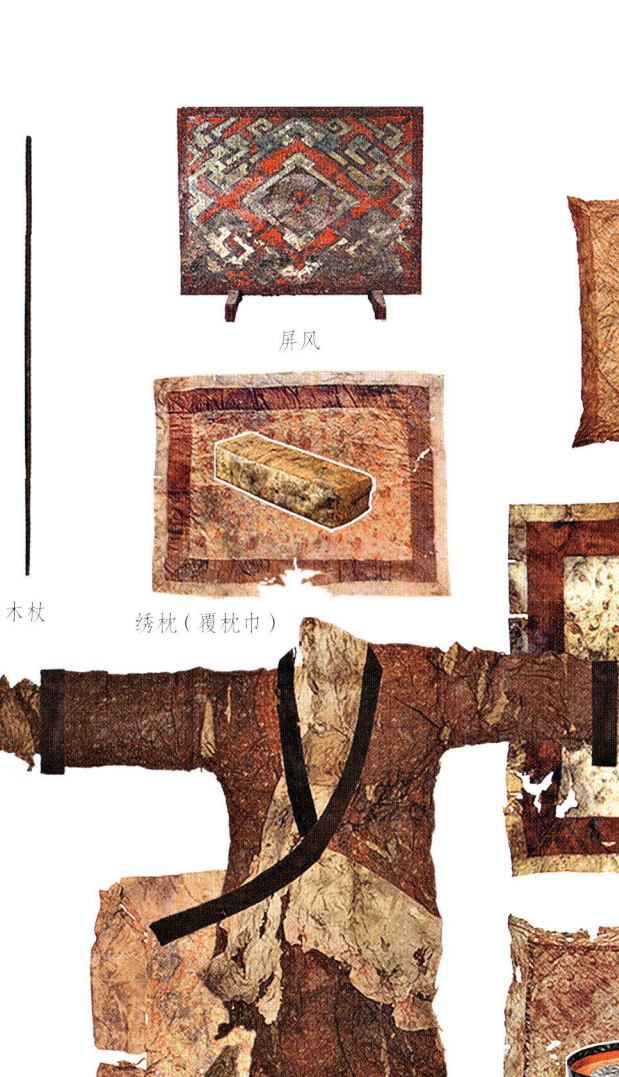

五子奁（夹袱包裹）

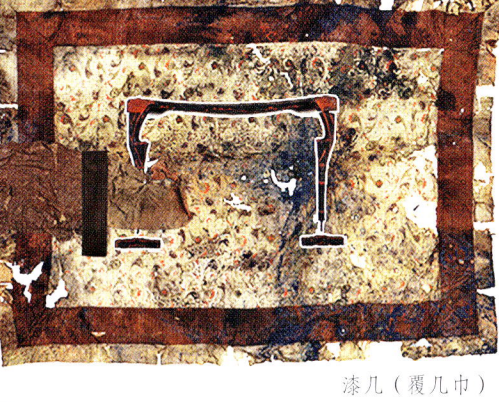

木杖

绣枕（覆枕巾）

漆几（覆几巾）

衣物（下有茵褥）

九子奁（夹袱包裹）

绣香囊

丝履

食案

**马王堆 1 号汉墓北边厢左侧"主座"
相关器物布置组合示意**

第七章 礼制　251

奉巾的内侍，主座面前有丰盛的宴席，还有陈列齐整的乐器、负责歌舞奏乐的乐舞俑。众多精心的布置，为的都是主座上陈放的衣物。那么这些衣物的性质，很可能也是曾经在招魂仪式上使用过、象征寄托有死者魂魄的"复衣"——只有在这样的情况下，这些衣物才会处在如此重要的位置上。

那么回过头再来看遣策记载的"非衣"，可能"非"字实际上并不用曲折通假，指的就是两座墓中这些陈设在主座的衣物，它们既是实际的衣物，又已经"不是"衣物，被视为墓主人"魂魄"的寄托甚至说是墓主本身，因此才得名"非衣"。

在葬入墓中时，"非衣"不会作为墓主身上的衣衾而葬入棺中，也不会作为一般衣物收纳叠放在竹笥里，而是被极为慎重地安置在起居空间里，象征死者的魂魄在地下世界仍能够安坐堂上，享受到其生前享受的种种华屋美饰、宴饮歌舞。

奏乐俑
马王堆 1 号汉墓北边厢出土

第八章

佩饰

轪侯夫人的首饰

在马王堆 1 号汉墓的棺中,墓主轪侯夫人的尸身保存完好,头部所梳的发式、佩戴的首饰,也基本保持状态完整。

观察轪侯夫人的头部发式,前发中分,分别梳向耳后,与后发拢为一束,再于真发下半部连接一件假发,反绾于头顶,盘结成一个平缓发髻,再于髻上插上三支下有长长梳齿的片状长笄,以将发髻固定。长笄分别为玳瑁、角、竹质地,其中竹质发笄已散开,玳瑁笄、角笄也略有变形。伴随发笄同出的,还有 28 件木花饰片与两粒珠状小坠,只是出土时均已散乱。一支竹笄是以 20 支竹签分三束,再在首端缠丝线而成(出土时三束已散开),另两支玳瑁笄与角笄,两侧面更有三个深约 0.2 厘米的小孔,这很可能是为了便于垂挂这类木花饰片。

推想原本插戴的状态,应是两支长笄一左一右平插于发髻靠后的位置,笄首前探至鬓边,两侧分别垂下悬坠的饰物。而一支竹笄则插于发髻正中,首部以丝线将数片木花饰片缠扎出花形。对照木花

轪侯夫人侧身像构拟

的形态来看，其中9片为扁平状，黑地涂朱、贴金箔，侧面留有穿系用的孔眼。其中下有两枚梯形的花托，中为三叉形花蕊，四周围绕七片花瓣。另18件小木花形如截锥或花蒂①，原本当是成串垂挂在长笄之上。对照同墓出土覆在棺上的T形帛画来看，画中表现的轪侯夫人形象与墓主的实际形象基本一致，同样也是髻前、两鬓都分别簪戴有饰物，其上还点缀有白色珠状物。据此，这些木质小花托可能原本是与珠子组合成为垂挂的饰品。

需特别注意的是，这些木花饰件可能并非实用，而是为葬礼特制的冥器，因此制作不算精巧。当时汉朝官方倡导薄葬，汉文帝曾颁布修筑陵墓"不得以金银铜锡为饰"（《史记·孝文本纪》）的禁令，因此这一时期的墓葬中极少有金银珠宝随葬。马王堆汉墓陪葬品中的钱币、珠宝也多为土制或木制起象征作用的冥器。若是供墓主生前所用，这些首饰上的花片可能都是金质。

① 考古报告记这类饰物有19件，实检为18件，另有2件呈小丸状。

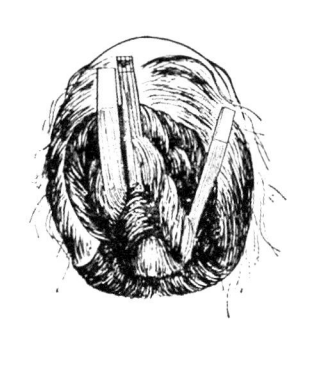

轪侯夫人所梳发式线图

竹笄与涂金彩绘木花
马王堆 1 号汉墓出土
竹笄长约 24.6 厘米，以竹签 20 支分三束，再在距顶端 1.7 厘米处用丝线缠扎而成

玳瑁笄与垂珠
马王堆 1 号汉墓出土
玳瑁笄长 19.5 厘米，宽 2 厘米，厚约 0.1 厘米；
齿 11 枚，齿长 12.8 厘米；侧面有深约 0.2 厘米的三个小孔

角笄与垂珠
马王堆 1 号汉墓出土
角笄长 24 厘米，宽 2.5 厘米，厚约 0.15 厘米；
齿 15 枚，齿长 16.3 厘米；侧面有深约 0.2 厘米的三个小孔
（华胜与垂珠组合方式均为推测构拟）

首饰簪戴示意

一、玳瑁簪前垂珠玑

有所思，乃在大海南。
何用问遗君，双珠玳瑁簪，
用玉绍缭之。
闻君有他心，拉杂摧烧之。
摧烧之，当风扬其灰。
从今以往，勿复相思，相思与君绝！
——汉乐府《有所思》

《有所思》这首诗，讲述的是一个汉朝女子的爱情故事：她所思恋的心上人远在南方。她准备赠送给他的信物，是装饰珍珠又以玉来缠绕的玳瑁簪。可是在这时候，她却听闻自己所爱之人已有他心，便断然决绝地将自己精心准备的信物折断、砸碎、烧毁，从此不复相思。

很有意思的是，《有所思》一诗中所提及的珠、玳瑁（玳瑁龟的背甲）、玉，都是西汉时代贵妇人制作首饰的流行材料。用玉自是中原的旧传统，而珠与玳瑁，都产自南方，亦即诗中提及的"大海南"。

早在先秦，《逸周书·王会》记载南方的献物中有"珠玑、玳瑁、象齿、文犀、翠羽"等。在战国时代北方与中原诸国贵族眼中，这些材料颇为珍贵，而南方楚国的贵族却已对此见怪不怪。《史记·春申君列传》中记载了一则故事："赵平原君使人于春申君，春申君舍之于上舍。赵使欲夸楚，为玳瑁簪，刀剑室以珠玉饰之，请命春申君客。春申君客

珠饰
湖南长沙杨家湾汉墓出土

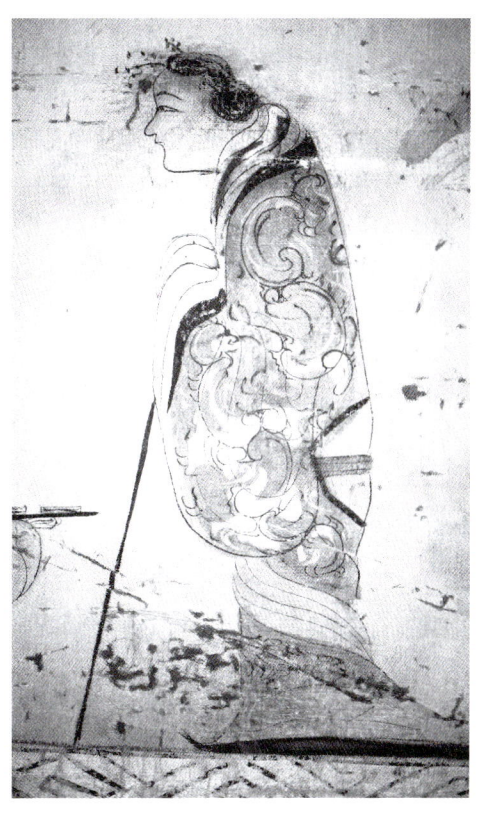

轪侯夫人的全身像
马王堆1号汉墓T形帛画局部

三千余人,其上客皆蹑珠履以见赵使,赵使大惭。"意思是:当时赵国的平原君派遣使者前往楚国,想要在楚国春申君面前夸耀,特意制作了玳瑁簪,在刀剑鞘上亦装饰珠玉,待见到春申君门下的上等门客都穿着珠履,赵国使者大感惭愧。据《淮南子·人间训》中记载,秦始皇征伐南越,也是因为"利越之犀角、象齿、翡翠、珠玑"。

时间来到西汉初年,轪侯夫人所处的长沙国与南方的南越国接壤,因此她得以享用大量来自南方的珍贵产物。马王堆1号汉墓随葬遣策中记载有"土珠玑一缣囊",与墓中出土实物对照,一件竹笥挂着写有"珠玑笥"的木牌,内有一绢囊盛装白膏泥丸,象征着白色的珍珠。与之并举的,遣策中还记录有"木文犀角、象齿一笥",墓中一件竹笥挂有"文犀角、象齿笥"木牌,内装满了木雕的犀角和象牙。这些冥器都象征着墓主生前拥有的财富。

现世之中,这类珍贵的材料多被用来制作成首饰。轪侯夫人所戴的发笄（jī）中,一支为玳瑁质,一支为角质,具有鲜明的南方色彩,由此制作而成的首饰是西汉初年的贵重奢侈品,应都是她生前的实用之物。其形态如带有密齿的长梳,在当时又被称作"擿"。"擿"的古字又写作"揥"（现代应读作 tì。若从"擿"下端有梳齿的形态看,又可通"栉",现在应读作 zhì）,表示"整理、括束"意,是就其带有细密梳齿,可用以整理碎发、括束发髻的实用功能而言。

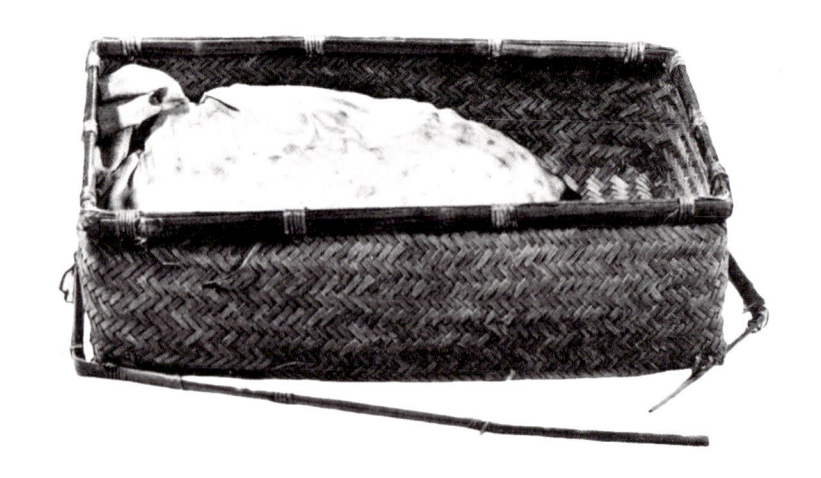

"珠玑笥"木牌与装有土珠玑缣囊的竹笥
马王堆1号汉墓出土

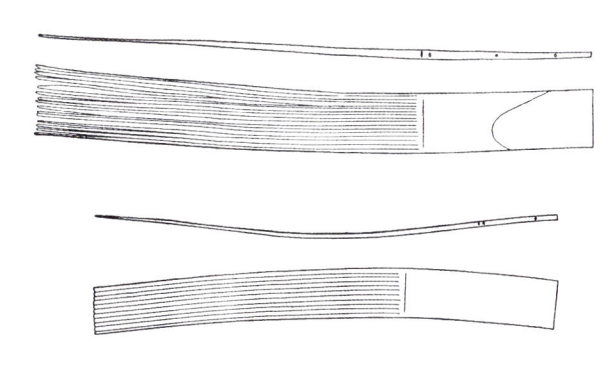

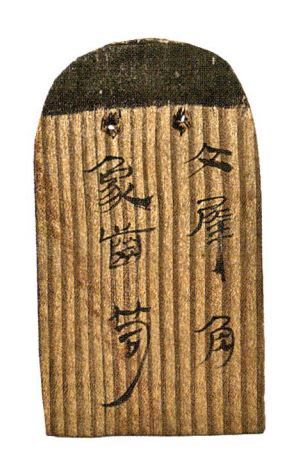

角质笄（上）与玳瑁笄（下）线图
（侧面可见有小孔）

"文犀角、象齿笥"木牌
与木雕彩绘犀角、木雕象牙
马王堆1号汉墓出土

　　唯有发髻正中所用的一支竹笄，可能是专为丧礼所制。对照《仪礼·丧服》中所记载的"吉笄者，象笄也"和"恶笄者，栉笄也"，可以知晓当时供现世所用的笄材质为象牙，供丧礼所用的笄才被替换为竹木。原本首饰上附加的花叶可能也使用了黄金装饰，而黄金与象牙都与当时汉朝官方不得奢葬的禁令相违。因此用竹木质加以替换后既符合丧事礼仪，又不违朝廷禁令。

　　玳瑁笄与角笄的侧面都分别留有三个小孔，原本应当也是挂有垂坠的饰物。细辨与这些首饰同出的坠饰，除了截锥形的18件涂漆小木坠外，还残留有两粒珠状饰物，似为象征珠玑的泥丸。它们可能原本就是分属于2件发笄上的"步摇"构件。

　　"步摇"一名出现得很早。《古文苑》所收、托名战国时楚王幸臣宋玉所作的《讽赋》中，讲述"主人之女"为见心上人时所准备的诸般打扮，其中便有"垂珠步摇"一项。这里需要引申讲讲《讽赋》文本的时代：《古文苑》相传为唐人旧藏本，北宋

第八章　佩饰　　261

孙洙得于佛寺经龛中。所录诗文,均为史传与《文选》所不载。因此有学者认为其中所收宋玉作品为后人托名伪作。[1]但山东临沂银雀山汉武帝时期墓葬中出土多种先秦古籍抄本简牍,其中有注明为与宋玉同为楚王幸臣的唐勒所作的文赋残篇,其体例风格与《古文苑》所收宋玉作品类似[2],则由此可推断《讽赋》成文也应当不晚于西汉。那么西汉人知晓"步摇"一名应是能够肯定的。

东汉刘熙《释名·释首饰》:"步摇,上有垂珠,步则摇也。"头上珠花随行步而摇颤,因而得名。可见早期的步摇大概就是系挂有垂珠饰品的发笄。这类首饰的早期实物出土不多,罕见的一例是山东临淄商王村1号战国墓(战国晚期齐国墓)出土的一对挂饰。[3]挂饰主体由金丝、金环、金叶串连而成,其间镶嵌、悬挂有绿松石、珍珠、牙雕制成的珠饰。这对挂饰出土于椁室中随葬的漆妆奁之中,当为墓主生前实用的首饰。发掘者推测这是一对耳坠,但从实际形态来看,挂饰顶端的扁环并不能穿耳,更可能是为附着发笄而设。根据墓中出土器物及印章记载可知,墓主是一位封号为"趞陵夫人"、名唤"音子"的贵妇人。

而轪侯夫人发笄上串挂的步摇类饰品,原本也可能包括金质托座与白色珍珠,只是为丧葬才特地改为了漆木托座与土珠。

西汉后期的文学家扬雄追忆汉初文帝时代,"于是后宫贱玳瑁而疏珠玑,却翡翠之饰,除雕琢之巧",将那时宫人们首饰用度节俭视作文帝的功绩之一。

[1] 扬之水:《步摇花与步摇冠》,《文汇学人》2019年7月5日。

[2] 廖名春:《从唐勒赋的出土论宋玉散体赋的真伪》,《求索》1991年第4期。

[3] 徐龙国、贾振国、王滨:《山东临淄商王村一号战国墓发掘简报》,《文物》1997年第6期。

垂珠金步摇
山东临淄商王村1号战国墓出土

实际上，玳瑁、珠玑等材质颇为珍贵奢侈，本就不在普通宫人的用度之内。当时礼制针对这类首饰的使用者身份应当存在一定的限制，可能只有后妃或王侯夫人才得以使用。直到汉武帝时代，随着国力充实富足，"承灵威兮降外国，涉流沙兮四夷服"（汉武帝《西极天马歌》），"自是之后，明珠、文甲、通犀、翠羽之珍盈于后宫"（《汉书·西域传下》），各种来自异域的珍奇产物极大丰富了长安宫廷中女子的妆奁，不再仅限于供给特定的后妃使用。如《汉书·东方朔传》中记东方朔对汉武帝形容当时天下侈靡之风，提及宫人所爱的首饰，是"簪玳瑁，垂珠玑"，这时候的垂珠步摇，才算是在长安后宫之中有所普及了。

二、发前胜饰草木华

轪侯夫人头上所簪戴的木花片虽已散乱，但经过对比分析，可以完整还原为一朵完整的七瓣花附加在竹笄之上。其形态与簪戴位置，都和文献记载中提到的一种名为"华（花）胜"的首饰吻合。刘熙《释名·释首饰》形容"华胜"是"华，象草木华也；胜，言人形容正等，一人著之则胜也，蔽发前为饰也"，"华"即是"花"。《太平御览》引此条作"花胜，草花也。言人形容正等，着之则胜"，是说这种饰物是模拟草木开出的花卉形态，端正戴在发髻的正中作为装饰。

除了马王堆汉墓所见涂金木花饰之外，目前还

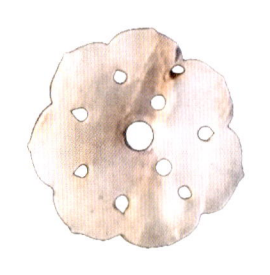

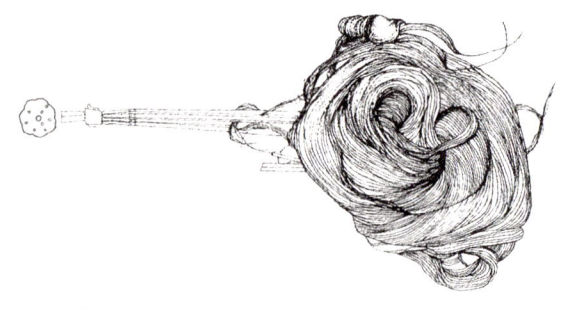

玉花饰和发髻
安徽六安白鹭洲战国楚墓出土

能看到一个较早的文物实例，见于安徽六安白鹭洲战国楚墓[1]，该墓墓主为楚国大夫阶层的贵族夫妇，墓葬未经扰动，女棺内墓主发式保存完好，与西汉初年轪侯夫人所梳发式基本一致，发髻平缓盘绾在头顶，其上簪有一枚带齿骨笄，笄头上有一个带有穿孔的矩形托座。发髻侧畔还散落有一枚七瓣玉花，中心一大孔，花瓣间隙有八个小穿孔。这应原本是穿系在笄头托座上的饰物，亦即乐府诗所称"用玉绍缭之"。细辨其花瓣式样，竟与马王堆汉墓出土的七瓣木花饰颇为近似。

大概是在没有朝廷禁令的背景下，这位楚国末年的贵妇人直接将生前所戴的玉花饰原样带到了墓中。而马王堆汉墓的轪侯夫人所戴的木花饰片，是在朝廷禁奢令的要求下不得已的替代。

同类饰物也见于汉代壁画上。传为河南洛阳八里台汉墓出土的壁画中，有一则"姜后脱簪"故事图，讲述的是周代姜王后脱去簪珥首饰、待罪永巷以劝谏周宣王勤政的故事。汉朝人以汉时好尚来绘制周

[1] 李德文、秦让平、汪欣等：《安徽六安市白鹭洲战国墓M566的发掘》，《考古》2012年第5期

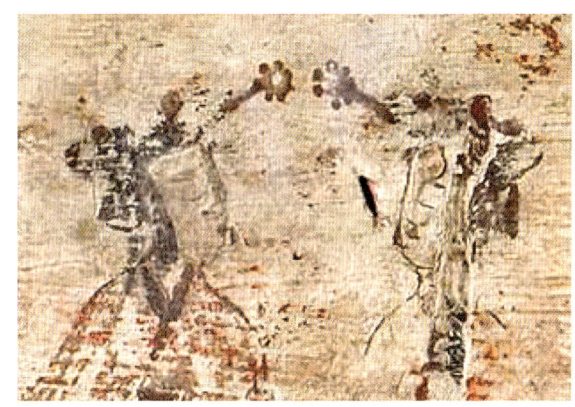

簪戴华胜的后妃
河南洛阳八里台汉墓出土壁画

代故事,画面上人物穿着打扮都反映着西汉后期的时尚流行。姜后与诸后妃的发髻上皆插有一支前探于额前的花饰,中为一白珠形花蕊,花蕊四周依然是围绕七片花瓣。图中姜后正准备取下首饰,她已将耳上垂挂的一串白珠串成的耳珰递与永巷侍者。

楚汉时代的实物与图像相互对照,竟是一脉相承,这种华胜的花朵均为七瓣式样,大概是与当时的礼制有所联系。只是目前在传世史籍中并没有楚与西汉时期服饰制度的具体记载，难有文字与文物对应清楚。对照文物分析来看，西汉后期壁画中的王后、西汉初年的侯夫人、战国楚的大夫之妻所戴的式样都相当近似，似乎华胜在形制上并没有身份等差的分别。

这里只能从有限的历史文献记载中寻找痕迹，简单进行一些推测——在汉代，"七"被视作"阳之正也"（《说文·七部》），《史记·律书》中

头饰华胜的皇后
朝鲜平壤南井里汉代乐浪郡墓葬
出土彩绘漆箧局部

金花头饰
甘肃肃南明花西五个疙瘩汉墓出土
（原物已散乱，经后期组装，组合后内
径约8厘米，外径约12厘米，总重12克）

也说："七星者，阳数成于七，故曰七星。"又《汉书·律历志》中记载："七者，天地四时人之始也。"据此大致推想，或许是古人观察自然规律多从"七"，才将"七"融入了当时的礼制构建之中，并最终体现在贵族女性的首饰之上。

这种"象草木华"的胜依然流行到了东汉，式样也变得愈加繁复。如甘肃肃南明花西五个疙瘩汉墓中出土有一朵完整的金花头饰[1]，花饰中心为金箔剪出的一大一小两重十二瓣花片，由铆钉固定，外围有21片小摇叶与6片弯月形花瓣、3片山形叶。虽然这朵金花出土时已散乱，但每片花叶上都留有穿孔痕迹，可整理成形。朝鲜平壤南井里汉代乐浪郡遗址中一座东汉墓葬曾出土一件竹编彩绘漆箧（qiè）[2]，箧盖、箧身四周及边角部位漆画汉地传统的历史人物和孝子故事，其中一角绘某个古代历史故事中的皇后与美人，皇后头顶发髻正中也簪戴有一朵花饰。

[1] 张掖市文物管理局编：《张掖文物》，甘肃人民出版社，2009年，第84页。

[2] 该墓因这件彩绘漆箧被发掘者命名为"彩箧冢"。见朝鲜古迹研究会：《乐浪彩箧冢》，朝鲜古迹研究会，1934年。

軚侯之子的发冠

在马王堆 3 号汉墓中，出土了一件双层长方形夹纻胎油彩漆笥，其中盛有两件墓主生前所戴用的冠饰。对照同墓出土的遣策，恰好记载有"冠大小各一，布冠笥五采（彩）画一合"。

在对 3 号汉墓两件冠饰分析之前，需要先了解当时礼制中贵族男性冠服演变的历史背景。

古代文献中常常提及"冠服"这一名称。顾名思义，即包括头上戴的发冠与身上穿的服装。当时的记载描述方式基本是先记头上所戴的冠，再记配合这种冠可搭配的饰件、衣装等物。向先秦或汉朝时的贵族提及"某某冠"，他肯定会联想到这件冠饰下搭配的服饰。

依照汉朝人的记载，在战国时期，因为周王室衰微，礼崩乐坏，各诸侯国相继争霸称雄，竞相产生了各种新巧奇丽的冠服。直到秦国兼并六国、一统天下，在政治、经济、生活等诸方面，各国的旧制被废止；秦始皇以中央集权为标准，建立了一套新规。如改原本的诸侯分封制度为"郡县制"，推

冠大小各一 布冠笥五采画一合

**"布冠笥"双层长方形夹纻胎油彩漆笥
实物与对应遣策记录**
马王堆3号汉墓出土

行共同的文字"书同文"、发行共同的钱币"秦半两",统一车制与道路"车同轨",等等。

但在"冠服"方面,稍微有所不同:一方面,秦始皇仍旧无暇顾及那些在战国时代已经被各诸侯国舍弃的周代繁琐的礼仪、礼服,周代礼制中的诸多冠冕衣裳被废止不用,秦朝另行建立了新制;另一方面,秦始皇也并未将战国时代各国产生的新式冠服悉数废止,而是以"尊己卑人"的态度,将来自战败各国的冠服都统合进秦朝的冠服新制中。[1]原来各国王侯贵族所戴的冠饰,被秦始皇赐予自己的臣下佩戴。

公元前202年,刘邦大败项羽,结束楚汉战争,即皇帝位,都长安,国号汉。汉朝为尽力从原先的

[1] 阎步克著:《服周之冕——〈周礼〉六冕礼制的兴衰变异》,中华书局,2009年,第163—164页。

第八章 佩饰　269

战乱中恢复国力，与民休息，加上原先的秦制不少方面已相对完备合理，汉朝建立的各种制度都大量继承或借鉴了秦的旧制，因此有"汉承秦制"的说法。史载汉初的礼制方面是由归顺刘邦的秦朝博士叔孙通与儒生"采古礼与秦仪"重建、重构（《史记·叔孙通列传》）。汉初礼制的另一大源头，则是以皇帝刘邦为代表的楚制或楚文化。刘邦和项羽军中旧有部属多为楚人，汉朝的朝堂新贵也多楚人，他们将楚人的爱好带到了长安。如《史记》言及叔孙通归降刘邦时说："叔孙通儒服，汉王憎之；乃变其服，服短衣，楚制，汉王喜。"意思是叔孙通原本穿着齐鲁之地儒生的服装，引来刘邦的憎恶；他为讨好刘邦，改换了楚制的短衣，刘邦就高兴起来了。由此可知，制定礼制时，叔孙通自然也需考虑到楚人出身的皇帝贵胄们的需求。

由于古礼大多散佚、失传，秦制也较为简便统一，刘邦等人代表的楚制更是来自民间，因此汉初的礼制并不繁缛，甚至相对而言显得松阔随意。至于和礼仪密切相关的冠服，也是如此。

秦与西汉的冠服制度史载不详，后世的礼制相关的文献也只是大概记载了秦汉之际的变化过程。

如东晋人袁弘在《后汉纪》中记载道："自三代，服章皆有典礼，周衰而其制渐微。至战国时，各为靡丽之服。秦有天下，收而用之，上以供至尊，下以赐百官，而先王服章于是残毁矣。汉初，文学既阙，时亦草创，舆服旗帜，一承秦制，故虽少改，所用尚多。"

《续汉书·舆服志》也说："降及战国，奢僭益炽，削灭礼籍，盖恶有害己之语。竞修奇丽之服……及秦并天下，揽其舆服，上选以供御，其次以锡百官。汉兴，文学既缺，时亦草创，承秦之制，后稍改定，参稽《六经》，近于雅正。"

但在东汉的冠服制度中，存在有不少对前代的追记。结合马王堆3号汉墓的两顶冠饰与同时期相关的图像与雕塑等考古材料，以及后世的文献记载，可以大致分析出这两件冠饰的源头与发展历程、使用场合与搭配方式。

一、士庶巾冠各不同

束发梳髻，是中原民族发式的主要特征。与之配合的用具，是巾与冠。古代男子二十岁成人，就需要在发髻上加巾或冠。《释名·释首饰》："巾，谨也。二十成人，士冠，庶人巾。"身份地位高的贵族阶层戴冠，身份地位低的庶民阶层只能戴巾。

最初的巾，大约只是一块从佩巾、抹布发展来的包头布。《玉篇》："巾，佩巾也，本以拭物，后人著之于头。"《急就篇》颜师古注："巾者，一幅之巾，所以裹头也。"秦朝时规定百姓都头裹黑巾，所以将他们称作"黔首"。《说文·黑部》："黔，黎也。从黑今声。秦谓民为黔首，谓黑色也。周谓之黎民。"一说黑巾蒙首，故谓黔首。与秦朝百姓相异，秦末的楚汉战争中出现了头裹青色头巾的"苍头军"。《史记·陈涉世家》："为仓（苍）

头军起新阳。"《史记·项羽本纪》:"异军苍头特起。"韦昭注:"军皆著青帽,故曰苍头。"到了汉朝,"苍头"依旧区别于普通百姓,成了对身份低微的仆隶的称谓。《礼记·祭义》孔颖达疏:"汉家仆隶谓苍头,以苍巾为饰,异于民也,后世亦沿。"

至于冠,起初并不像巾那样覆盖头部,只是一种加在发髻上的小发罩。《释名·释首饰》:"冠,贯也,所以贯韬发也。"《淮南子·人间训》也称它"寒不能煖,风不能障,暴不能蔽也",装饰功能大于实用功能。依照礼制,男子成年举行冠礼时,首次加"缁(黑)布冠",表示从此有参与政治活动的权利;再次加"皮弁",表示从此有参与狩猎和参加战斗的责任;最后加"爵弁",表示从此有参与祭祀等礼仪活动的资格。①

秦始皇陵兵马俑陪葬坑1号坑中出土的陶俑中,既有戴巾的兵卒,也有戴冠的军官,让人可以清晰看出当时巾与冠的形态。②戴巾者数量较多,巾覆盖住整个头顶,侧边或后缘多开有一个小叉口,下连系带,可以方便佩戴时调节大小,以紧束在头上。根据残留的彩绘来看,巾多是赤红色,也有黑色的。戴冠者数量相对较少,冠式却更丰富。其中一种冠作梯形长板状,压于头顶,并在发髻处向上隆起,冠顶末端内折,形成呈三角状的冠罩将发髻覆盖。其他几种冠结构类似,或是在冠板处加冠梁,或是进一步加以翻卷折叠。不同的冠式,表现出军官身份的高低不同。

为了将冠在头顶上固定,当时大致有两种方式:

① 杨宽:《西周史》,上海人民出版社,2016年,第1046页。

② 陕西省考古研究所、始皇陵秦俑坑考古发掘队编著:《秦始皇陵兵马俑坑一号坑发掘报告(1974—1984)》,文物出版社,1988年,第114页。

1

2

3

4

秦俑的巾（1）与冠（2—4）举例
据秦始皇陵陪葬坑 1 号坑出土陶俑像绘制

第八章　佩饰　　273

骨质发笄
湖北荆门沙洋严仓楚墓出土

竹质发笄
马王堆3号汉墓出土

一是加笄（发簪），即插上发簪使冠固定在发髻上，如《释名·释首饰》："笄，系也，所以系冠使不坠也。"湖北荆门沙洋县严仓楚墓中就出土了一件楚国男性贵族所用的骨质发笄，笄首透雕神兽纹饰，神兽眼中点朱，顶端探出一段装饰卷云纹的挖耳小勺。[①]马王堆3号汉墓中有一件锥画纹六子漆奁，其中也盛放有一枚竹笄，它的形态比较特别，是由两片竹片削刮再粘合而成，两头厚，中间薄，一头弧，一头方。呈现这种形态，大概是为了将冠饰与发髻固定得更牢固。

二是结缨，即在冠侧穿上两条带子，下垂系结于颔下。《仪礼·士冠礼》郑玄注："无笄者，缨而结其绦。"《释名·释首饰》："缨，颈也，自上而系于颈也。"颔下系结的部分，还可以打出一个装饰性的带结，称作"緌"或"蕤"。在冠下加缨，是秦汉之际冠的常见做法，《续汉书·舆服志》中说："诸冠皆有缨蕤，执事及武吏皆缩缨，垂五寸。"为了使冠与缨配合得更加牢固稳定，还在缨上另系

① 荆门市博物馆：《荆门市博物馆馆藏文物精品》，湖北美术出版社，2011年，第42页。

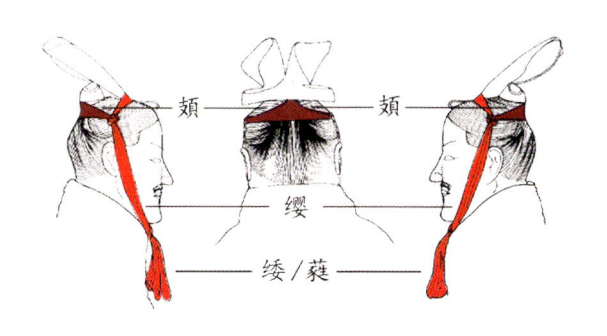

冠缨的构成
据秦始皇陵陪葬坑出土铜驭手俑绘制

一条从头后绕起的短带,即所谓"颒",亦即《续汉书·舆服志》中记载的"古者有冠无帻,其戴也,加首有颒,所以安物"。秦始皇陵兵马俑陪葬坑中出土的戴冠俑像,大多是采用这类方式。马王堆汉墓中与两件冠饰放置在一起的,也是这类组合好的冠缨。

二、军官武将戴武冠

"大冠",是汉朝人对"武冠"的俗称。汉朝人对此记载得很明确,如蔡邕《东观汉记·车服志》:"武冠,俗谓之'大冠'。"[1]董巴《大汉舆服志》:"大冠者,谓武官冠之。"[2]

武冠,顾名思义,这种冠多是武官所戴,因此得名。依照汉朝及之后人的记载说法,武冠在中原本土的源头,是来自战国时代的赵国。这原本是赵武灵王提倡胡服骑射时效仿自北方草原游牧民族的冠式,被用来表彰武士。秦灭赵之后,秦始皇将这种冠赐予侍中等近臣戴。蔡邕《独断》:"太傅胡

[1] 《艺文类聚》卷六七引。
[2] 《后汉书·光武帝纪》李贤注引。

第八章 佩饰　　275

武冠戴用示意

公说曰：赵武灵王效胡服，始施貂蝉之饰，秦灭赵，以其君冠赐侍中。"

　　到了汉朝，武冠进一步成为将领身份的象征。如在汉武帝时，终军上书汉武帝，自请出使征伐南越国，便说"请受大冠长缨，以羁南越王而致之阙下"[1]。授予大冠，背后有着授予指挥军队之权的意义，这也是后世"请缨"一词的来源。又如汉宣帝时，盖宽饶初任司马（武官）之职，迅速将衣冠都改作武官样式，"未出殿门，断其襌衣，令短离地，冠大冠，带长剑"[2]。但同样是宣帝时代，大臣张敞去探看被废的前皇帝、故昌邑王刘贺，《汉书·武五子传》记称他"衣短衣大绔，冠惠文冠，佩玉环，

[1] 今本《汉书》该句略有不同。《汉书·终军列传》："南越与汉和亲，乃遣军使南越，说其王，欲令入朝，比内诸侯。军自请：'愿受长缨，必羁南越王而致之阙下。'"这里据《艺文类聚》卷六七。

[2] 《汉书·盖宽饶传》：宽饶初拜为司马，未出殿门，断其襌衣，令离地，冠大冠，带长剑，躬案行士卒庐室，视其饮食居处，有疾病者身自抚循临问，加致医药，遇之甚有恩。

276　何以汉服　重新发现马王堆汉墓服饰

暖帽
俄罗斯南西伯利亚地区
巴泽雷克墓地 3 号墓出土

附加金饰的暖帽
俄罗斯图瓦地区
阿尔赞 2 号冢 5 号墓出土

① Sergei I. Rudenko: Frozen Tombs of Siberia-The Pazyryk Burials of Iron Age Horsemen, University of California Press, 1970.

② Chugunov, K.V., Parzinger, H. and Nagler A.: Der skythenzeitlichen Fürstenkurgan Arzan 2 in Tuva, Archäologie in Eurasien 26, 2010.

簪笔持牍趋谒"，大概当时贵族男性在日常生活中也可戴武冠。

追溯这种冠式的源头，应是来自游牧民族的御寒暖帽。最初这种帽是使用毛皮、毛毡等材质制成，如俄罗斯南西伯利亚阿尔泰地区早期铁骑时代巴泽雷克墓地 3 号墓中男性墓主所戴①，以簸箕状的冠体扣住头部后半，两侧又伸出长耳在颌下系结，帽顶还附着了一个木质王冠形饰件。在这类冠帽之上，有的还缝缀有草原民族所喜爱的黄金饰品，如俄罗斯图瓦地区阿尔赞 2 号冢 5 号墓男性墓主所戴皮帽，帽顶有一只立体的金质长角公鹿装饰，帽沿装有四枚卧马纹金牌饰。②

传入中原之后，因气候环境变化，冠帽的用材有所改变，由厚重的皮毛改为了轻薄的织物。这一材质改变，涉及大冠的另一个别名"惠文冠"。在后世的记载中，人们对这个名称产生了一些比较牵强的附会。《晋书·舆服志》中记录了针对"惠文冠"

这一名称的两种说法:"或曰赵惠文王所造,因以为名。亦云,惠者蟪也,其冠文轻细如蝉翼,故名惠文。"将惠文冠说成是战国时期赵惠文王所创制,或是将"惠"理解为"蟪",说是其材质纹理如同蝉翼一般。实际上是不必这样曲折解释的。在汉朝的记载中,"惠"即"繐",是指一种轻薄透凉的织物。《仪礼·丧服》郑玄注:"凡布细而疏者谓之繐。"《释名·释采帛》:"繐,惠也,齐人谓凉为惠,言服之轻细凉惠也。"之所以名为"惠文",就是指这种冠是一种用细布制作、轻薄透气的凉冠。

武冠虽说是冠,但它的形态大致维持了草原民族的帽式特征。《战国策·齐策》中引用了一则齐国的童谣,称:"大冠若箕,修剑拄颐,攻狄不能,下垒枯丘。"可知大冠的实际形态应该像一顶簸箕形的帽子。之所以被称作"大冠",或许正是因为这种冠式区别于其他只能罩住发髻的中原冠式,能够像帽子一样覆盖头部。

在汉朝史料中,武官又有一个别名"武弁大冠"。"弁"也是古代的一种冠帽,关于它的具体形态,《释名·释首饰》形容:"弁,如两手合抃时也。"《续汉书·舆服志》中说:"皮弁冠……制如覆杯,前高广,后卑锐。"这种冠帽像两手扣合在一起,或说像一个倒扣过来的耳杯。因为弁的形态和武冠很像,所以汉朝人也将武冠称作"武弁"。

传为洛阳金村东周王室墓葬中出土的一件错金银狩猎纹镜上,有一位骑马武士线刻图像[1],他头上所戴冠的形态与文献记载类似,冠上还用线条表

---

[1] 〔日〕梅原末治:《洛阳金村古墓聚英增订本》,小林出版部,昭和十八年(1943年),第1页。

错金银狩猎纹铜镜及其上的戴冠武士
传为洛阳金村东周王室墓出土

示有某种长羽装饰。秦始皇陵兵马俑陪葬坑 2 号坑中出土的骑兵俑[1]，头上所戴的冠表现出了更加清晰的细节——冠的两侧依旧如草原式样一般垂下护耳，却是结合采用了中原式的系结法，在护耳上另穿缨带，于颔下系结。

马王堆 3 号汉墓出土的"大冠"正是一顶武冠的实物。这顶武冠长 26 厘米，宽 15.5 厘米，高 17 厘米，两护耳长 8 厘米。冠面是用绞纱状的斜纹织法编织，编好后将其斜覆在特定的模型上，辗压出冠的大致轮廓，再在缘边加嵌上固定线，最后再反复涂刷生漆，定型成为没有接缝的一个整体。这种整体成型的漆纱织物，在当时名为"纚"，专供头

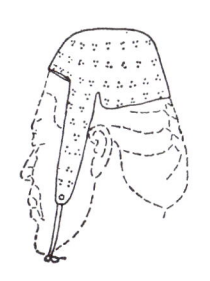

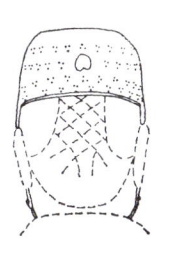

[1] 袁仲一：《秦兵马俑的考古发现与研究》，文物出版社，2014 年，第 304 页。

秦俑的武冠举例
据秦始皇陵陪葬坑 2 号坑出土陶俑绘制

第八章　佩饰

漆纚武冠与可能与之搭配的冠缨　　　　纱质冠缨残片　　　　　　　　　绢质冠缨残片
马王堆3号汉墓出土

冠所用。《说文》："纚，冠织也。"段玉裁注："冠织者，为冠而设之织成也，凡缯布不须剪裁而成者，谓之织成。"这种纚织物，材质维持縰布轻薄稀疏的特性，而且更加稳固细致，涂漆也进一步起到了稳固持久的效果。这是当时贵族冠帽的通用材质，多座西汉时期王侯、高官的墓葬中都有这类残片出土。[1] 无论是遣策所记"大冠"之名，还是文物自身的"惠文"之质，都可以与传世文献相对应。

冠耳下原本应当是附着有冠缨，以供在颌下系结固定。马王堆3号汉墓彩绘漆奁中除了两件冠饰，还另外附有若干绢纱带的残片。经整理，大致可以分为两组纱带、两组绢带，它们应即是备用的冠缨。其中一组纱带、一组绢带的长度较短，可能就是系在漆纱武冠长耳下的冠缨。

在其他西汉墓葬中，同样可以看到多例头戴武冠的俑像。如汉景帝阳陵陪葬坑中出土的着衣式兵俑[2]，其中数件头上都依旧留存有稀疏织物制作的冠帽，从形态仍大致可以看出保持武冠覆头、长耳的特征。陶俑的额头部位还留有一道红痕，原本应

[1] 黄秋雯：《汉代漆纚考略》，《广西文博》第一辑，广西人民出版社，2017年，第202—210页。

[2] 汉阳陵博物馆：《汉阳陵》，文物出版社，2017年，第38、40页。

戴武冠的陶俑

陕西咸阳汉景帝阳陵陪葬坑出土

当是缠有一条赤帻。

江苏徐州北洞山西汉楚王墓中也出土了多件头戴武冠的彩绘陶俑，其中数件在右腿外侧悬有带"郎中"二字小印的绶带[1]，可以进一步知晓其身份正是武官。

此外，原先草原民族冠帽的装饰特征，在武冠之上仍旧被一定程度沿用下来。文献记载中对这类饰物的记载很多。如蔡邕《独断》："侍中、中常侍加黄金附貂蝉之饰。太傅胡公说曰：'赵武灵王效胡服，始施貂蝉之饰。'"应劭《汉官仪》："加金珰，附蝉为文，貂尾为饰，谓之貂蝉。"[2]《续汉书·舆服志》："侍中、中常侍加黄金珰，附蝉为文，貂尾为饰，谓之'赵惠文冠'。胡广说曰：'赵武灵王效胡服，以金珰饰首，前插貂尾，为贵职。'"大体而言，记载中提到了"金珰附蝉"与"貂尾"两种饰物，亦即后世所谓的"貂蝉"。

所谓"貂"，依照汉朝人胡广的说法，"意为北方寒凉，本以貂皮暖额，附施于冠"[3]。最初形

---

[1] 徐州博物馆、南京大学历史学系考古专业：《徐州北洞山西汉楚王墓》，文物出版社，2003年，第89页。

[2] 《初学记》卷十二引。

[3] 《初学记》卷十二引。

戴武冠的陶俑

江苏徐州北洞山西汉楚王墓出土

态大概是以貂的皮毛制作的护额，作为冠的附属品而存在着。而在汉朝时，这种饰貂的做法变成了使用貂尾簪在武冠之上。

据学者分析，战国时期直到西汉中期，缝缀在武冠上的"黄金珰"也是沿用了北方草原风格的经典样式。对照出土实物来看，这种金冠饰呈现正面或侧面的羊头纹样；而广泛见于西汉王侯级墓葬的金冠饰式样，上为一只张嘴噬咬的猛兽头部，下端是曲角盘羊的头部分列左右，仍具有浓厚的异域风格。

其中江苏盱眙大云山汉墓（西汉中期江都王刘

漆纱冠上所附的各种金饰
江苏盱眙大云山江都王陵 1 号墓出土

① 南京博物院编：《长毋相忘——读盱眙大云山江都王陵》，译林出版社，2013 年，第 292 页。

② 南京博物院等编：《大云山——西汉江都王陵 1 号墓发掘报告》，文物出版社，2020 年，第 134、135 页。

非之墓）中的金冠饰出土时，仍旧附着在漆纚残片之上。①因墓葬被盗，这些冠饰已不是原始状态，但根据形态可以分为大型猛兽噬羊纹金片 16 片（大的 11 片，小的 5 片），此外又有 2 个挂物（可能原本用来簪貂尾）的金质小基座，若干半球形或圆锥形小金泡饰（可能是用来连接冠和冠缨）。②

至于"附蝉为文"，则是中原地区新产生的比附意义。这最初应该只是指冠帽的材质由皮毛换成了漆纚，质地如蝉翼一般。而后人们进而将其与金冠饰联系在一起，将原本冠饰上的猛兽噬羊纹饰也改为了更具汉式风格的蝉纹。

汉朝人为这几样元素都附会上了美好的寓意，如《初学记》卷十二引董巴在《大汉舆服志》中记载道："金取刚，百炼不耗；蝉最居高饮清；貂取内劲悍外温润。"

第八章 佩饰　　283

武冠上簪貂尾（上）、饰金珰（下）的侍从
马王堆 3 号汉墓《车马仪仗图》帛画局部

武冠上的貂尾与金珰装饰示意

马王堆3号汉墓出土的武冠实物为素面，其上并无任何多余装饰。但之所以有这样的情况，应当是和马王堆1号汉墓所遇原因类似——在朝廷颁布有节葬禁令的背景下，不得不如此。但同墓中的《车马仪仗图》帛画中，仍旧能够看到武冠上装饰物的痕迹。画面左上角绘制墓主人身后、两旁都有多组士卒队列，他们均头戴武冠，有的冠背后垂有一条长尾，有的冠侧面用黄白色小点绘表示出附着的装饰。这大概就是表现现世中冠上的"貂尾"与"金珰"了。参考西汉墓葬中出土的同类冠饰，可以进一步复现出墓主生前武冠的戴用状态。

第八章 佩饰　285

三、宗室贵族戴长冠

马王堆 3 号汉墓盛冠的彩绘漆奁中，除了漆纚武冠之外，还有另一件冠饰，与遣策文字所记的"小冠"对应。据研究者推测，这顶"小冠"可能就是汉朝文献记载中的"长冠"。[1]

长冠又有"斋冠""刘氏冠"等异名。其起源参照《史记·高祖本纪》中的说法："高祖为亭长，乃以竹皮为冠，令求盗之薛治之，时时冠之，及贵常冠，所谓'刘氏冠'乃是也。"即当汉高祖刘邦还未发迹、在秦朝担任一个小小亭长时，即选择竹皮为制冠的材料，派遣手下前往薛县找匠人制成了

[1] 王树金:《马王堆汉墓服饰研究》，中华书局，2018年，第20页。

长冠戴用示意

这种冠；刘邦对这种冠颇为喜爱，身份低微时就时时戴它，在身份变得尊贵之后，仍旧时常戴它。因此这种冠被人们称作"刘氏冠"。

汉朝的统治者进一步为这种冠赋予了礼制意义。《东观汉记·车服志》中称："高皇帝始受命创业，制长冠以入宗庙。"[1]长冠被汉朝的皇族当作祭祀宗庙时戴用的冠，"斋冠"这个名称也由此而来。

在此背景下，西汉初年，长冠在民间颇为流行。然而在汉高祖八年（前199年）时，官方规定只有爵位在公乘以上的贵族男子，才有资格戴长冠。《汉书·高帝纪》记称："爵非公乘以上，毋得冠刘氏冠。"所谓"公乘"，是指当时男子的爵位。汉初爵位分为二十级，公乘是第八级爵，意即可乘公车者。这一规定明确将长冠的使用范围限定在贵族阶层。

关于长冠的具体形态，传世史料中也有比较清楚的记载。

东汉蔡邕《独断》："斋冠，或曰'长冠'，竹裹以纚，高七寸，广三寸，形制如板。高祖冠，以竹皮为之，谓之'刘氏冠'。汉制，礼无文，鄙人不识，谓之'鹊尾冠'。"《续汉书·舆服志》中的记载类似："长冠，一曰斋冠，高七寸，广三寸，促漆纚为之，制如板，以竹为里。初，高祖微时，以竹皮为之，谓之刘氏冠，楚冠制也。民谓之'鹊尾冠'，非也。祀宗庙诸祀则冠之。"

可见长冠进入礼制之后，已不再是简单以竹皮制作，其上还裹有一层"漆纚"（涂漆的纱罗织物）。

[1] 《续汉书·舆服志》刘昭注所引。

戴鹊尾形冠的侍者
马王堆1号汉墓T形帛画局部

戴鹊尾形冠的墓主人与侍者
马王堆 3 号汉墓《车马仪仗图》帛画局部

戴鹊尾形冠的墓主人
马王堆3号汉墓T形帛画局部

具体尺寸是高七寸（约16厘米）、广三寸（约6.9厘米）。从当时民间的俗称"鹊尾冠"可以知晓，它应当是如同鹊尾一般高高翘起的形态。

符合文字描述的鹊尾形冠饰形象，可以在马王堆1号汉墓与3号汉墓出土的T形帛画中看到。在1号墓盖在内棺上的T形帛画中部，绘制有多个侍奉墓主人的男子侍臣形象，头上即戴有鹊尾形冠。3号墓T形帛画中部画有墓主人形象，他也头戴鹊尾形冠；在同墓另一张帛画《车马仪仗图》中，左上角也有头戴鹊尾形冠、身穿袀玄、腰间佩剑的墓主人形象。在这类翘起如鹊尾的冠饰中，应当就有一部分是表现长冠的形象。但是，两座墓葬的时代都在汉高祖对长冠佩戴者作出身份等级限定之后，除了3号墓帛画中两处墓主人形象可以基本肯定是佩戴长冠之外，其余侍者所戴未必就是长冠。

因帛画笔触缺乏细节，还需进一步对照更为直观的材料进行分析。

马王堆1号汉墓中出土了两件着衣男俑，头顶梳发戴冠的形态相较帛画所绘更加明确：头发在额前中分，拢至颈部再上折，最后头顶偏后位置梳成发髻；发髻上斜有一块冠板，板长12厘米，宽8厘米，左侧边棱突起一道，其右板面刻画等宽的五道线纹，似是表现冠板的铁梁，板下又附一梯形平板。冠两侧有墨绘的冠缨直达下颌，与附着于下颌的小木条相联结。男俑之一，鞋底刻有铭文"冠人"。1号墓遣策中没有对这类木俑的记载，但对照3号墓遣策来看，这两件男俑的身份应是"谒者"一类。《续

"冠人"着衣木俑
马王堆1号汉墓出土

"冠人"着衣木俑

马王堆 1 号汉墓出土

汉书·舆服志》记载:"唯长冠,诸王国谒者以为常朝服云。"墓主身为轪侯夫人,在她身边侍奉的谒者头戴长冠是符合历史记载中的汉朝制度的。

湖北江陵凤凰山 167 号汉墓也出土了两件雕衣彩绘木俑[①],出土时头上都戴有木雕发冠。依照该墓随葬遣策记载,这两件木俑身份也是"谒者"。其随葬性质应当与马王堆 1 号汉墓的两件戴冠男俑("冠人"着衣木俑)一致。凤凰山木俑头上戴的冠同样也是由头顶倾斜的冠板、墨绘冠缨以及颔下的小木条构成,只是冠板较马王堆汉墓木俑所戴更为窄小,冠板后部也没有另附梯形平板。冠下的发式也与马王堆木俑稍有不同,头发除了拢至颈部再上折的部分外,还专从头后左右两侧各分出一小股,在头后正中作"人"字形收束,最终压在冠体基座之下。

大概是因为墓主当时的身份等级更低,谒者并无资格戴用爵位较高者专属的长冠,所以戴的是制式与长冠类似,但较为低矮短小的"却非冠",即《续

① 凤凰山一六七号汉墓发掘整理小组:《江陵凤凰山一六七号汉墓发掘简报》,《文物》1976 年第 10 期。

**"谒者"雕衣彩绘木俑
与对应遣策记载**

湖北江陵凤凰山 167 号汉墓出土

"谒者"雕衣彩绘木俑的发式

湖北江陵凤凰山 167 号汉墓出土

汉书·舆服志》中记录的"却非冠,制似长冠,下促。宫殿门吏、仆射冠之"。"却非"与"鹊尾"名称音既相近,形态也类似,只是整体看起来更为短促。依照汉朝制度,这种冠专供"宫殿门吏、仆射"戴用。马王堆汉墓帛画中的侍者头上所戴,大概也是这种"却非冠"。

回顾马王堆 3 号汉墓彩绘漆奁所盛的"小冠"。虽然整件冠饰已经残断,裂为多块,但根据这些残片的形态整理分类后,可以进行大致的复原推测。这里将其大致分为几个部分:

第一部分:这件冠的主体是一块双层绢料,前端是长 21 厘米、宽约 11 厘米的长方形冠板;其后折一块梯形冠尾,长 15 厘米,一头宽约 15 厘米,

第八章 佩饰　　293

另一头宽 11 厘米。冠板之内衬有等长、等距排列的细铁丝所形成的九道冠梁。该冠比例比前举的湖北荆州望山桥 1 号楚墓出土的楚冠大了许多，甚至也比后世记载长冠的尺寸（高七寸，广三寸）更大，而且内衬并无竹皮。但从冠的形态上看，的确是属于长冠一系。这大概是在西汉初年制定礼制时有所改进、与墓主轪侯的贵族身份相符的特殊制式。

第二部分：一组同样包裹有铁丝框架的细绢，可能是在冠板之下起着固定和收束头发的功能，其中一块能明显看到与冠板一致的冠梁，但因过于残损，难以推知其完整形态。

第三部分：一个长宽各 11 厘米的双层方形绢块，大概是接续在长冠主体下、位于发髻之前的衬垫。

第四部分：第三部分绢块两侧接续的冠缨，保存较为完整的冠缨是宽 2 厘米的双层纱带，带下垂于 25 厘米处交叉打一方形结，结下带长 12 厘米，系带与冠部相连处两侧也各系有一个圆形结，系带已残断，原本这里应当是一道固定用的"颏带"，而且可以与第二部分衔接。

第五部分：冠上附加的冠缨大概是可以直接拆卸替换的。彩绘漆盒中整理出的两组纱带、两组绢带，其中较短的一组纱带与一组绢带是搭配武冠的冠缨。而剩下的一组纱带、一组绢带都比较长，且形态比较独特，是两条长带在下系结，上端还留有系"颏带"的结，它们应是适合长冠的冠缨。这两组绢纱材质的冠缨在形态上与冠体自身所附的冠缨稍有不同。后者是 2 厘米宽、双层的平整窄纱带，戴用时在颌下打结时质地硬挺，与"谒者"木俑颌下所加的小木条形态接近；而另两组冠缨均是用较宽的单层纱或绢加以细密长褶制成，在系结受力处收缩变窄，在打结的端头又散开变宽，这类冠缨更为轻软，戴用时形态与秦兵马俑表现的冠缨类似。两种冠缨风格，大概也体现着西汉初年中原秦地与南方楚地的审美偏好差异。

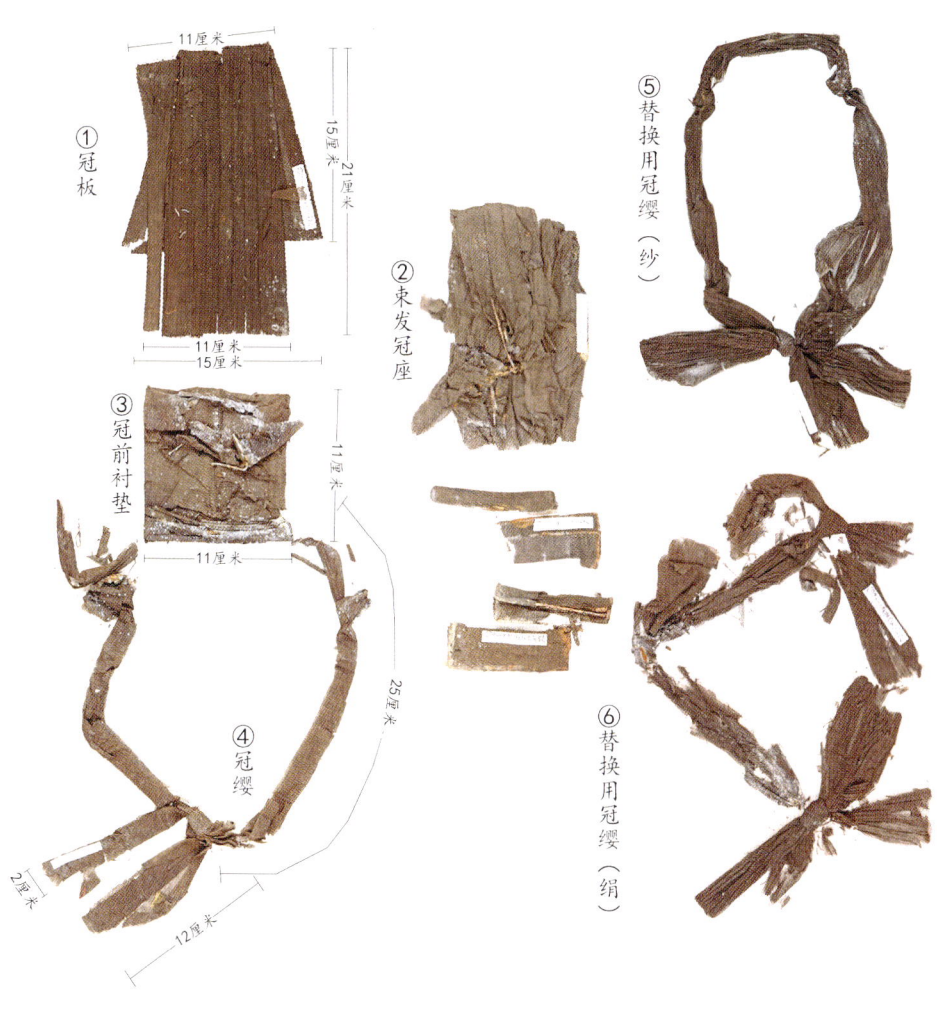

①冠板
②束发冠座
③冠前衬垫
④冠缨
⑤替换用冠缨（纱）
⑥替换用冠缨（绢）

长冠与搭配的冠缨
马王堆 3 号汉墓出土

第八章　佩饰　　295

腰间约束带与钩

在马王堆汉墓的时代，衣物上还没有纽扣。人们为了将衣物穿好，总是需要在腰间系上带子。

当时有的是附在衣物本体上的衣带，人们在穿着衣物时顺带就可以将衣带系好。如马王堆1号汉墓叠放衣物的329号竹笥之中，一件还未缝在衣身上的素绢缘边（考古编号329-7）在内领位置就附加了一条细长的系带。在穿着这种款式的衣物时，可以将这条内领处的系带拉向左侧身后，绕身系挂，有着稳定内襟、使内襟不致下滑移位的作用。这种系挂衣襟的带子大概被当时人称作"衿带"。又如两件印绘纱复衣（考古编号329-12、13），在上下身衔接的前身处，也刻意留出了一个小开口，供衣带从内穿出、束系腰身。马王堆3号汉墓遣策中多次提到的"傅（缚）襦"，应该也是本体自有系带以供绑缚的衣物款式。

更多时候，人们会使用独立在衣物之外的腰带。穿上衣物整理好衣身后，就需要另加腰带来固定腰身。《说文·巾部》："带，绅也。男子鞶带，妇

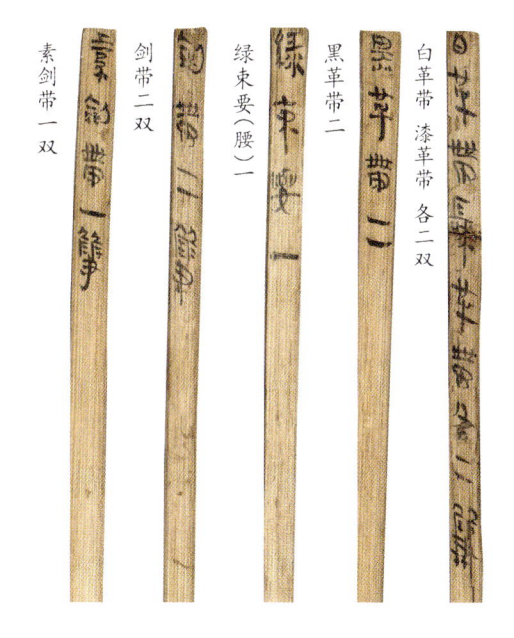

记录各种带具的遣策
马王堆3号汉墓出土

素剑带一双
剑带二双
绿束要（腰）一
黑革带二
白革带 漆革带 各二双

红组带一

红组带及其对应遣策
马王堆1号汉墓出土

人带丝。"《礼记·内则》也说："男鞶革，女鞶丝。"可见当时男子多使用皮革制作的腰带，妇人多使用丝织物制作的腰带。关于系带的位置，《礼记·深衣》中也说得很分明："带，下毋厌（压）髀，上毋厌（压）胁，当无骨者。"即带子不能压到髀骨或肋骨，应该正当腰部。

马王堆1号汉墓的九子漆妆奁中，就盛放有一条长约145厘米、宽约11厘米的丝织物长带。它是用左右两组经线交叉编织的带状双层织物，也就是说整条带子一体编织成型，无需再另外缝纫。两端的带头处还留有散开的丝穗。这条带子的颜色已经褪去，但墓中随葬遣策称其为"红组带一"，可

第八章 佩饰　　297

以知晓它原本的色彩应当是红色。需特别注意，汉朝人所说的"红"，实际是一种染得比较浅的色彩，如《说文·系部》："红，帛赤白色。"由它的长度和形态看，应该就是一条用来系结衣物的腰带。这种软质的腰带绑缚打结比较方便。

马王堆3号汉墓的随葬遣策中，也记载了多例腰带，皮革制作的带子有"白革带""漆革带""黑革带"等，丝织物制作的腰带有"绿束要（腰）"，可见当时男子既有丝带又有革带，并不像礼制记载那样有着严格分明的限定。

革带或者比较厚实的丝带就不能直接打结了。当时会在带子的两端另行加上物件来系挂。常用的系挂物之一就是带钩。当时的带钩多是铜铁等金属质地，贵族阶层也有使用更为奢侈的金玉质带钩，或是在带钩上错金银、嵌宝石作为装饰。如河南信阳长台关2号楚墓遣策记载的"一素绨带，又（有）□钩，黄金与白金之为"，即：一条皮面绣花的腰带，带上附有某种质地的带钩，带钩上有金银装饰。[①]对照同墓出土文物，革带虽已腐朽不存，但带钩仍在。这是一件铁质带钩，上有金粒与银线勾画出纹饰，可以与遣策对应。这种饰金银的带钩在西汉仍很流行，如北京大学藏西汉简牍《妄稽》中描写美人虞士的衣饰，也写道"双象玉钩，口（釦）有银黄之须"[②]，她的这件带钩为玉质，上嵌有金银线的纹饰。

然而，因为汉文帝一力倡导的薄葬理念，陵墓"不得以金银铜锡为饰"，马王堆1号汉墓（第一代轪侯夫人墓）没有出土这类用料奢侈、做工精细、

① 河南省文物研究所编：《信阳楚墓》，文物出版社，1986年，第112、129页

② 北京大学出土文献研究所编著：《北京大学藏西汉竹书[肆]》，上海古籍出版社，2015年，第28页

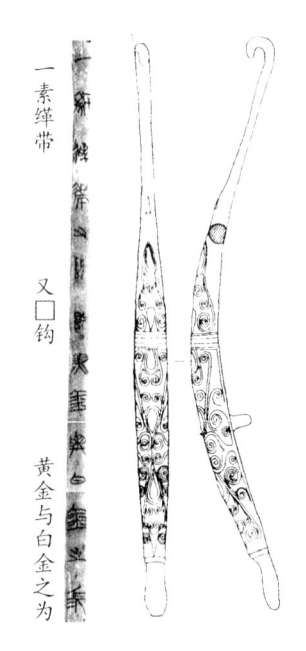

河南信阳长台关2号楚墓出土带钩与对应遣策

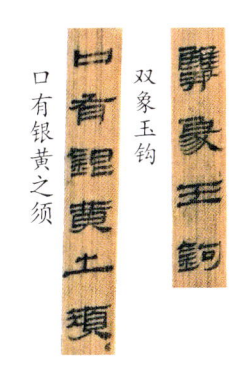

**"双象玉钩，
口（釦）有银黄之须"**
北京大学藏西汉简牍《妄稽》

① 王树金、唐涛：《桂门岭出土纺织品时代考》，《南方文物》2020年第4期

装饰华丽的带钩。马王堆2号汉墓（第一代轪侯利苍墓）与3号汉墓（第二代轪侯利豨墓）出土的也都是比较小巧俭朴的带钩，2号墓的带钩有两件铜质、一件银质，3号墓的两件为铜质。

关于这类带钩与革带的组合方式，可对照湖南郴州桂门岭战国晚期墓葬中出土的一件漆革带。这件革带长135厘米，宽9.5厘米，皮革质地，面上髹黑漆而且压印有规整的菱形纹图案起伏。革带一端是一个青铜带钩，是在革带上开口再将带钩底座装入；革带上还开有三个小口，大概有系挂时调整腰围的用途。据研究者分析，这座墓葬的主人，是战国后期楚地一位处在士这一等级的女性贵族。①

铜带钩（两件）
马王堆2号汉墓出土

银带钩
马王堆2号汉墓出土

第八章　佩饰　299

铜带钩（两件）
马王堆 3 号汉墓出土

漆革带与铜带钩
湖南郴州桂门岭战国晚期墓出土

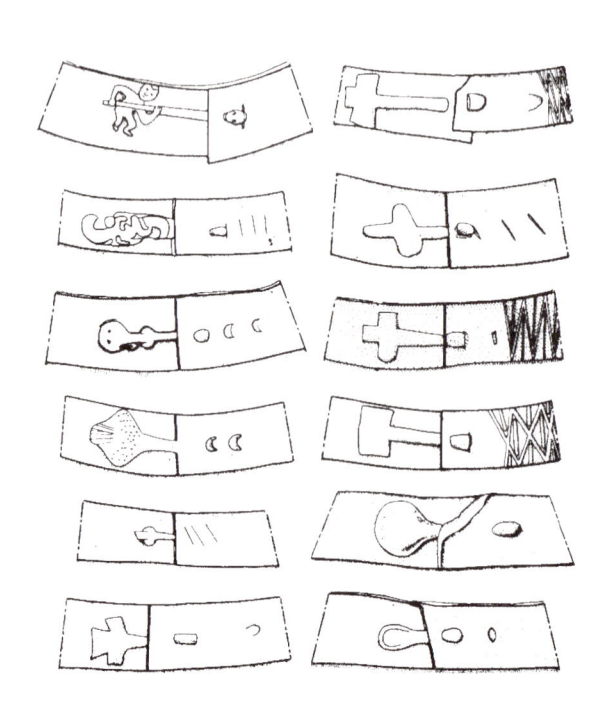

革带与带钩的组合
秦始皇陵兵马俑坑 1 号坑
兵俑腰部雕塑

① 陕西省考古研究所、始皇陵秦俑坑考古发掘队编著：《秦始皇陵兵马俑坑一号坑发掘报告（1974—1984）》，文物出版社，1988年，第106页。

秦始皇陵兵马俑1号坑中士兵俑像的腰部同样雕刻有佩挂带钩的革带，其形式与楚地墓葬出土的实物非常接近，同样是在带上压印或墨绘纹饰，革带一头安装带钩，一头开出多个供勾挂用、可调节腰围的小孔。①

此外，马王堆3号汉墓出土的遣策中还记录有"剑带""素剑带"等名。当时贵族男性有在腰间系挂佩剑的时尚，因而他们会在腰带之外另系上一条挂剑的带子。秦始皇陵陪葬坑出土铜车马上的御官俑，腰间的腰带与剑带的区分就表现得很分明。腰带（图中标红处）是以带钩挂起的革带，下端是直接在身前打结的丝带作为剑带（图中标绿处）。剑鞘外侧的中上部有一个带有方孔的矩形饰物，当时称作"剑璏"，将剑带穿过这处方孔，即可将剑挂在腰间。剑带系好后，剑璏朝外，剑绑在剑带之内。因为剑带在穿孔中是活动的，佩剑者可以自由调整剑在腰身所处的位置。当时贵族男性常常是将剑佩挂在左侧腰间，铜车马御官俑将剑负在背后，应是驾车时避免佩剑振动妨碍驾驶的权宜之计。

传说中在荆轲刺杀秦王的惊险时刻，秦王的佩剑就因佩挂位置的缘故，一时难以被拔出。据《战国策·燕策》记载："秦王惊，自引而起，绝袖。拔剑，剑长，操其室。时惶急，剑坚，故不可立拔。……秦王之方还柱走，卒惶急不知所为，左右乃曰：'王负剑！王负剑！'遂拔以击荆轲，断其左股。"见荆轲的匕首刺来，秦王大惊，急忙起身，扯断衣袖，秦王想要拔下佩剑防御，可是佩剑太长，有一部分

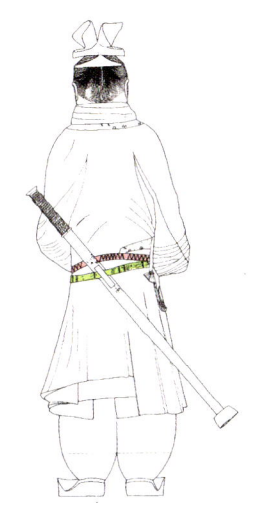

铜车马御官俑系挂的革带与剑带
秦始皇陵陪葬坑出土

第八章 佩饰　　301

卡在了剑鞘里，而且剑身坚硬无法弯曲，一时无法立即拔出。在秦王绕着柱子逃跑、惊惶失措之际，左右臣下乘机提醒说："大王快把剑推到背后！"秦王听从，这才得以拔出长剑还击荆轲。

这种贵族用剑，显然在当时已为美观而牺牲了一部分实用性，当秦王正常佩挂在身侧时已经难以正常拔出了，必须要将剑通过剑带移动到身后，才得以拔出。马王堆3号汉墓中恰好就出土了一柄可以与史料记载对照的长剑。该剑全长约为140.5厘米，剑身用角质，剑柄为木质，握手处密缠丝线，剑鞘为漆木质，剑上的装饰（剑首、剑格、剑璏、剑珌）为木质基底外覆玳瑁片。这柄剑佩戴起来很是威武美观，却完全不具备任何实用性，只能算是一把专供佩挂、起一个造型作用的礼仪装饰用剑。遣策中称其为"象剑毒（瑇）旨（瑁）具一"。

玉剑饰
湖南长沙西汉长沙王陵追缴出土文物

象剑与相关遣策
马王堆3号汉墓出土

丝麻织为足下履

在汉朝的正式礼仪场合中，足部是需要穿履的。《释名·释衣服》："履，礼也，饰足所以为礼也。"

在马王堆1号汉墓出土的多双履中，棺内轪侯夫人所穿的一双保存得最为完整。这双履以丝线编织面部，呈绿色；以麻线编织底部，呈浅绛色；最后在鞋里衬一层绛紫色织物。其余几双履虽已有所糟朽变形，但大体上的结构仍旧类似。它们虽是丝麻混合的材质，但遣策上仍是称其为"丝履"。

履上还可以用绦带缘边。《汉书·贾谊传》中贾谊给汉文帝的上疏中提及当时的种种奢侈现象，就说到"丝履偏诸缘"，颜师古注引服虔："加牙条以作履缘也。"《说文·系部》也说："绦，扁绪也。"根据马王堆1号汉墓遣策所记，有一双青丝履就装饰有"扁楮"缘，对照文物来看，是在鞋头上装饰了编织物绦带。传世文献与出土文献、文物在这里能够完美对应。

这几双丝履的形态也比较特别，头部翘起了两个尖角，或可称作"歧头履"。当时将这种翘头称

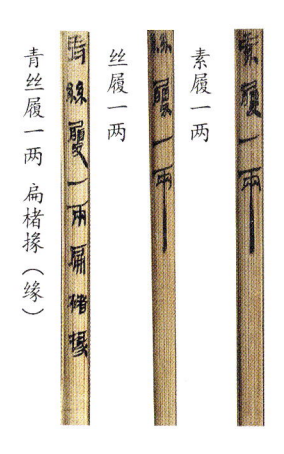

遣策中关于"履"的记载
马王堆1号汉墓出土

青丝履一两 扁楮掾（缘）
丝履一两
素履一两

作"絇（qú）"。《仪礼·士冠礼》郑玄注："絇之言拘也，以为行戒，状如刀衣鼻。"所谓刀衣鼻，就是刀剑鞘上安装以便穿带佩挂的"璲"，它的端头上翘卷起，和履的形态相似。同样款式的履，还见于湖北江陵凤凰山168号汉墓[1]。这是一双麻履，出土时正穿着于墓主脚上。履的底部有磨损痕迹，应是墓主生前的实用之物。该墓时代与马王堆汉墓时代接近，墓主是一位爵位为五大夫的男性。可见这种款式的履在当时是男女都可以穿的。

目前所见最为华丽的履，是北京大学藏西汉简牍《妄稽》中的美人虞士所穿："高朐（絇）大綦（纂），翡翠謹式（饰），緎（纤）隄（缇）袭糦（屣），虞士宜服。"这双履前有高翘的"絇"头，附加宽大的"纂"（编织绦带），又有翡翠羽毛附加装饰，精细的赤色绢覆盖履面，这正是适宜虞士穿的华丽款式。

之所以要让履头翘起，是考虑到其实用性。因为当时的流行时装依然比较长，下摆会有一定长度拖曳在地，这种款式又不像以往的服装那样能在身前拉出开口。为了能够行走，有必要用翘起的履头把前身的下摆前端勾起，否则就会出现行走时将下摆踩入脚下、把自己绊倒的尴尬场面。

马王堆1号汉墓的着衣木俑也有特别雕刻出独立的履，着衣女侍俑的履也是歧头式样，履的口沿有一条朱绘长带，大概也是表现装饰的缘边绦带。而着衣男侍俑的履式样稍有不同，前方为圆头，履的口沿同样朱绘一圈表示缘边绦带。

[1] 陈振裕：《江陵凤凰山一六八号汉墓》，《考古学报》1993年第4期。

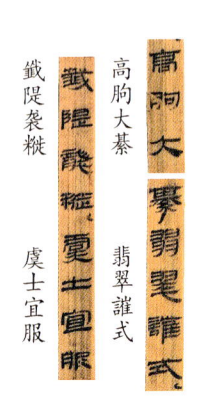

"高朐大綦，翡翠謹式，緎隄袭糦，虞士宜服"
北京大学藏西汉简牍《妄稽》

丝履

马王堆 1 号汉墓出土

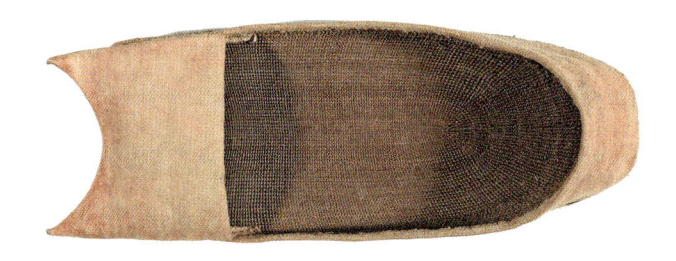

麻履

湖北江陵凤凰山 168 号汉墓出土

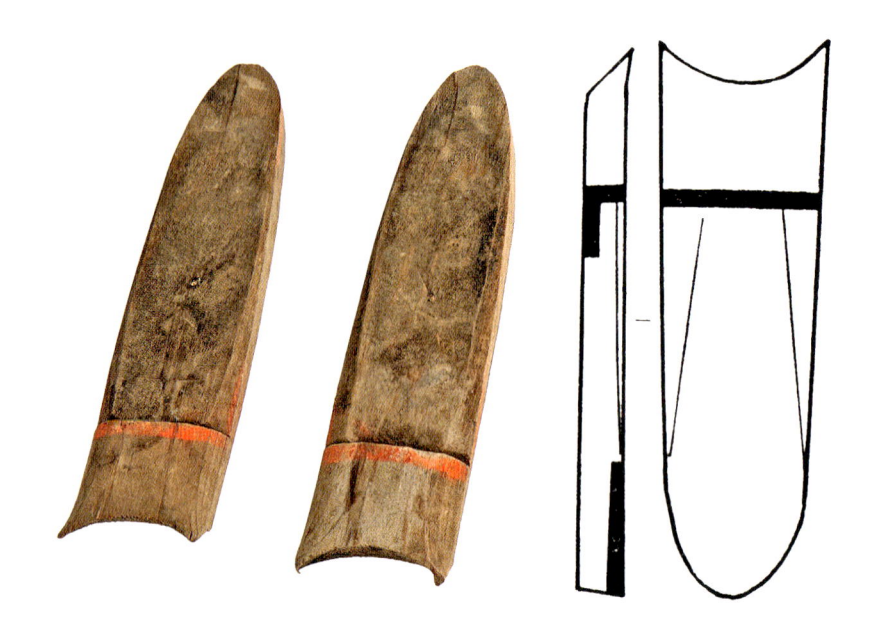

着衣木雕女侍俑所穿的履
马王堆 1 号汉墓出土

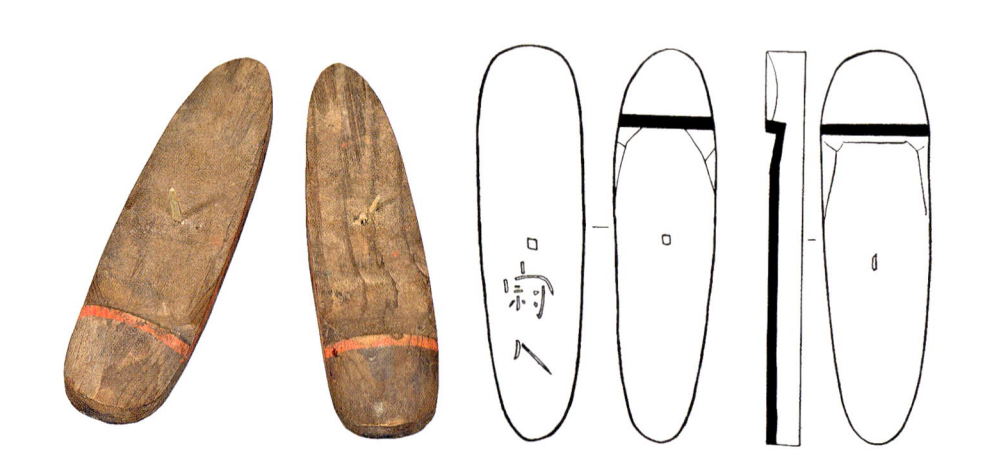

着衣木雕男侍俑所穿的履
马王堆 1 号汉墓出土

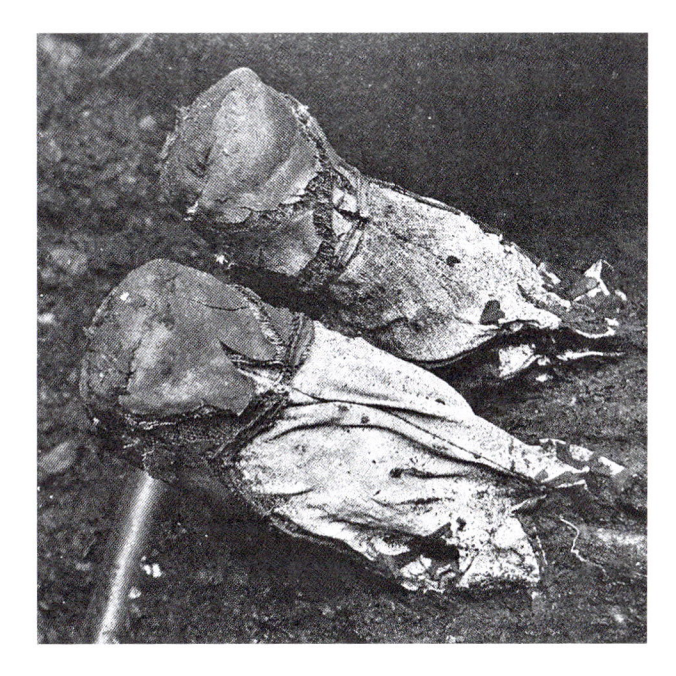

漆履

山西阳高古城堡12号汉墓出土

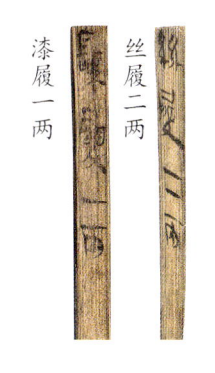

漆履一两

丝履二两

遣策中关于"履"的记载

马王堆3号汉墓出土

马王堆3号汉墓的遣策中，除了提到"丝履"之外，还有一种"漆履"。这是履面髹漆的式样。虽然目前暂未在马王堆3号汉墓的出土物中见到，但已有汉墓出土了这种漆履实物可供参照。山西阳高古城堡12号汉墓中男性墓主就穿有一双方头漆履，底为黄白色毛毡质地，履面为麻布髹漆。[1]

在履内，还会套上一层袜。《释名·释衣服》说得很清楚："袜，末也，在脚末也。"马王堆1号汉墓出土了两双夹袜的实物，款式一致，都是用绢缝制，缝线留在脚面和脚后，脚底没有缝线。袜里层用的绢较粗，袜面用绢较细。一双袜面为素绢，一双袜面为绛紫色绢。在袜的后部有开口另加系带。

在汉朝，人们进入室内是需要脱掉履的，一般

[1] 东方考古学会编著：《阳高古城堡：中国山西省阳高县古城堡汉墓》，[日]六兴出版，1990年，第162页

第八章 佩饰　307

在室内脚上只穿着袜。在朝堂上唯有皇帝的亲信重臣或权臣,才能有资格"剑履上殿,入朝不趋",也就是说帝王特许他上朝时可以不用解下佩挂的剑,不用脱履,大可步履从容,以示特别的恩宠。西汉初年的丞相萧何,就曾享有这样的特权(《史记·萧相国世家》)。而在极为严肃的谢罪场合,或是为了表示高度的尊重,人们还需要把袜子也一并脱掉,直接赤脚,称作"徒跣"。

绢夹袜(两件)
马王堆 1 号汉墓出土

第九章

梳妆

男女皆有爱美心
妆具

汉代贵族阶层流行的妆奁款式多种多样。其中一大类是"多子奁",即在一个大奁中套装多个各种形状的小奁,配套成组。另一大类是"层奁",即妆奁上下分层的式样。马王堆1号汉墓与3号汉墓出土了多件妆奁,基本是这两类式样,以及其组合形成的多子层奁式样。

两座墓葬中的遣策文书当中,也有不少记载有各个妆奁及其中盛放的物品,可以与文物实物相对照。

一、轪侯夫人的妆奁

马王堆1号汉墓遣策"九子曾检(奁)一合",对应墓中随葬的彩绘双层九子漆奁一件。这件漆奁出土时包裹在一方信期绣夹袱之中,遣策中记这方夹袱为"素信期绣检(奁)戴(帔)一,素周缘,繻缓绦饰",说明它的正式名称是"奁帔"。主体部分在素面上用信期绣装饰,缘边为素边,又加上"繻缓绦"装饰。

九子曾（缯）检（奁）一合

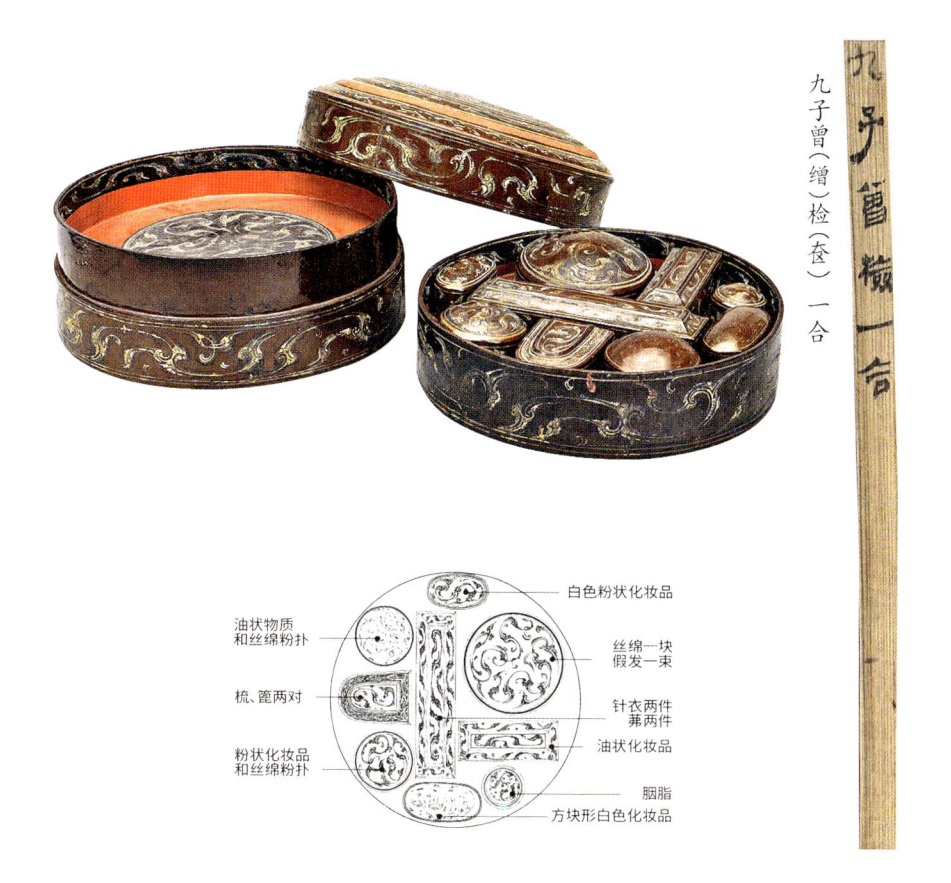

双层九子漆奁与对应遣策
马王堆1号汉墓出土

图注：白色粉状化妆品；油状物质和丝绵粉扑；丝绵一块假发一束；梳、篦两对；针衣两件蒉两件；粉状化妆品和丝绵粉扑；油状化妆品；胭脂；方块形白色化妆品

漆奁是上下两层套合的款式，内部髹朱漆，外部及口沿以黑漆为底，再贴金箔，最后在金箔上施加彩绘，形成金、白、红三色的云气纹样。

1. 双层九子漆奁的上层：这是一个整体的盒子，其中没有隔断，盛有3双手套、1件长寿绣镜衣、1条组带、1条丝绵絮巾。除丝绵絮巾之外，其余盛装物基本能在遣策中找到对照。

"素长寿镜衣一，赤掾（缘）大"，是用来装

第九章 梳妆　311

镜子的，底面是素绢刺绣长寿绣纹样，缘边为赤色。"红组带一"，对应妆奁中的一条浅褐色组带，可知其原本的红色已经褪色。

妆奁中还盛放有三双手套，式样相同，均是直筒露出四指，再侧开一孔另分出拇指。掌面使用有色或刺绣织物，上下两侧装饰"千金绦"，缘边有用赤色或素色绢的。这三双手套可以与遣策记载直接对应。遣策将这类手套称为"缅"。"素信期绣缅一两，赤掾（缘），千金绦饰"，对应掌面使用信期绣素绢的一双；"沙（砂）绮缅一两，素掾（缘），千金绦饰"，对应掌面使用朱红色绮罗的一对，所谓沙（砂），直接表明了这种朱红是用丹砂染制；"鳌（缥）绮缅一两，素掾（缘），千金绦饰"，对应掌面使用暗绿色绮罗的一双，虽然绿色已经有所褪色，但仍旧能够大致看出。

2. 双层九子漆奁的下层：这部分构造比较特别，器身并未完全掏空，而是留出了厚底，凿出九个凹槽，再在凹槽内放上九个小漆奁，包括椭圆形 2 件、圆形 4 件、马蹄形 1 件、长方形 2 件。这些小奁似乎在遣策记载中没有独立的对照，被笼统称为"员（圆）付萎"或"小付萎"等。但小奁中的盛装物在遣策中大多可以找到对应。除了脂粉类化妆品及配套的粉扑，还有"莆""针衣""跣比（梳篦）"等。

这种特制的奁中奁设计，大概是为了方便区分放置各种小物件。而且各类粉状或脂膏状的化妆品不能像别的物件那样混放在一起。因小奁形态各不相同，使用者能够很清晰地辨识其中的盛装物。

绢地"信期绣"手套
马王堆 1 号汉墓出土

绢地"信期绣"手套千金绦局部
马王堆 1 号汉墓出土

双层九子漆奁下层
马王堆 1 号汉墓出土

双层九子漆奁内部分物品与对应遣策
马王堆 1 号汉墓出土

第九章 梳妆

较大的一个圆奁盛装的是用真发编织而成的假发一束与丝绵一块。

一个马蹄形小奁，是随梳篦形态而制。其中盛放有一对木质梳篦、一对角质梳篦。篦和梳的差异在于，篦的齿更为细密。木质梳23齿，篦74齿；角质梳20齿，篦47齿。依对应遣策来看，角质梳应为象牙质地。

一个长方形小奁，内盛小刷两件、针衣两件。小刷即对应遣策中的"荥"。这种小刷用棕或马尾编成，大概也是理妆用的工具，其中一件刷部染成红色，可与遣策对照。针衣是用细竹条编制的小帘，四周以绢缘边。绢缘一侧中部缀有丝带，可将小帘

彩绘双层九子漆奁的具体情况

	遣策记载	对应实物	内盛物
上层	素信期绣检裁一，素周掾（缘），缥缓绦饰	绢地信期绣夹袱	以下
	九子曾检一合	彩绘双层九子漆奁	以下
	縠（绉）绮繻一两，素掾（缘），千金绦饰	素罗绮手套	
	沙（纱）绮繻一两，素掾（缘），千金绦饰	朱红罗绮手套	
	素信期绣繻一两，赤掾（缘），千金绦饰	信期绣手套	
	红组带一	组带	
	——	丝绵絮巾	
	素长寿镜衣一，赤缘掾（缘）大	绢地长寿绣镜衣	——
下层	员（圆）付奁二，盛印副	圆形小漆奁	假发一束 丝绵一块
		长方形小漆奁	油状化妆品
	——	圆形小漆奁	胭脂（？）
		椭圆形小漆奁	白色方块化妆品

续表

	遣策记载	对应实物	内盛物
下层	笫二，其一赤 鳌（绫）绮针衣一，赤掾（缘）	长方形小漆奁1件	毛刷2件 针衣2件
	——	椭圆形小漆奁	白色粉状化妆品
	——	圆形小漆奁	粉状化妆品 丝绵粉扑
	疎（梳）比（篦）一具 象疎（梳）比（篦）一具	马蹄形小漆奁1件	木质梳、篦各1件 角质梳、篦各1件
	——	圆形小漆奁	油状物质 丝绵粉扑

卷束系起。遣策只记载了其中一件针衣，但奁中实物有两件。

另有三个更小的圆形小奁、两个椭圆形小奁、一个方形小漆奁是用来盛装化妆品的，盛的是妆粉、眉黛、胭脂、油膏、发泽等物。

遣策中又有"五子检（奁）一合"，对应的是墓中随葬的一件彩绘五子漆奁。这件漆奁出土时包裹在一方长寿绣夹袱之中，遣策中记这方夹袱为"素长寿绣小检（奁）戴（幭）一，赤周掾（缘）"。漆奁外髹黑漆，内髹朱漆，奁盖用朱色与灰绿色绘制云气纹样，奁身在外部下缘及内部口沿各有一道朱绘菱形纹的长带。"九子奁"是在底层做出凹槽预设好了小奁的放置位置，而这件"五子奁"相对要随意一些，五个小漆奁可以自由安置其中，松散放置；奁内盛装小奁后，还剩下不少空间，可以放

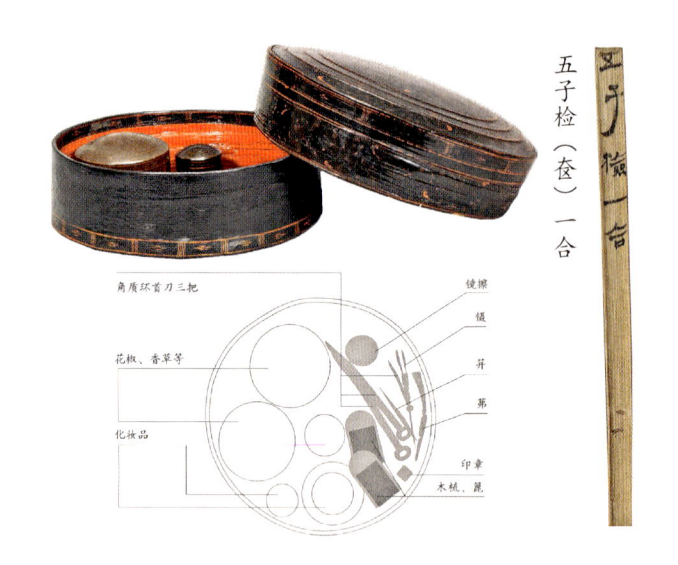

五子漆奁与对应遣策
马王堆1号汉墓出土

角质环首刀三把 / 镜擦 / 镊 / 笄 / 花椒、香草等 / 化妆品 / 印章 / 木梳、篦

五子检（奁）一合

小镜一有衣

所以除镜一

象刀一有鞞

尺比（篦）二枚

五子漆奁内部分物品与对应遣策
马王堆1号汉墓出土

彩绘五子漆奁的具体情况

遣策记载	对应实物	内盛物
素长寿绣小检（奁）戴一，赤周掾（缘）	绢地长寿绣夹袷	以下
五子检（奁）一合	彩绘五子漆奁	以下
小镜一，有衣	铜镜、镜衣	——
小付莢三，盛节脂粉	圆形小漆奁3件	化妆品
（阙载）	圆形小漆奁	花椒
	圆形小漆奁	香草
象刀一，有鞞	环首刀3件	——
	小木签1件、带镊发笄1件	
	帚	
所以除镜一	镜擦	——
欠比二枚	梳、篦各1件	
员（圆）付莢二，盛印副	印	

置其他什物。

五子奁中的五件小漆奁，有三件盛放化妆品，一件盛花椒，一件盛香草。在小奁之外的空间内，还有一件铜镜及其配套的镜擦、镜衣各一件，遣策记其为"小镜一，有衣"。又有角质环首刀三把，遣策记为"象刀一，有鞞"，数据与实物不符。木梳、木篦各一件，大概是遣策中的"尺比（篦）二枚"。又有印章一件，是与九子奁中的假发一同记在遣策之上。此外，还有小木签、附带镊子的发笄、小毛刷，未见遣策记载。

二、轪侯之子的妆奁

马王堆 3 号汉墓遣策同样记录了各式妆奁与部分妆奁中的内容物，但记载不如 1 号汉墓遣策那般详细。

盛装物最为丰富的，是一件双层式样的锥画六子漆奁，对应遣策记载的"布曾（缯）检（奁）一，锥画，广尺二寸"。按照遣策记载，这件漆奁原本应当也收纳在夹袱之中，但因遣策顺序不明，文物实物也已残失，难以明确对应的关系。

漆奁外髹黑漆，内髹朱漆，盖面锥画云气纹与飞鸟走兽纹。漆奁上层盛装各种什物，下层为六个各种形态的小奁。下层这些小奁在遣策中有比较明确的记载，其中的盛放物包括"节（栉）""脂""阑（兰）膏"等，同时也有镊

锥画双层六子漆奁与对应遣策
马王堆 3 号汉墓出土

锥画双层六子漆奁的具体情况

	遣策记载	对应实物	内盛物
	检（奁）戴	尚未确认	
	布曾（缯）检（奁）一，锥画，广尺二寸	锥画双层六子漆奁	以下
上层		丝织品一束	
		木骰一枚	
		角镜一件	
	象[疏（梳）比（篦）二双]	角梳篦各二件	
	疏（梳）比（篦）一双	木梳篦各一件	
		铁环首刀一件	
		丝绵镜擦一件	
		棕筇二件	
下层	小付篅三，盛脂，其一盛节（栉）	马蹄形小奁、椭圆形小奁、长方形小奁	木梳篦二对、脂
	员（圆）付篅二，盛阑（兰）膏	圆形小奁	黑色酱状物
	布付篅一，长尺一寸	长方形小奁	角锬、角簪、角笄

子与笄、簪等。

又有一个尺寸稍大的锥画狩猎纹双层漆奁，对应遣策记载的"锥画，广尺三寸"。出土时漆奁上还包覆有豹纹锦夹袱，对应遣策记载的"游豹检（奁）戴（巌）一，素里，桃华掾（缘）"。奁的上层无物，下层有丝带三根、假发一束、带孔骨器一件、小棒五根等物。

此外还有一个油彩双层漆奁，对应遣策记载的"布缯检（奁）一"，上层无物，下层盛有一枚铜镜。

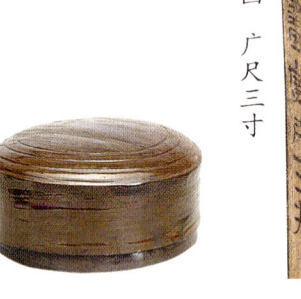

锥画狩猎纹双层漆奁与对应遣策
马王堆 3 号汉墓出土

油彩双层漆奁内的铜镜
马王堆 3 号汉墓出土

油彩双层漆奁与对应遣策
马王堆 3 号汉墓出土

学得汉家新妆束
梳妆

马王堆汉墓出土的妆奁中，各类用具、化妆品都很齐全。但若想要了解、重建当时具体的梳妆过程，还需要对照各种历史文献来看。

北京大学藏西汉简牍的一卷汉赋文学作品《妄稽》中细致描写了名为"虞士"的美人的整套妆具摆放情形："桃枝象笿，鉴蔚粉墨。白脂兰膏，虆泽在则（侧）。"

以桃枝、象牙制作的珍贵器皿，是汉朝稍晚时候的流行物，但其源头也可以在马王堆汉墓中找到痕迹。所谓"笿"，又写作"落"或"柗"。马王堆汉墓遣策记载有"漆画具杯柗二合"，对应文物是盛装成套耳杯的盒子。[①] "柗"字从木，指的是该器具为木胎漆器。"笿"字从竹，则是指竹器。至于"象笿"，自然是象牙质地，在《妄稽》中是盛放化妆用品的梳妆盒。河南洛阳西朱村曹魏大墓出土的石楬中记载有"象牙锥画十四子箱一"，式样还是延续马王堆汉墓所在西汉初年流行的"多子"样式，装饰工艺也类似于马王堆3号汉墓妆奁的"锥

桃枝象笿　鉴蔚粉墨

白脂兰膏　虆泽在则

北京大学藏西汉简牍《妄稽》中记述的妆具

① 孙机：《汉代物质文化资料图说》，文物出版社，1991年，第308页。

画"，只是材质有所改换而已。河南洛阳孟津西晋大墓出土的一件象牙编漆器，更是把象牙劈为模拟竹篾的长片，再加编织而成。

至于在妆奁之中，盛放着照容的"鉴"（镜子）、护手的"䩞（绸）"（手套）、饰面的"粉"、画眉的"墨"；旁边还有润泽肌肤的"白脂"、滋养头发的"兰膏"、浸润头发且增加香氛的"繁泽"。这些大多能在马王堆汉墓的遣策之中找到对照。如马王堆1号汉墓遣策中记载的"小付篓三，盛节（栉）脂粉"，3号汉墓遣策中记载的"小付篓三，盛脂，其一盛节（栉）""员（圆）付篓二，盛阑（兰）膏""粉付篓二"，也都明确写出了小漆奁中化妆品的名称。

"鉴"或"镜"，和如今一样，是用来照容的。马王堆1号汉墓出土了一面实用的铜镜，镜背纽上系红色丝带方便手持或绑在镜台之上。铜镜配套的还有日常收纳所用的镜衣、擦拭镜面所用的镜擦等。马王堆3号汉墓也出土了一面实用的铜镜与一面只起象征左右而不能实际照容的"象镜"。

整理头发，则有梳和篦。二者可以被笼统称为"节（栉）"，但之间存在一定差异。《释名·释首饰》将差异解释得很清楚："梳，言其齿疏也，数言比。比于梳，其齿差数也。比，言细相比也。"顾名思义，梳即"疏"，指梳下的齿排列比较稀疏；而篦写为"比"，是说篦的齿排比较细密。在实际使用中，多是用梳大致将头发理顺，再用篦细致清理发间的污垢，最后再换梳来打理发缕。

又有刷与镊，也是打理毛发的用具。《释名·释

"象牙锥画十四子箱一"石楬
河南洛阳西朱村曹魏大墓出土

象牙编漆器
河南洛阳孟津西晋大墓出土

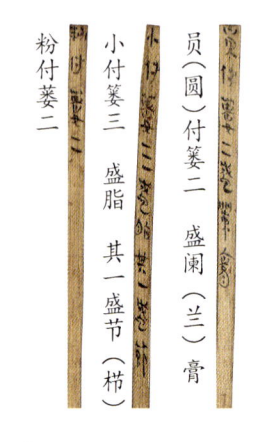

马王堆汉墓遣策中关于妆品的记载

角质镊
马王堆 1 号汉墓出土

双面雕木梳
湖北云梦睡虎地
47 号西汉墓出土

首饰》："刷，帅也。帅发长短皆令上从也。亦言瑟也，刷发令上瑟然也。"刷，大概就是马王堆汉墓遣策中提到的"茀"，对应妆奁中的小刷。《释名·释首饰》："镊，摄也，摄取发也。"即镊子可以拔去多余的杂乱毛发。马王堆两座汉墓出土妆奁所盛的镊，都是一头有镊，一头削作长簪的式样，既可以当作镊子，又可以当作发簪。

在对各类妆具与化妆品有大概的了解之后，就可以看看汉朝人是怎样梳妆了。笼统来说，即楚辞《大招》所说的"粉白黛黑，施芳泽只""朱唇皓齿，嫭以姱只"，汉赋《妄稽》中所说的"沐膏抹脂"，头上要涂以润泽的芳泽香膏，面部也要涂脂抹粉、描眉涂唇。

一、美发

1. 养护

无论男女，都会留长发、梳发髻。因此养护出一头黑亮的头发，尤为楚汉时代的贵族所看重。

《礼记·玉藻》中记贵族梳洗的细节时说："沐稷而靧（huì）粱，栉用樿（shàn）栉，发晞用象栉。"沐，即洗发，靧，即洁面。整句话意思是：用淘小米的水来洗头，用淘高粱的水来洗脸，最后梳发要用梳齿细密的篦子剔去污垢，为了梳理半干发涩的湿发，要用质地顺滑的象牙梳。

战国时代，楚地贵族就已很重视打理头发。《楚辞·招魂》中有"长发曼鬋（jiǎn），艳陆离些"，

第九章 梳妆 323

西汉漆木篦、漆木梳
湖北江陵凤凰山 168 号汉墓出土

就是形容长发光艳顺滑之美。为了达成这样的效果，当时洗沐以及日常都会在头发上涂抹"膏"或"泽"，用以润泽滋养头发，并使头发呈现黑亮的效果。《释名·释首饰》："香泽者，人发恒枯悴，以此濡泽之也。"汉赋《妄稽》铺陈美人虞士之美时，也先后提到"发黑以泽，状若揃（jiǎn）断""发黑以泽，状若纤缟"。

这类润发油膏中往往还添加有香草香料，如宋玉《神女赋》有"沐兰泽，含若芳"，这大概是加入了兰草与杜若等香草的润发油，涂抹在发上自然散发芳香。《妄稽》中提到的"兰膏""繁泽"，以及马王堆 3 号汉墓遣策所记的"阑（兰）膏"，大概都是同类妆品。此外，在梳理发型时，这类发油发膏也能够让头发更加平整顺滑，不会飞出杂乱的发丝。如《释名·释首饰》所记："强，其性凝强，以制服乱发也。"这样大概就类似于现代为发型定型的发胶发蜡了。

2. 假发

《诗经·君子偕老》中写到"鬒（zhěn）发如云，不屑髢（dí）也"，年青的新娘有着浓黑如云的美发，不屑于再使用假的发髻。那么反过来看，若是年华老去，贵妇人遇到发薄不胜梳的窘况，就需要使用到假发。《左传·哀公十七年》中就记载了一起祸事的起因就是假发："初，公自城上，见己氏之妻发美，使髡（kūn）之，以为吕姜髢。"意思是，起初卫庄公从城上看见己氏的妻子头发很美，所以让人剃下她的头发，给自己的妻子吕姜做成假发髻。

假发的名称还有"髲（bì）""鬄（tì）"等。《释名·释首饰》解释说："髲，被也。发少者得以被助其发也。""髲"字从"皮"，取的是披覆、披盖的意思。头发少的人可以借助假发髻覆盖自己的头发。《释名·释首饰》："鬄，剔也。剔刑人之发为之也。""鬄"字从"易"，取的是"变易"的意思。当时将髡刑犯人的头发剃下，用来给贵人做假发髻。

《周礼·天官》中记载："追师掌王后之首服，为副编次，追衡笄。"郑玄注："副之言覆，所以覆首为之饰，其遗象若今步繇。编，编列发为之，其遗象若今假紒（jì）矣。次，次第，发长短为之，所谓髲髢。"为周王后管理首饰的官员"追师"，负责的事项之一就是制作假发。在汉朝人的理解中，王后的假发分成三类，分别名为"副""编""次"。

马王堆1号汉墓出土了"副"的实物，是双层

战国假发
湖南长沙杨家湾楚墓出土

西汉假发
马王堆1号汉墓出土

九子漆奁下层一个小圆奁里所盛的一顶假发，遣策明确称其为"副"，它是用他人的真发编缀而成。在軑侯夫人的头上也实际呈现出真发与假发组合的状态，假发安置于头后真发之上，再反绾到头顶盘结成发髻、簪戴各种首饰。郑玄称其"覆首为之饰"，大概就是指这样的形态。马王堆3号汉墓的锥画狩猎纹双层漆奁下层也盛有假发一束，大概对应的是遣策中的"发"，这说明当时男子也会使用到假发。

同时，在马王堆汉墓的木俑上，也能看到一些其他的假发形态，它们并不参与发髻主体部分的结构，而是缀连或垂挂在发髻之侧，作为一种增益装饰，它们大概就属于"编""次"之类。如一件木质着衣女歌俑是在头顶雕刻出发髻，侧面挂出一条毛发编制的小辫；又如几件木质着衣女侍俑，是在头后用木块雕刻出垂髻，髻侧也挂出一缕垂发来。

发髻侧另缀假发的着衣女歌俑
马王堆1号汉墓出土

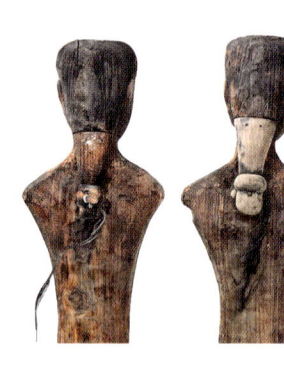

发髻侧另缀假发的着衣女侍俑
马王堆1号汉墓出土

梳垂髻与盘髻的女俑
马王堆1号汉墓出土

3. 绾髻

在西汉初年，女性的发式还比较简单。最为普及的一类发式，是将额发中分，分别梳往左右耳后，与后发汇为一束，垂在背后，最后结成一个低垂的发髻。这类发髻在汉朝文献中没有明确的名称。据唐人《妆台记》载"始皇有垂云髻"，《髻鬟品》记"汉有垂云髻"，算是后人附会的名称。既然黑发雅称为"乌云"，那么将这种汉朝流行的垂髻美称为"垂云"，应是合适的。

马王堆汉墓中的女俑除了梳这种垂髻，还有一种发髻式样，是在垂髻梳理基础上的改进版本——头发汇聚下垂在大约颈部的位置后，又反绾向上，最后在头顶盘结发缕成髻。女俑的这种发髻形态较高，而轪侯夫人也是梳着这种发型，只是大概因为头发加入假发后仍显得比较稀薄，最终发髻呈现出比较平缓的效果。这类发髻与"垂云髻"向下垂挂的朝向相反，大概就是后人附会的"凌云髻"了。

在梳髻完成后，若头发还有余量，发髻侧旁还可垂挂出长长的一缕，当时称作"垂髾（shāo）"或"分髾"。这种发缕披垂形态为汉朝人所欣赏，西汉文学家司马相如《子虚赋》中有"蜚纤垂髾"，是借发式垂下的发缕形态来形容女子衣物缀挂飘带的样式了。

至于男性，马王堆汉墓中几个男俑的发式与女性头顶盘髻的梳理方式类似，只是发髻上绾到头顶后侧就盘为小髻压在了发冠之下。

垂髻示意

盘髻示意

二、化妆

马王堆汉墓出土的几件制作最为精致的着衣女侍俑与歌舞俑，表现的妆容形态最为明确。她们均是面上敷粉，唇上涂朱，墨绘眉目。这大概正是西汉初年的流行面妆式样。

依次分析妆奁中的各种化妆品与化妆用具，则可以继续为当时的化妆步骤补充更多细节。

1. 养护

为了让肌肤润泽、面色好看，汉初的贵族日常就很注重保养。马王堆3号汉墓出土帛书《养生方》《杂疗方》中就有多个药方涉及内服调理，最后强调药方有"益气，又令人面泽""使人面不焦，口唇不干，利中益内"等效果。

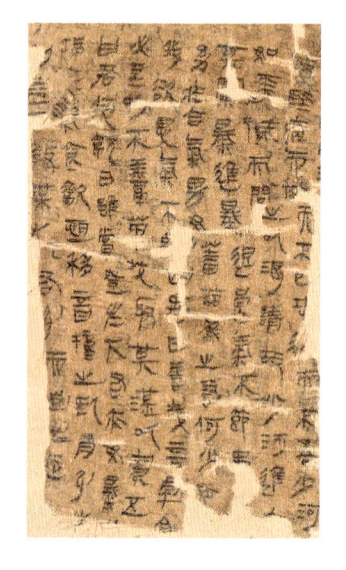

至于日常护肤，为避免面部皮肤干燥，会使用"脂"或"膏"。这是自动物的油膏提取，又加以各种香料调配制成。《礼记·内则》："脂膏，以膏之。"唐孔颖达疏："凝者为脂，释者为膏。以膏沃之，使之香美。"可见脂大概是凝固成块的状态，膏是更为稀释一些的黏稠状态。使用脂膏涂抹，可以使肌肤更为柔滑细腻。《释名·释首饰》："脂，砥也，著面柔滑如砥石也。"

《养生方》帛书（局部）
马王堆3号汉墓出土

2. 敷粉

汉朝人以肤白为美，面部化妆会使用白色的妆粉来美白。

化妆并不是女性的专属，不少汉朝男性贵族也

彩绘侍女俑面部
陕西咸阳汉景帝阳陵陪葬墓出土

放置化妆品的铜朱雀衔环杯
（出土时杯内有朱红色痕迹）
河北满城西汉中山
靖王刘胜妻窦绾墓出土

① 郑张尚芳：《胭脂与焉支——郑张尚芳博客选》，上海教育出版社，2019年，第163页。

会化妆。司马迁《史记·佞幸传》开篇即说到："非独女以色媚，而仕宦亦有之"，汉朝的帝王多有佞幸宠臣，这些男宠们涂脂抹粉，导致不少男性贵族也跟着效仿起来。

基础的妆粉从成分上来看，大概可以分成两种。一类是用米磨成的白色细粉。《说文·米部》："粉，傅面者也。从米分声。"《释名·释首饰》："粉，分也，研米使分散也。"另一类是所谓"胡粉"，这是一种化铅提炼而得的"铅粉"，形态呈现"糊"状，因而得名。《释名·释首饰》："胡粉，胡，糊也，脂合以涂面也。"为了将粉附着在面部，也需要调和脂来使用，因此马王堆汉墓遣策中是合记为"脂粉"。

但妆粉不止有白色，还有红色。如宋玉《登徒子好色赋》中形容东家美人"著粉则太白，施朱则太赤"，可见妆粉有白、赤之分。《释名·释首饰》也特地提及一种"赪（chēng）粉"，"赪，赤也，染粉使赤，以著颊上也"。在将面部涂白的基础上，适度点染红粉起着提气色的作用。

在马王堆1号汉墓九子双层漆奁下层的一个小圆奁中，考古工作者发现了疑似"胭脂"的化妆品，可惜化妆品所含元素未经科学检测分析。但对照历史实际来看，"胭脂"这一名称为汉朝人知晓的时间，要比马王堆汉墓的时代更晚些。这是一个来自匈奴语的音译词①，《史记·匈奴列传》中将其写作"焉支"，张守节《正义》引《西河故事》匈奴歌作"失我焉支山，使我妇女无颜色"。也写作"燕支""烟肢"，

第九章 梳妆

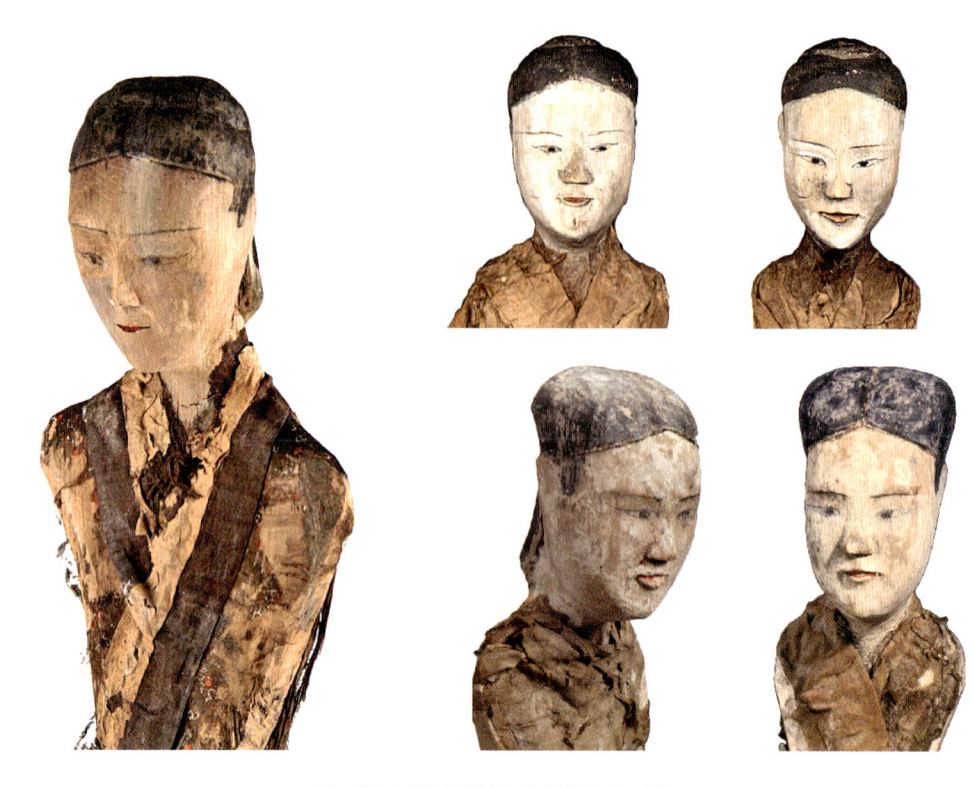

马王堆 1 号汉墓俑像表现的女性面妆

同传司马贞《索隐》引《西河旧事》作"失我燕支山，使我嫁妇无颜色"。晋崔豹《古今注》："燕支叶似蓟，花似蒲公，出西方，土人以染，名为燕支，中国亦谓为红蓝。以染粉为妇人色，谓为燕支粉。"这是从名为"焉支"或"燕支"的植物中提取出红色成分，再调入脂粉之中，作为女性的化妆品。那么马王堆汉墓这种疑似"胭脂"的红色化妆品应当并非胭脂，调入的可能是朱砂等矿物质，称作"红粉"或许更为合适。

妆奁中配合这类妆粉的，有丝绵制作的圆形粉扑，式样已和如今的粉扑非常接近。

黛砚
湖南长沙望城坡西汉"渔阳"王后墓出土

3. 描眉

《释名·释首饰》："黛，代也，灭眉毛去之，以此画，代其处也。"画眉时需要把原本的部分眉毛用小刀刮去，或者用镊子拔去，再用黛来重新描画心仪的眉形。汉朝人常用的黛是一种黑色的墨块，女子用它来画眉，使用时需要在特制的黛砚上加水研磨以获取墨汁，再用笔蘸墨画作眉毛。

湖南长沙西汉长沙国王后"渔阳"墓中就出土了一方小小的黛砚，放置在漆妆奁侧，外部为一方形漆匣，内嵌一块圆形砚台。这大概是墓主生前珍爱的妆具之一。

楚辞《大招》中提到了楚国的多种眉形样式，有"曾颊倚耳，曲眉规只""青色直眉，美目媔只"。所谓"曲眉""直眉"，大概都是就眉的具体形态而言。马王堆汉墓中女俑表现的眉形，多是细且长的直眉。

墨丸
湖北江陵凤凰山
168 号汉墓出土

第九章 梳妆　　333

4. 点唇

唇红齿白，也是时人对美人的判断标准。宋玉《神女赋》有"朱唇的其若丹"，形容女子的红唇如同点了丹砂一般。将丹砂添入脂膏之中，就可以得到唇脂了。《释名·释首饰》："唇脂，以丹作之，象唇赤也。"

对照马王堆汉墓木俑面部彩绘表现的点唇状态来看，使用唇脂时往往不会将唇部完全涂满，而是先用粉妆盖去原本的唇形，再用红色修饰点画出轮廓更小些的理想唇形来。

上妆后的青年时期轪侯夫人

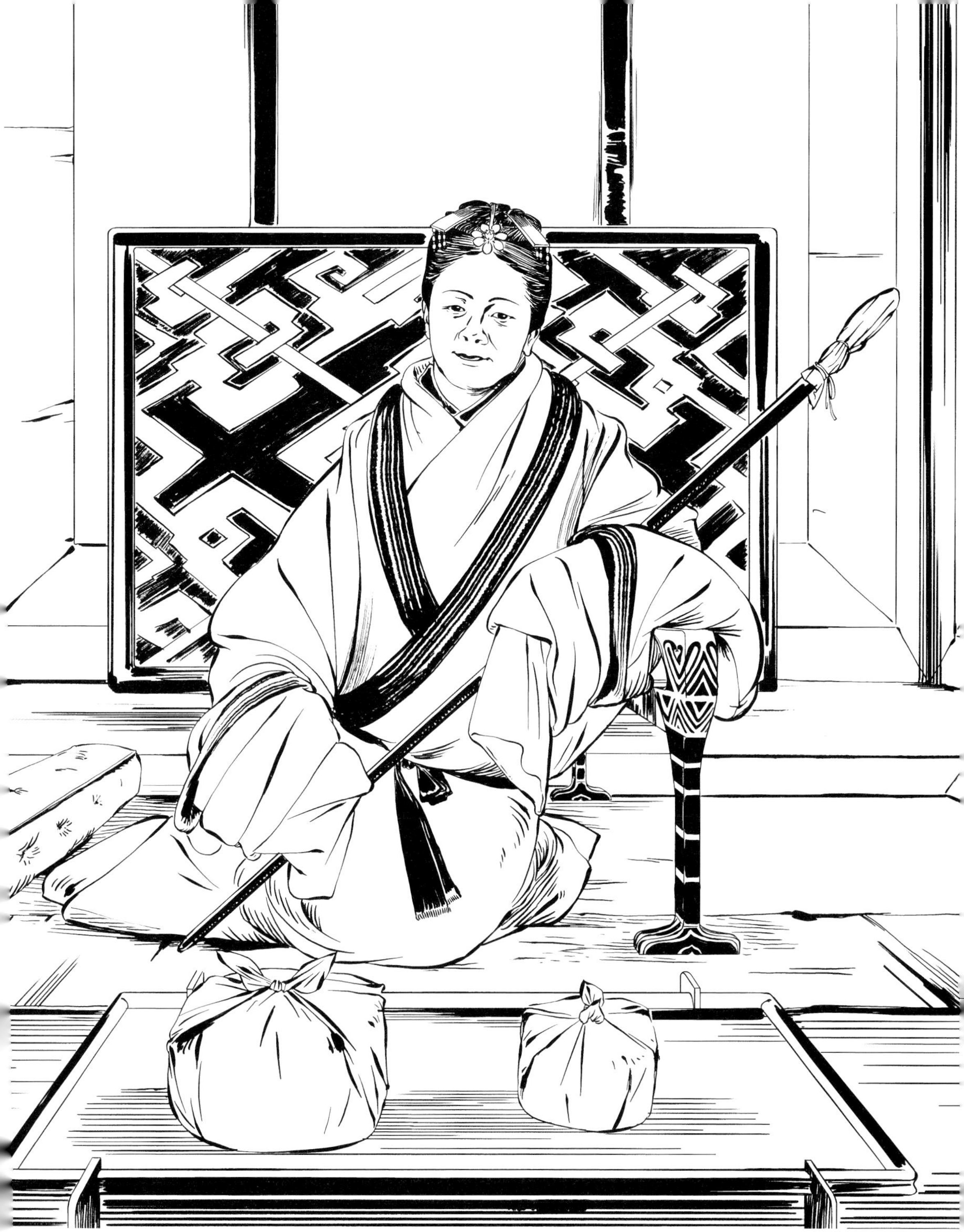

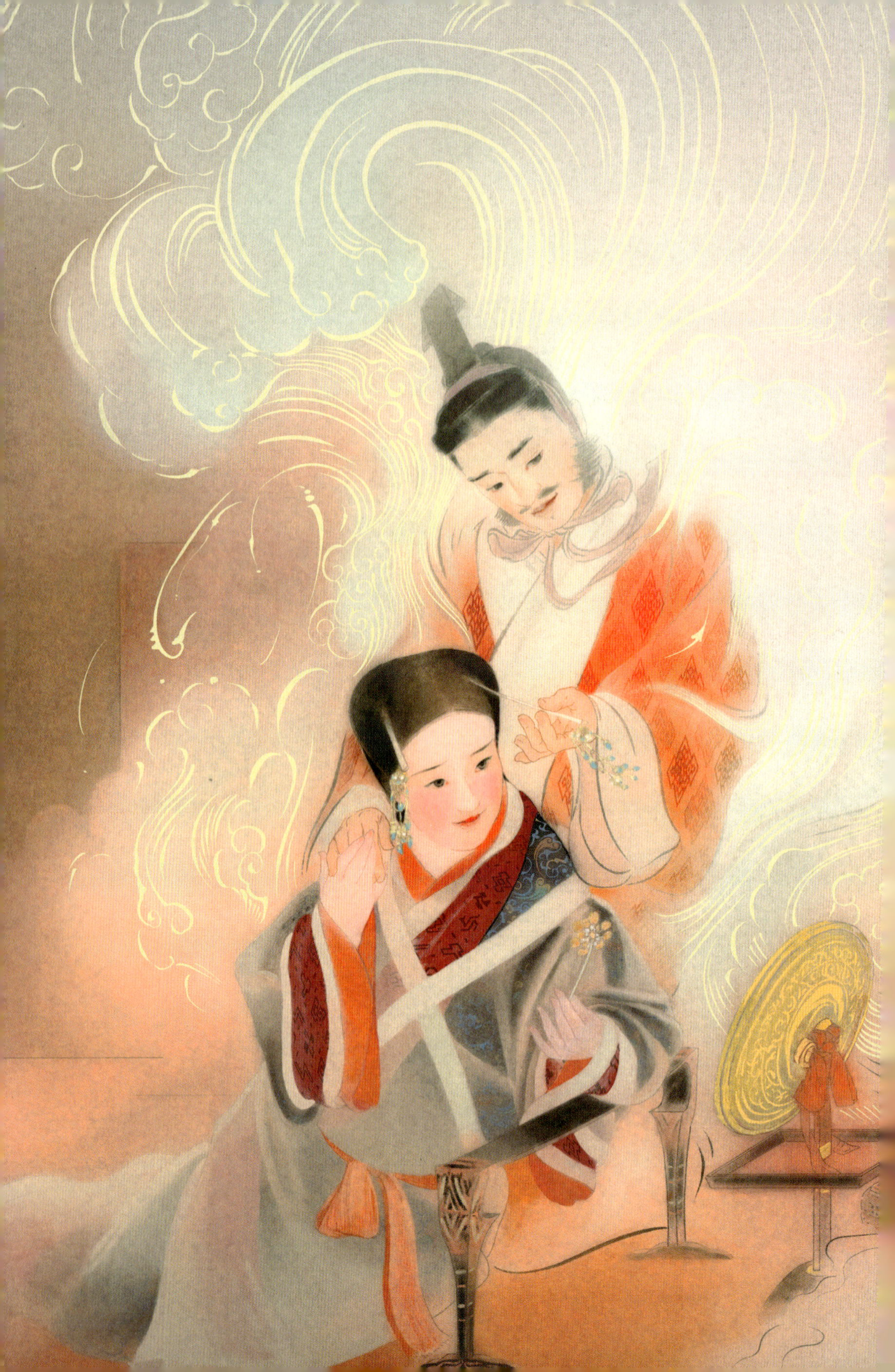

后记

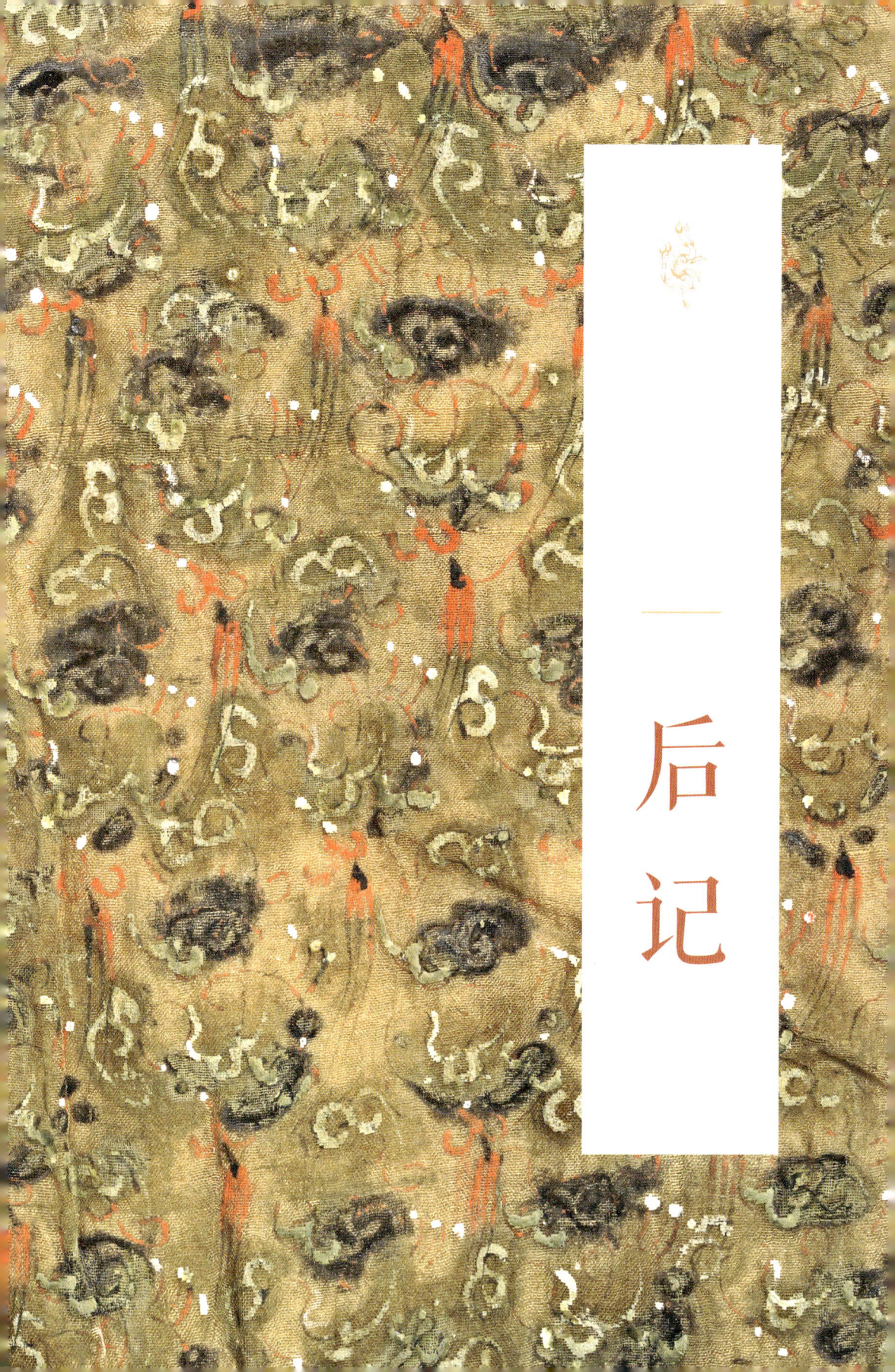

战国织锦与计算机编程技术

在我的文学阅读经历里，曾经有过一本书名特异的奇书——《禅与摩托车维修艺术》，令我印象深刻，散发出令人看不明白但感觉到很厉害的金属与机油的气味。如今我在这里写下一个类似的标题，不由得笑出了声。

不过这可不是故意在搞怪。在我看来，上古时代人们用来织锦的织造机器，就可以算是两千多年后精密的计算机的雏形了。那些负责织锦的古代技术工人，也可以说是当时的"码农"。若要我细致去讲一架汉代织机的构造与工作原理，大概对于一本普及读物而言太过超纲，各位读者也没有耐心去读。其实置换到现代工作场景就很好理解了：织锦的过程非常像现代计算机程序的编码，需要程序员预先编好一整段代码（设计师预先编好纹样经纬显花的起伏定位），再通过代码运行实现程序运转（织锦工人操作织机运转，织出循环的花样）。

这里要讲的是一个现代纺织考古学者发现战国时代楚国的程序员编码时走神的故事：

在 1982 年发掘的湖北江陵马山 1 号楚墓中，出土了大量品类繁复、制作精美的战国时代丝织品。其中有一种"舞人动物纹锦"，这种织锦的花样呈现规则循环的模式。然而纺织考古学者在描摹花纹时，却意外发现织锦中一处纹样细节出现了明显的织造错位。而且这个织造错位并非只出现了一次，而是随着纹样的循环重复，织造错位也反复出现。

按照以往纺织科技史学者的认知，当时的织锦织造工艺还处于较为原始的阶段，需要工人们一点点手动"挑经穿纬"，才能织出循环的织锦花样（可以简单理解为小学作业要求将同一句话反复抄写十遍八遍，其中可能偶然有一个字写错，但再抄写时意识到错误，就可以及时改正）。而这块战国织锦上呈现的反复的错织情形，却说明战国时代的织造技术已经到了令人匪夷所思的先进程度——织锦工人只需要预先编写设定好花样布局的"编码"，就可以操作织机按照编码程序的"命令"进行机械规整的重复，最终完成一段花样不断循环的织锦。可以简单理解为在计算机上写了一句话，再通过复制粘贴，简单快速地重复，这时往往难以发现其中写错了某个字。

这位战国"程序员""编码"时偶然走神导致的错误，在当时必然有损这一段织锦的完美，却为两千多年后的研究者带来了意外的惊喜。后来四川成都老官山西汉墓出土保存完整的汉代织机模型，更进一步说明这种计算机"编程"式织锦，并不仅仅是一种现代研究者对古代技术"可能性"的推论，而是实际存在的。

这个故事与本书的研究主题关系不大，但我想借此说明书中许多研究与推论得以实现的方式：通过对照同类文物，观察其中的个性与共性，往往能够从旧物中获得新的发现。这些发现有的能为有限的考古发掘信息补足缺失的一环，有的能改变人们对古代科技水平的认知，有的甚至能改写传世的历史书写……或者不用说得那么"高大上"，至少当你发现两千多年一个坐在织锦"计算机"前的楚国打工人也在瞌睡走神时，总是可以会心一笑。

延续这种"看古人热闹不嫌事小"的精神，马王堆汉墓出土的服饰类文物中也有不少有意思的地方可看。

🌸 从衣饰中可以见到古人

按现在考古学或博物馆学的分类方式，往往是依据文物的材质类型进行区分，比如分为金银器、铜器、漆木器、造像、织绣品等。但在一个墓葬当中，这些不同材质的器物共同属于墓主所有，彼此之间是存在组合联系的，若只是简单进行类型学的分类，就容易忽略或错失大量考古发掘提供的原始信息。

写到这里我想不指名道姓地说说一例我所见过的考古发掘中留下的遗憾：某座大墓中出土了构造精美、组合完整的一组头饰。因为这座墓葬没有被盗掘扰动，墓室之中也没有浸水移位等情形，出土时头饰仍在墓主头部原位，但因为发掘者没有相关保护意识，直接依照传统类型学的思路，将原本组合在一起的头饰按不同材质进行分类提取，造成了首饰组合使用的原始信息流失。后来在面向公众展示时，这些原本成组成套的古代饰品都变成了孤立的物件。

但科学考古发掘所注重的是保留更多的考古信息，让文物并不仅仅是孤立的物件。这并不是简单粗暴的一件古物"值多少钱"，通过对文物的研究，可以进而探究当时的制作工艺与产地、器物的使用方式与场景、古人的审美偏好与生活方式等重要的信息。"物"的背后还有"人"。研究物的同时，其实也是在研究人。

马王堆 1 号汉墓的发掘年代虽然已经很早了，但考古学者留下的信息却很翔实。如辛追夫人头上所戴的首饰，就在发掘报告中留有原始状态的详细记录。首饰端头的木花饰出土时已经散乱，在有限的信息下难以知晓原貌。但几十年后在另一座楚国墓葬中，也发现了形态一致的一组首饰，就可以为辛追夫人首饰的组合状态提供对照参证。

在马王堆 1 号与 3 号墓的北边厢中，各类文物的组合状态也非常重要。这些文物共同组合构成了墓主生前居室内的生活场景。万幸考古发掘者当时将这些文物所处的位置信息记录了下来，进而数十年后我才能进一步发现，1 号墓中安置在这间地下居室坐席上的服装，是模拟墓主生前穿着的状态将两件衣服套在一起，被当作墓主本人一样认真对待。

在本书中，我也请画师据此构拟了辛追夫人原本穿着这套衣服、安坐于居室之中的图景。一张是青年时代的辛追夫人，在她的身边，各类器物处在打开被使用的状态；而另一张是老年时代的辛追夫人，她身边多了一件拐杖，各类器物也都装在了包袱中，预备着与她一同前往地下世界了。

辛追夫人的"老钱风"品味

人们常有这样一种认知,认为历朝历代都是规矩严明,甚至朝廷官方对于服装如何制作都有严格的规格限定,进而又引申出了一种更深的误解,认为古人的服饰总是处在规矩之中,一成不变,但只要一改朝换代,人们的服装又立刻改头换面,不复前代规制。

这一误解的形成,大概和历代史料中大量明文记载的服饰制度相关。至少从汉代开始,朝廷官方对于什么人穿什么样的服装,用什么服装面料和色彩,就已经作出了大量规定和限制的尝试。但很遗憾,这往往也只是尝试。实际规定落实到什么程度,要结合实际的时代背景与具体的考古发现来看。

这里简单讲讲古人的"时尚":

其一,古代的贵族阶层的奢侈消费总是追求时尚,有着求新求变的动力。在很多时候,正因为他们这方面的行为过于夸张或者奢靡,让朝廷看不下去,才会进而颁布禁令,这时的官方规定总是滞后的,往往时尚风气都已逐渐变易,相关律令才姗姗来迟。

其二,还有不少时期,官方禁令不过是一纸空文,存在"法不责众"或"法难责众"的情形。在社会发展经济繁荣的情形下,上到贵族阶层,下到平民百姓,都有了追逐时尚的底气。社会上下为追求时尚,出现了普遍逾越制度的情形。

其三,每当王朝建立或新帝继位的时候,统治者很可能会制礼作乐、颁布新规。围绕或迎合统治者的意愿与爱好,新的时尚也在形成。上行下效,这类时尚大多是先在皇宫中兴起,再逐步传出宫外,流布四方。

总的来说,服饰时尚总是在不断演化发展。它有时会依附朝廷颁布的规制,但不少时候也会超越规制。研究古代服饰之前,必须对此有所认知,服饰是处在生活之中,被人们实际穿着使用的,它们展现着古人的审美偏好和生活态度,并不只是僵死不变的规制。

马王堆汉墓,可以说是历史这片天空中特别耀眼的一颗恒星。在它的指引下,我们可以在时间掩下的夜幕里寻找到研究方向。但它始终只是一颗星星,无法代表天空的全部。研究者需要进一步细致辨明，墓中服饰类文物具体能够代表哪一块地域、哪一段时间的时尚流行。

现代人常说的一个时装搭配模式"老钱风"（Old Money Aesthetic），顾名思义，就是"有钱了很久"的有钱人的穿搭风格。而马王堆1号汉墓墓主辛追夫人的服饰，可以说是西汉初年楚地的"老钱风"——无论是织锦刺绣的花样，还是服装裁剪的式样，其中不少都可以在战国后期的楚地墓葬中找到文物原型，而与同时期中原地区的流行服饰存在一定差异。

这一情形或许有助于说明辛追夫人的出身——她极有可能是战国末年楚地贵族家庭出身。即便楚国已经为秦所灭，这些楚地旧家大族在服饰上仍坚持着楚国末年的审美偏好。辛追夫人显然也自幼习惯于这种穿衣风格。于是我们得以观察到马王堆1号汉墓中的情形——即便汉文帝时代朝廷倡导的穿衣风格是节俭为上，这位老夫人还是拥有大量战国后期楚地的旧款风格的服装，宽阔的缘边、立体费料的剪裁是其特征。这些服饰在战国末年的楚地或许还属于年轻人的时装，但时间到了马王堆汉墓所处的西汉文帝时期，可能就已经成为贵族家庭中长辈所坚持的高格调、经典款了。若辛追夫人先前只是出身民间，直到汉朝建立才跟随丈夫成为朝廷新贵，是不可能具备这种需要自幼培养的"老钱风"品味的，更可能是积极拥抱汉朝建立之后朝廷所倡导的新时尚。

这就是马王堆1号汉墓出土服饰所呈现的"个性"。我在这里试着给出一个总结：它们代表着战国末到西汉初楚地贵族阶层一小段时间内的时尚流行。

汉代刺绣与将错就错的绣娘

无论是马王堆1号墓的辛追夫人，还是3号墓墓主、辛追夫人的儿子利豨，身份都属于贵族阶层，与身份相应的礼制规矩是贵族阶层彰显身份的重要元素。这些礼制规矩，除了延续自前代的"老礼"，还有本朝建立的"新规"。"礼制"代表着官方明确给出的标准，比起"时尚"而言，并不局限于某时某地，更为普及和广泛。

本书正文中有详细的说明：马王堆3号墓中呈现的贵族男性的冠服形象，与秦汉时代的礼制紧密相联；而1号墓辛追夫人的服饰，则呈现出了更多先秦礼制的元素。在目前考古资料还不算充分的情形下去推想，这可能是因为辛追夫人是利豨的母亲，年岁更长的缘故；也可能是当时汉初建立冠服制度时更多的限定是涉及贵族男性，至于贵族女性的服饰反而更有自由的空间，老夫人才能任性地坚持自己楚地旧贵族风格的服饰品味。

但1号墓中也有很多呈现汉朝新制度的特点。比如最为明显的——为了符合汉文帝倡导的节俭精神，墓中随葬品中原本该有的金珠宝玉，都被替换成了土木质地、"起到一个造型的作用"的冥器，其中甚至也包括辛追夫人头上的饰品。本书前文中通过对照墓中出土的丝织品，也发现了有意思的地方：一种特别的刺绣花样——"乘云绣"，广泛出现于西汉初直到西汉末南北各地各大贵族的墓葬之中（甚至东汉时代的织锦，也还在挪用已残缺不全的"乘云绣"花本）。这种绣样不是简单的风格类似，而是纹样布局完全相同，显然出自同一个花样底本，源头很可能是同一个设计师。背后明确体现的是一种整齐划一、规定严格而且被广泛长期执行的制度。这件带有这种"制度化"刺绣的衣物是被郑重地放在辛追夫人棺内的上层。

除此之外，也还有不少织绣印染的花样能够在跨度极大的时间与空间中找到同类文物参照。这可以说明，在马王堆汉墓的时代，贵族阶层的服饰已经有了相当成熟完备的规制了。而且这些规制在汉朝疆域内被沿用了数百年之久。但这种规制具体表现在细节的图纹与面料上，至于服装的款式似乎还是相对自由的。

再来看辛追夫人衣衾包裹中的刺绣衣物。几大刺绣花样又可以分出各不相同的几个亚型，反映出绣娘在绣制时有更为自由随意的发挥。在我看来，最有意思的是其中的一件黑色罗绮地上绣"信期绣"的衣物。这件衣物虽然已经比较残缺，但大致还能看出几个大块残片在原本衣物上所处的位置。其中主要使用的"信期绣"是一个固定的花样底本在不断循环。但某个绣娘在绣制时竟然出了差错——她错拿成了另一个刺绣花样底本。等她意识到这个失误之时，错拿的花样已经绣在了珍贵的罗绮上。于是只能将错就错，仍把这块花样不同的绣片裁入衣中。

对照礼制记载来推想，这件衣物很可能是辛追夫人等级最高的一件礼服。若没有两千多年后纺织考古学者的细心辨认，谁能想到这件礼服上竟藏着这样的小差错。这个发现虽然无助于提供什么新认知，但至少可以说明，制定和执行规矩的都是人，具体到绣花这件小事上也一样。正是这种人曾经生活过、工作过的痕迹，才让冰冷的物件有了温度。我想到汪曾祺先生描写沈从文先生研究文物的一句话："对美的惊奇，也是对人的赞叹。这是人的劳绩，人的智慧，人的无穷的想象，人的天才的、精力弥满的双手所创造出来的呀！"（汪曾祺《我的老师沈从文》）

何以汉服

细心的读者可能已经明确注意到，本书的行文中一直尽量避免使用"曲裾袍""直裾袍"等现代学者对马王堆1号汉墓出土服饰实物的定名，更多是试着采用衣物在具体时代背景下的名称来描述。

这并不是故弄玄虚，而是想明确说明一个看法——实际上当时贵族阶层所穿的正式服装，无论是现代所谓"曲裾袍"或"直裾袍"，都是延长衣领衣襟绕向身后的款式。我认为这种特征对应的就是上古深衣的"续衽勾边"（延长衣衽勾向身后），在汉朝人的理解里，就是"曲襟"或"曲裾"。辛追夫人的所谓"曲裾袍""直裾袍"，实际都是通过延长衣领，绕身"曲"了衣裾，只是"曲"的方式不同，一种是方角，一种是尖角。而汉朝人所谓的"直裾"是在身前就直垂而下，被他们视作一种相对不那么正式的款式，甚至若穿在外面，会显得失礼。

通过辨析辛追夫人这两款服装，再对照楚汉时代的出土文物，可以发现：尖角式"曲裾"服装已频频出现在战国晚期的楚国墓葬中，是一种战国末年楚地产生的服装新款式；方角式"曲裾"则是汉朝文景时代更为广泛流行于各地的款式。再想到马王堆3号汉墓的随葬遣策中"楚服""汉服"并见，两种服装款式明显有所区分，于是我产生了这样的猜测：这两种"曲裾"呈现模式的产生，是可以对应到具体时代背景的——楚国好奢侈，不吝惜用料，无须顾虑立体构型产生的边角废料。而在汉初，社会经济还未从战乱中恢复，几代帝王都力倡节俭，绝不会允许衣料出现过去战国末年旧贵族那样的浪费，制作服装时尽量做到全幅使用衣料，一点也不舍得浪费。本书正文中有写到，裁衣思维的不同也反映在楚地的裙式与秦地的裙式上。

这两种制衣的思维不同，用料一个奢侈，一个节俭，最终导致了服装款式的不同。那么它们就可进一步对应到遣策中的"楚服"与"汉服"。落实到我们所熟悉的生活中来看，就像如今定制旗袍，款式会有沪式、港式等；定制西装，款式也分意式、美式等，应该就是这样的分别。在两千多年前，辛追夫人想制新衣，大概也是会说自己想要"楚服"或"汉服"，裁缝就能具体知道需要做什么款式了。这里的"汉服"和"楚服"一样，都是具体而狭义的概念，指向的是特定的地域和风格。具体到马王堆1号汉墓出土的服饰，辛追夫人的个人偏好显然还是"楚服"，她的礼服和日常服装多是使用这种耗费面料的款式。至于"汉服"，那是响应朝廷的倡导和规制，在轪侯家中"不过是虚应个景儿"。那时的人们肯定想不到，"汉服"这一概念"星星之火，可以燎原"，影响力逐渐升高，逐渐扩展为汉朝的服装、汉民族的服装的意思。这时候过去的"楚服"和"汉服"自然也都可以扩展进"汉服"的大范围里了。

至于这个大概念的"汉服"，包括的内涵就很丰富了——其中有规制的"不变"，比如那些数百年不曾改变的经典织绣花样，比如服饰背后合于礼制的思想；也有时尚的"变"，比如辛追夫人时代两种衣式的不同，比如后续还有更多服装款式上的流行变化。我在这里形容"汉服"的精神，是既对传统有所坚守，又兼收并蓄，绝不固步自封。

即今俯仰犹迷惘

以上的内容，是我在本书写作过程中断断续续的想法。自己觉得有意思，就单独列了出来，预备放在后记之中。写到这里，才真正是这本书完成的时候，想要做一个总结了。

马王堆汉墓出土的服饰，是我对中国古代服饰研究兴趣的起始。我最早是读到沈从文先生《中国古代服饰研究》中有《长沙马王堆一号汉墓中几件衣服》《汉代锦绣》等文。随后又有孙机先生收录在《中国古舆服论丛》一书中的《深衣与楚服》。关于这批服饰文物，前修时贤的研究并不算少，参考书目中已经提及，这里就不一一罗列了。本书是在之前这些学者研究成果的基础上，试着再往前走出一小步。其中一部分是有详细的论据与对照，可以算是新的见解，但有的还只是推论，缺乏严谨细致的论证，想到或许能启发到读到这本书的人，所以也大胆放上来。

马王堆汉墓的发掘，距今已经过了五十年。不少当年参与考古或相关研究的前辈学者也逐渐离世。但直到今年一位我一直以来钦服、学习的先生去世，我才切实感受到了一个时代的结束。难过之余，几次想要说点什么表达哀思，又觉得不必做作于人前。以往有前辈学者离世，总会有沽名钓誉的人去大烧香烛，大叩其头，借着和前辈谬托知己来抬举自身，我想，或许那是因为那些人自己没有能力，担心从此失去了标榜的师表、依傍的门户，于是才要惶惶然地喧哗起来。而持续深入的问学与探索，才是先生对后学的期望。

在研究的路上，我只算得上是一个"票友"，做了一些很微末的工作。感激师友们不弃，愿意领着我向前。今年年初向先生提及我在写这样一本小书，先生对我多有鼓励之语，冒昧请先生为本书作序，竟也获得应允。奈何光阴蹉跎，人生无常，遂成为永远的遗憾。

本书能够完成，需要特别感谢的是本书的画师立青，经过长时间耐心的沟通交流，仔细确认各处服饰穿搭细节，才能为本书绘制出大量直观明白的示意图。湖南博物院马王堆汉墓及藏品研究展示中心主任喻燕姣研究员对书稿进行了审读，并提出了诸多修改意见。湖南博物院为本书提供了大量图片，中国著名纺织考古学家王亚蓉先生提供了揭展修复马王堆汉墓服饰时所留的旧照与测量数据信息。还有本书的责任编辑岳麓书社文博考古编辑部邱建明，他在细心审读文字之外，还为本书中补入、替换了多张清晰的文物图像。本书的插图多达 600 余张，文字内容所涉也很庞杂，我与编辑已尽力整理与审阅，奈何人力终究有限，就像我们能发现古人的疏失，大概率读者您也能在本书中寻到我犯下的错漏，这里也提前向细心的您说一句感谢！

  在本书的最后，我想摘录一首小诗《挽歌》（Elegie）作为结尾。原诗是德国抒情诗人瓦尔特（Walther von der Vogelweide）以中古高地德语写就，这里参考原本的音步韵脚译出：

> 呜呼哀哉岁月久，何处能回首？
> 人生俨然梦一场，真假终何有？
> 往昔执着多自持，今已渐觉痴。
> 多是昨宵得睡迟，世事我不知。
> 昔年所是同游者，相逢尽老衰。
> 桑田碧海须臾改，风光不相待。
> 原有涛涛水长流，枯荒成古丘。
> 我思求真偏难求，只是愁更愁。

2024 年 10 月 2 日
左丘萌

主要参考书目

[1] 湖南省博物馆、中国科学院考古研究所：《长沙马王堆一号汉墓》，文物出版社，1973年。

[2] 上海市纺织科学研究院、上海市丝绸工业公司：《长沙马王堆一号汉墓出土纺织品的研究》，文物出版社，1980年。

[3] 沈从文：《中国古代服饰研究》，香港商务印书馆，1981年。

[4] 王亚蓉：《中国民间刺绣》，香港商务印书馆，1985年。

[5] 湖北省荆州地区博物馆：《江陵马山一号楚墓》，文物出版社，1985年。

[6] 大葆台汉墓发掘组：《北京大葆台汉墓》，文物出版社，1989年。

[7] 广州市文物管理委员会：《西汉南越王墓》，文物出版社，1991年。

[8] 孙机：《中国古舆服论丛》，文物出版社，1993年。

[9] 连云港市博物馆等：《尹湾汉墓简牍》，中华书局，1997年。

[10] 扬之水：《诗经名物新证》，北京古籍出版社，2000年。

[11] 湖南省博物馆、湖南省文物考古研究所：《长沙马王堆二、三号汉墓》（第一卷），文物出版社，2004年。

[12] 张家山二四七号汉墓竹简整理小组：《张家山汉墓竹简〔二四七号墓〕》（释文修订本），文物出版社，2006年。

[13] 王亚蓉：《章服之实：从沈从文先生晚年说起》，世界图书出版公司，2013年。

[14] 裘锡圭：《长沙马王堆汉墓简帛集成》，中华书局，2014年。

[15] 王㐨著，王丹整理：《染缬集》，北京燕山出版社，2015年。

[16] 北京大学出土文献研究所：《北京大学藏西汉竹书〔肆〕》，上海古籍出版社，2016年。

[17] 湖南省博物馆：《长沙马王堆汉墓陈列》，中华书局，2017年。

[18] 王树金：《马王堆汉墓服饰研究》，中华书局，2018年。

[19] 荆州博物馆、武汉大学简帛研究中心：《荆州胡家草场西汉简牍选粹》，文物出版社，2021年。

[20] 中国美术学院汉字文化研究所：《流眄洛川》，上海书画出版社，2021年。

[21] 荆州博物馆编，彭浩主编：《张家山汉墓竹简〔三三六号墓〕》，文物出版社，2022年。

[22] 郑曙斌：《马王堆汉墓遣策研究》，文物出版社，2022年。

[23] 傅举有：《马王堆汉墓》，浙江文艺出版社，2023年。

[24] 北京大学出土文献与古代文明研究所：《北京大学藏秦简牍〔肆〕》，上海古籍出版社，2023年。

[25] 王亚蓉：《大国霓裳：沈从文和我们的纺织考古之路》，人民文学出版社，2023年。

[26] 湖南博物院编，喻燕姣主编：《马王堆一号汉墓纺织品》（第一、二、三卷），岳麓书社，2024年。

[27] 喻燕姣主编：《中国丝绸大系·湖南博物院卷（战国至汉代）》，浙江大学出版社，2024年。

图书在版编目（CIP）数据

何以汉服：重新发现马王堆汉墓服饰 / 左丘萌著；立青绘.
-- 长沙：岳麓书社，2025.4. --ISBN 978-7-5538-2266-2
Ⅰ．K875.24
中国国家版本馆CIP数据核字第2025KZ6328号

HE YI HANFU:CHONGXIN FAXIAN MAWANGDUI HAN MU FUSHI
何以汉服:重新发现马王堆汉墓服饰

著　　者：左丘萌
绘　　画：立　青

出 版 人：崔　灿
出版统筹：王文西
策划编辑：邱建明
责任编辑：邱建明　谢一帆　鲁云云　包文放
营销编辑：谢一帆　唐　睿　于　懿　易欣妍
助理编辑：庞若溪
责任校对：舒　舍
装帧设计：帧艺坊文化

岳麓书社出版发行
地　　址：湖南省长沙市爱民路47号
直销电话：0731-88804152　0731-88885616
邮　　编：410006

承　　印：湖南天闻新华印务有限公司
版　　次：2025年4月第1版
印　　次：2025年4月第1次印刷
开　　本：889mm×1194 mm　1/16
印　　张：23.25
字　　数：355千字
书　　号：ISBN 978-7-5538-2266-2
定　　价：168.00元
电　　话：0731-88884129（如有印装质量问题，请与本社印务部联系）